LAROUSSE
DEL
CHOCOLATE

Luis Robledo

LAROUSSE
DEL
CHOCOLATE

Luis Robledo

Prólogo

Una de las cosas que probablemente más ilusión me ha hecho en mi vida profesional, ha sido que Luis me pidiera escribir unas líneas para su libro. Lo digo con toda sinceridad, pues el mejor regalo que mi oficio me ha brindado ha sido el de viajar y conocer otros grandes profesionales. Me atrevo a decir que conocer a Luis Robledo es sinónimo de quererlo.

Quien ha tenido la oportunidad de visitar *Tout Chocolat*, seguramente se ha llevado una visión muy clara de lo que es Luis a nivel profesional: sencillez, pulcritud, calidad, sobriedad, pureza, tesón, técnica, oficio, actitud, visión y, sobre todo, verdad. La verdad en estado puro de un oficio regido por un actor principal: el chocolate.

Creo que en este libro, Luis hace un ejercicio de gran generosidad plasmando esa verdad a través de recetas bien equilibradas que pueden servir como base en el trabajo diario. Las recetas son sencillas, pero directas a la esencia y no por eso menos buenas; con excelentes combinaciones de sabores, frescas y actuales, y con una estética y ejecución impecables. Además, se complementan con el paso a paso de las técnicas más importantes. En definitiva, un abanico de conceptos y preparaciones dignos de un gran profesional.

Sólo me queda decir: ¡muchas gracias Luis y a disfrutar!

JOSEP MARIA RIBÉ RAMOS
Mejor Maestro Artesano Chocolatero Español 2005
Coautor del libro *Four in One*
Director de la Chocolate Academy BCN™

Presentación

El cacao es un alimento que desde su descubrimiento ha ocupado un lugar esencial en distintos ámbitos, además del alimentario. Originario de la cuenca del Amazonas, fue domesticado por las civilizaciones mesoamericanas, las cuales le otorgaron un papel fundamental en sus creencias espirituales, sistemas económicos y relaciones socioculturales. Su consumo como bebida fue motivo de ritualidad y espiritualidad; de poder y exclusividad, de gozo y de inventiva culinaria.

Tras la llegada de los europeos a territorio mesoamericano, estos modificaron la bebida de cacao que se encontraron al añadirle ingredientes, también introducidos por ellos, con el objetivo de adaptarla a sus paladares y necesidades. De este modo, el valor económico del cacao se conservó, aunque de manera diferente, al convertirse en el ingrediente de una de las bebidas más populares en el continente europeo, no obstante se le despojó de su antigua carga simbólica, religiosa y espiritual. Con el paso de los años, esta bebida fue intervenida con ingredientes y tecnologías provenientes de otras latitudes, lo cual dio como resultado un producto actualmente omnipresente y disfrutado en todo el planeta: el chocolate.

En Larousse México estamos convencidos de que es necesario darle al chocolate su merecido lugar en nuestro acervo por dos razones: la primera, por ser un producto que ha configurado parte de la historia de México; y la segunda, por la importancia inherente de su consumo entre los mexicanos. Con esta obra buscamos que el lector viaje en el tiempo y descubra un poco del origen y de la historia del cacao, así como de su proceso productivo, desde su cultivo hasta su transformación en chocolate. Pero sobre todo, queremos invitarlo a que disfrute de una experiencia sensorial única al elaborar increíbles preparaciones con el chocolate como ingrediente esencial.

El chef chocolatero Luis Robledo presenta en este *Larousse del chocolate* 70 recetas originales y actuales que exaltan las seductoras características de distintas variedades de este ingrediente. Su propuesta se basa en un ingenioso juego entre texturas, sabores y aromas, con la utilización de ingredientes frescos y de la mejor calidad, así como novísimas técnicas y combinaciones culinarias. De esta forma el lector podrá elaborar múltiples tipos de bombones, pequeñas piezas de confitería, galletas, panes, mousses, postres individuales, pasteles y tartas. Además, encontrará información básica sobre técnicas de elaboración, ingredientes y utensilios, así como explicaciones, ilustraciones y vínculos a videos mediante códigos QR que le ayudarán a dominar paso a paso el arte de la chocolatería y a elaborar productos como un profesional.

El libro que tiene entre sus manos es el primero en su tipo de esta casa editorial en México por abordar el chocolate de forma integral, tanto en su historia como en su procesamiento y manipulación culinaria. Además, ofrece una visión única desde México, cuna milenaria de la domesticación del cacao, y un acercamiento al apasionante mundo de la chocolatería desde la óptica de un excelente profesional chef chocolatero de nivel internacional. Este libro, por los temas que en él se incluyen, funcionará muy bien tanto para quien desee un primer acercamiento al tema del chocolate, como para quien desee profundizar en él.

LOS EDITORES

Luis Robledo Richards

La carrera profesional de Luis inició en 1998 en la ciudad de Nueva York donde trabajó en el restaurante con tres estrellas Michelin, Daniel, del chef Daniel Boulud, tras graduarse del programa Professional Pastry Arts en el French Culinary Institute, institución donde fue reconocido con el premio Outstanding Alumni Award. En el año 2000, Luis se mudó a París para perfeccionar sus conocimientos en cocina francesa y pastelería, donde realizó estancias en Le Pré Catelan y La Table du Baltimore, además de acreditar diversos cursos profesionales en L'École Lenôtre, donde obtuvo un Diplôme Culinaire Professionnel. Fue en esa época cuando comenzó a entrenarse como chocolatero en el equipo de L'École du Grand Chocolat, liderado por Frédéric Bau.

Posteriormente, Luis regresó a Nueva York, invitado por Sirio Maccioni, para ocupar el puesto de chef pastelero ejecutivo en el afamado restaurante Le Cirque. Tres años después, hizo un importante cambio en su carrera y tomó las riendas de la pastelería del hotel Four Seasons New York. Allí creó una línea de chocolates exclusiva para huéspedes que fue recibida con halagos por la prensa neoyorquina. En octubre de 2006 se instaló en la Ciudad de México y abrió *Tout Chocolat*, una chocolatería artesanal de alta gama que actualmente cuenta con tres sucursales. Desde entonces, ha sido incluido en dos ocasiones en la lista de los Top Ten Chocolatiers in North America.

A lo largo de su carrera, Luis ha colaborado con diversas marcas importantes como Nestlé Professional®, Grand Marnier®, Zacapa®, Lenôtre®, Möet & Chandon®, Nespresso®, Felchlin Switzerland® y Valrhona®. Destaca su trabajo durante 4 años como cabeza del Barry Callebaut Chocolate Academy Center en la Ciudad de México, puesto que le permitió viajar a varios países para compartir sus conocimientos en chocolatería y pastelería.

Luis ha participado tanto como contendiente, como juez y organizador, en diversas competencias internacionales, entre ellas destacan sus dos participaciones en el World Chocolate Masters, donde ganó el premio de la prensa, y el Social Media Award. Además, ha impartido clases y demostraciones en The Chocolate Show New York y en Salon du Chocolat Paris. En este último participó dos veces en el Chocolate Fashion Show de la mano de Valrhona® y Grand Marnier®. Asimismo, ha sido docente en instituciones como The French Culinary Institute New York, The Culinary Institute of America, Le Cordon Bleu, The Institute of Culinary Education y en la Escuela de Pastelería del Gremio de Barcelona, EPGB.

Para mi amigo Luis

La chocolatería es una de las ramas de la gastronomía más compleja, pues requiere de una técnica más depurada. Muchos factores influyen en el éxito de una preparación con chocolate: el más evidente es la calidad del producto, así como también sus características físicas y la temperatura del ambiente de trabajo, el tiempo y los instrumentos disponibles. Es por ello que yo, sin siquiera considerarme cercano a ser un chocolatero, intento aprender algo de esta disciplina cada vez que me encuentro frente a este maravilloso producto.

México se ubica en el territorio que vio nacer al cacao y donde se descubrió que era un suculento manjar. Nuestros antepasados lo usaron como moneda, en rituales, como ofrenda a los dioses y lo consumieron en preparaciones dulces y saladas, mezcladas con maíz y especias. Después, los españoles lo mezclaron con azúcar y fue entonces cuando los ingredientes del Viejo y del Nuevo Mundo se fusionaron y abrieron el camino para la chocolatería moderna.

Actualmente, las chocolaterías son espacios que lucen como joyerías, auténticos *ateliers* donde los artesanos del chocolate exhiben sus obras maestras que, además de ser comestibles, son una excusa para la celebración. Ojalá otros artistas pudieran llegar, literalmente, tan dentro de los seres humanos como quienes tenemos la oportunidad de alimentarlos. Ello es, sin duda, un privilegio, pero también significa que esta práctica debe contar con un cuidado perfecto.

Tengo la fortuna de conocer a Luis Robledo desde hace algún tiempo. Nuestro oficio fue lo que hizo que nuestros caminos se cruzaran y después, el tiempo y nuestras aficiones comunes se encargaron de acercarnos: hemos compartido viajes, vacaciones familiares, cumpleaños, momentos felices y algunas tristezas. En efecto, nuestra relación es una verdadera amistad, misma que me ha brindado la oportunidad de conocer a este gran profesional y maestro del oficio chocolatero, sin duda uno de los mejores del mundo. Luis tiene muy clara la importancia de crear productos de chocolatería de alto nivel, usando granos mexicanos, valorando la labor de los productores y asegurándose de su origen. Con ello logra ofrecer a quienes prueban sus creaciones chocolatería mexicana auténtica.

Para dominar un solo producto se requiere de una vida de práctica y trabajo. Artesanos como los chocolateros, panaderos y carniceros, que dedican su vida entera a perfeccionar su oficio, son fuente de inspiración y ejemplo de vida en constante aprendizaje. En esta obra, Luis muestra sus creaciones así como las técnicas necesarias para reproducirlas. Este maravilloso esfuerzo por compartir el conocimiento que ha ganado a largo de los años habla de su gran calidad humana.

Gracias Luis por plasmar en estas páginas el arte del chocolate; pero sobre todo, gracias por tu amistad y cariño.

JORGE VALLEJO

Agradecimientos

En el proceso de creación de este libro se involucraron muchas personas que me gustaría mencionar:

- Mi esposa Carolina que es parte fundamental de *Tout Chocolat*; sin su presencia, nada funcionaría igual.
- Mis hijas, Emilia y Luciana, quienes soportan mis ausencias y que, desde el inicio de este proyecto, me han apoyado incondicionalmente.
- Mis padres, Luis y Rebeca, quienes me han apoyado más de lo que deberían y han sido un ejemplo de lucha, amor ilimitado y lealtad, además de ser siempre mis mejores críticos y consejeros.
- Mis hermanas, Hania y Katya, grandes artistas que me han respaldado y aconsejado, y cuya aportación al proyecto de *Tout Chocolat* ha sido esencial.
- Alex Vera y todo su equipo de FotoGastronómica® que embellecen y captan la esencia de los productos que hacemos. ¡Gracias chef!
- A Montse Estremo y Vero Rico por su visión, por dirigir esta obra, aconsejarme y llevarme de la mano en todo momento.
- Gracias a todos aquellos colegas que me han inspirado y que han sido parte de mi carrera desde siempre. Su amistad, tutoría y apoyo ha sido invaluable:
  - EUA: Jacques Torres, Thomas Haas, Jason Licker, Vicky Wells, Jurgen David, Tina Casaceli, Johnny Iuzzini, Gregory Gourreau, Patrice Caillot, Daniel Boulud, Pierre Schaedelin, Alain Allegretti, Iacopo Falai, Cynthia Sweeney, Monica Bellissimo, Daniel Bellanger, Benito Sevarin, Sirio Maccioni y su familia, Regis Monges, David Werly, Jonathan Lane, Brooke Vosika, François Payard, Paulette Goto, Yigit Pura, Anil Rohira, Ewald Notter, Alain Sailhac, Eric Bertoia, Frederic Loraschi, Jean-Marie Auboine, Norman Love, Jerome Landrieu, Francisco Migoya, Jove Hubbard, Gabe Geers, Melissa Coppel, Sylvain Bortolini, Mark Seaman y José Castellanos.
  - Francia: Jean-Louis Clement, Philippe Gobet, Jean-Philippe Perol, Stephane Glacier, Vincent Mary, Christophe Rhedon, Sylvain Degand, Frédéric Lalos, Jean-Bernard Fichepain, Marc Haeberlin, Paul Bocuse, Alain Ducasse, Frédéric Bau, Philippe Givre, Sebastien Michel, Nicolas Serrano, Fabrice Le Bourdat, Pierre Hermé, Gilles Marchal, Christophe Michalak, Patrick Roger, Emmanuel Ryon y Mathieu Barriquault.
  - España: Ramón Morató, Josep Maria Ribé, Miquel Guarro, Raúl Bernal y todo el equipo de la Chocolate Academy en Vic, Daniel Álvarez, Oriol Balaguer, Xano Saguer, Jordi Butrón, Jordi Bordas, Olivier Fernández y todos en la EPGB.
  - Canadá: Christophe Morel, Russ Thayer, Andrés Lara, Philippe Vancayseele, Andrea Donida, Nicolas Dutertre, Laurence Bibeau y todos en la Chocolate Academy de Montreal.
  - Argentina: Eduardo Ruíz, Mariano Zichert, Jorge García, Ariel Gravano y todo el equipo de la Escuela de Pastelería Profesional.
- A los profesionales mexicanos o adoptados por México que mantienen viva la flama: Slawomir Korczak, Alan Avith Tercero, Mauricio Montiel, Alejandro Salas, Alejandro Lechuga, Christian Martínez, la familia Llanderal, Natividad Toledo, Aarón Santana, Jorge Rangel, Fidel Baeza, Irving Quiroz, Mirko Bucci, Fer Prado, Laurent Trouble, Frederic Lang, Guy Santoro, Carlos Ramirez Roure, Maricú Ortiz, Pascal Demory, Eduardo Da Silva, Gilles Nördin, Paulina Abascal, Sonia Arias, Li "la Maestra" Hernández, Liza Ojeda, Daniela Lara y Alan Espinoza.
- A todo el equipo que participó en las interminables pruebas de cocina: Santiago Consuelo, Christian Meléndez, Nina Guerra, Adri Rodríguez, Tatiana Melissa Galeano, Linda Askenazi, Monserrat Estrada y Andrea Méndez.
- Al equipo de *Tout Chocolat* por su compromiso y dedicación durante las largas sesiones de fotos: Rodrigo Romo, Osvaldo Ortega, Raúl "el Amo" Mondragón, Ceci España, Uriel Juárez, Anahí Martínez y Gerardo Reyes.
- A la Chocolate Academy, gracias por el apoyo durante la creación de este libro, en especial a Pascale Meulemeester, René Chávez y Ofelia Elías por creer en mí. Gracias también a todo el equipo gourmet en la Ciudad de México, cuyo buen humor hizo todo más divertido.

Introducción

1998 fue el año que cambió mi vida para siempre, ya que conocí a los dos amores de mi vida: Carolina, quien aceptaría ser mi esposa unos años más tarde, y la chocolatería. Ese mismo año, decidí enrolarme en The French Culinary Institute de Nueva York, institución que tenía al mítico Jacques Torres al frente y donde impartían un curso de pastelería profesional, sin duda alguna el mejor en aquellos tiempos.

A partir de ese momento mi vida comenzó a moverse en cámara rápida; todo me era nuevo, divertido y apasionante. La mezcla de ingredientes, la alquimia, la transformación de las recetas en productos totalmente diferentes, los aromas y los sabores eran increíbles. En fin, recuerdo vivamente haber pensado que estaba viviendo un sueño.

Surgieron entonces muchas oportunidades para iniciar mi vida laboral con el pie derecho, pero hubo una en específico que no pude dejar pasar: trabajar en el restaurante Daniel, propiedad del chef Daniel Boulud, en la esquina de la calle 65 y Park Avenue. La cocina de Daniel era impactante; estaba llena de fogones y estufas, muy al estilo francés. Había una rosticería, varios hornos y una hermosa cafetera italiana. La cocina funcionaba con rigor y exactitud, aunque la brigada de pastelería era la que me resultaba particularmente atractiva; ésta tenía al frente a Thomas Haas, hombre preciso, demandante, sereno, reflexivo, pero sobre todo, un genio para mezclar sabores y obtener lo mejor de cada producto. Parte del encanto y la exclusividad de trabajar en un lugar como Daniel era que, además de servir los tradicionales *petits-fours*, también hacíamos bombones de chocolate que se regalaban a los clientes en cajas elegantes y, a menudo, se ofrecían con el café.

Sin lugar a dudas, fabricar miles de bombones de chocolate al lado de Thomas y el resto del equipo marcó el inicio de mi carrera como chocolatero, pues a partir de ese momento, todas las decisiones que tomé se enfocaron en aprender lo más rápido posible todo lo que se relacionara con el chocolate. Trabajé en grandes hoteles y en restaurantes con estrellas Michelin, y asistí a las mejores escuelas que encontré; mi objetivo era claro: convertirme en chocolatero a como diera lugar. En el año 2006 decidí emprender y crear mi propio negocio de chocolatería en la Ciudad de México; de ello nació *Tout Chocolat*. Su apertura ha significado un largo proceso de aprendizaje y perfeccionamiento.

Este libro es el resultado de 20 años de trabajo, errores, aciertos, evolución e inspiración. Representa la lucha constante por tratar de dominar un ingrediente insuperable por su versatilidad, y que además de ser muy mexicano, es conocido y adorado en todo el mundo. La información y las recetas que contienen las siguientes páginas representan largas horas de trabajo e incontables pruebas en cocina para las que conté con el apoyo de un grupo de jóvenes a quienes agradezco infinitamente su ayuda y compromiso. Espero que este libro sirva de inspiración para aquellos que se inician en el universo del chocolate, y que, al mismo tiempo, estimule a aquellos que quieren perfeccionarse y aprender nuevas técnicas y puntos de vista. Deseo de todo corazón que la información que se presenta en esta obra sirva a todos los lectores y les permita conocer un poco más acerca del producto que hace dos décadas me cautivó.

Creo que el mejor consejo que he recibido en mi vida fue que el conocimiento no sirve de nada a menos que sea compartido y transmitido de generación en generación, sin filtro y sin recelo. Ésta es indudablemente la única manera de evolucionar y crecer.

¡Que lo disfruten!

LUIS ROBLEDO RICHARDS

Merienda con chocolate en una casa francesa, siglo XVIII.
Óleo por François Boucher. Museo del Louvre, París.

Contenido

Del cacao al chocolate 12

Recetas 108

Glosario 294

Índices 297

Bibliografía 302

Del cacao al chocolate

El cacao 14

Breve historia del cacao y el chocolate 22

Procesamiento del cacao 37

Cultivo y producción del cacao 48

El sabor y aroma del chocolate 60

El chocolate y sus técnicas básicas 70

Utensilios, equipo e ingredientes 96

Tabla de temperaturas 107

El cacao

Árbol del cacao, cacaotero o simplemente cacao, son algunos nombres que recibe el árbol *Theobroma cacao*, perteneciente a la familia de las Malváceas —la misma familia de la jamaica y el algodón— y al género *Theobroma*, del cual existen cerca de 20 especies, la mayoría endémicas de Sudamérica. Con el nombre de cacao también se llama en México a una especie del mismo género, *Theobroma bicolor*, conocida como *pataxte* o cacao blanco (aunque también crece en varias regiones de Centro y Sudamérica donde recibe otros nombres), muy empleada por los mayas durante la época precolombina para la elaboración de bebidas; actualmente sus granos se siguen utilizando con el mismo fin en Chiapas, Tabasco y Oaxaca.

La palabra cacao viene del náhuatl *cacahuatl*, la cual deriva del nombre más común utilizado por los antiguos mayas: *kakaw*. Algunos especialistas afirman que los orígenes de este término pueden rastrearse hasta una raíz lingüística mixe-zoqueana a la cual pertenecía la lengua hablada por los olmecas del sur de Veracruz y oeste de Tabasco. Por otro lado, el nombre científico *Theobroma* fue impuesto en 1758 por el botánico sueco Linneo y su significado en griego es "alimento de los dioses", de *theo* "dios" y *broma* "alimento".

Partes del cacao

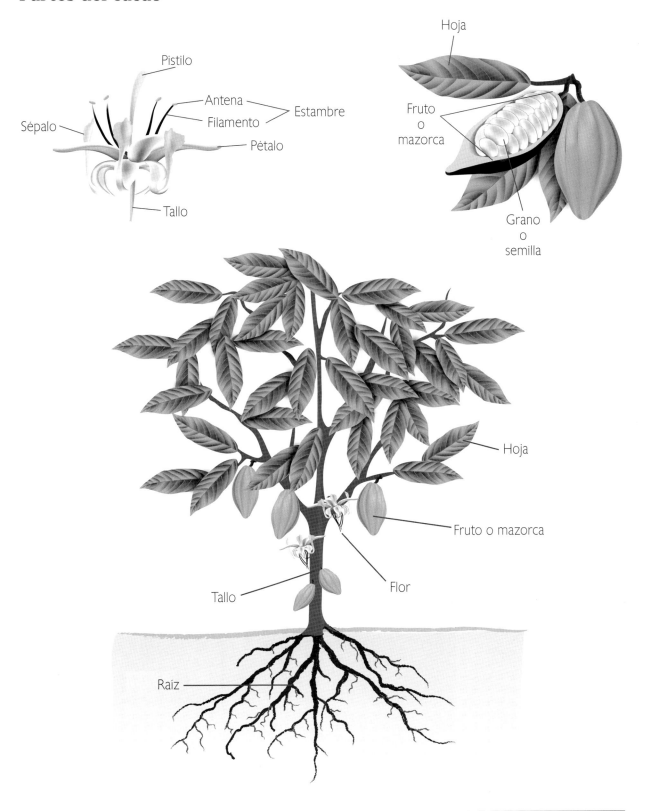

Pistilo

Antena

Filamento

Estambre

Sépalo

Pétalo

Tallo

Hoja

Fruto o mazorca

Grano o semilla

Hoja

Fruto o mazorca

Flor

Tallo

Raíz

Theobroma bicolor

Theobroma cacao es un árbol que puede llegar a medir hasta 12 metros de altura en estado silvestre; sin embargo, en variedades cultivadas alcanza normalmente entre 4 y 8 metros, lo cual facilita la recolección de sus frutos. Vive entre 40 y 100 años. Su tronco es de corteza obscura, gris-café, y sus ramas son cafés y finamente vellosas. Tiene hojas grandes, angostas, ovaladas y ligeramente gruesas. Las flores del cacao crecen en racimos directamente del tallo o las ramas; son pequeñas, de no más de 3 centímetros, con forma de estrella y de color blanco o rosa claro con dos o tres nervios violetas dentro. Sólo el 1% de las flores, en promedio, son polinizadas y producen un fruto. Cada año, un cacaotero con buen rendimiento produce aproximadamente 100 frutos. El fruto es una baya grande a la que se denomina mazorca de cacao, que pesa alrededor de 500 gramos y puede medir hasta 30 centímetros de largo y unos 10 de grosor; tiene forma ovoide y su cáscara posee surcos y costillas longitudinales y rugosas; de acuerdo con la variedad es color verde claro, amarillo, rojo o moreno rojizo. Los frutos, como las flores, se desarrollan en el tronco y las ramas principales del árbol y tardan entre 4 y 6 meses en madurar. Cada mazorca totalmente desarrollada puede albergar entre 20 y 40 granos o semillas con forma de almendra que están rodeadas por una pulpa blanca y jugosa a la cual se le llama mucílago.

Domesticación, distribución y cultivo

Se sabe que el género *Theobroma* evolucionó en la época precolombina en Sudamérica, donde actualmente se pueden encontrar la mayor variedad de especies pertenecientes a este género. *Theobroma cacao* se originó en la parte superior del territorio amazónico, se expandió hacia Centroamérica y posteriormente hacia México. Actualmente se debate si los granos del cacao migraron naturalmente, es decir, dispersadas por roedores, monos y murciélagos, o si fueron transportados por el hombre. Asimismo, algunas investigaciones sugieren que la planta se domesticó primero en Mesoamérica; otras apuntan a que fue en Sudamérica, y existe también la hipótesis de dos procesos de domesticación

En distintas regiones de México se le conoce al cacao con diversos nombres, algunos de ellos son: *biziáa* en zapoteco; *cacaocuáhuitl* en náhuatl; *caco* en mixe; *cágau* en popoluca; *kahau* en maya; *cajecua* en tarasco; *chudenchú* en otomí; *ma-micha-moya* en chinanteco, y *cacahuatzaua* en zoque.

paralelos, pero distintos, en ambas zonas. La explicación a esta última propuesta puede venir del uso que se le daba al cacao en cada una de las áreas; existe evidencia que señala que en Sudamérica era más común el consumo de la pulpa del fruto, mientras que en Mesoamérica, lo eran los granos.

La especie *Theobroma cacao* comprende una gran variedad de formas y poblaciones muy diferentes. Durante la época precolombina, el área de distribución natural del cacao se extendió desde la región de la cuenca del Amazonas a Centroamérica, donde se ha cultivado por lo menos durante 3 000 años, hasta llegar al sur de México. Después de la llegada de los europeos a América, el cultivo se expandió al Caribe, África, Asia, y Oceanía, y hoy es un cultivo pantropical, es decir, se cultiva principalmente en el territorio que incluye los países tropicales y subtropicales de todo el mundo.

Condiciones de cultivo de Theobroma cacao

El árbol de cacao es una planta que exige condiciones climáticas (lluvias, temperaturas y humedad relativa) y de suelo muy específicas para su óptimo desarrollo y cultivo. Su hábitat natural es el interior de bosques lluviosos tropicales sudamericanos. Se cultiva idóneamente a elevaciones entre los 10 y los 400 msnm, aunque existen plantaciones situadas a 900 msnm donde la planta crece favorablemente, por ejemplo en algunas zonas boscosas de Colombia. Para poder crecer requiere de la presencia de otros cultivos que lo protejan de la luz solar directa y de vientos fuertes, normalmente árboles frutales y maderables; además, estos árboles permiten la acumulación en el piso de materia orgánica que nutre el suelo y favorece la presencia de los insectos que facilitan la polinización. Esta interacción con otras es-

Los antiguos mayas cultivaban los cacaoteros bajo el resguardo de árboles más grandes, frondosos y resistentes, conocidos en náhuatl *como cacahuanantli*. Se trataba generalmente de árboles de leguminosas que protegían a los cacaos bajo su follaje y nutrían la tierra con azufre. Esta forma de cultivo fue imitada por los europeos y sigue vigente en la actualidad. En su diario de viaje, Francisco de Ajofrín da cuenta de ello: "Plantan estos árboles junto a otros muy frondosos, altos y de mucho jugo, que llaman *cacahuanantli*, que quiere decir "madre del cacao"; y es así, porque luego que ponen la estaca, la vivifica, se arraiga, comienza a echar hoja y va creciendo a la sombra y abrigo de su madre, pues es tan delicada esta planta del cacao, que el sol la seca y el frío la hiela, y por eso se da sólo en tierras calientes y al abrigo de otros árboles."

pecies de árboles representa además una ventaja en términos de conservación ecológica. El cacao crece de manera óptima a una temperatura media mínima de 20 °C y máxima de 31 °C; la temperatura más adecuada para la floración es de 25 °C. El cultivo, sensible a la cantidad de agua en el suelo y a la sequedad, requiere de lluvias repartidas uniformemente a lo largo del año. El cacao puede ser cultivado en diferentes tipos de suelos, pero requiere que

Moniliasis Enfermedad severa causada por el hongo *Moniliophthora roreri* que afecta sólo al fruto del cacao. Es considerada altamente destructiva en América Latina y ha ocasionado serias pérdidas económicas en la producción del cacao en diversos países de Sur y Centroamérica. Fue reportada por primera vez en 1914 en Ecuador, de donde se dispersó a otros países sudamericanos hasta llegar a Centroamérica y México. Los síntomas son necrosis, deformación y pudrición que generalmente se presentan en el exterior del fruto; éste se ennegrece y cuando las esporas del hongo germinan, se cubre de un polvo blanco o rosa. Las semillas del fruto enfermo quedan totalmente destruidas.

Cacao forastero afectado con
Moniliophthora roreri

Escoba Enfermedad devastadora causada por el hongo *Moniliophthora perniciosa*. La infección se inicia cuando el hongo penetra los tejidos de la planta. La respuesta del huésped se localiza en el punto de infección donde se da un considerable alargamiento de tejidos y el desarrollo de brotes laterales verdes con forma de escoba. El hongo permanece en su fase primaria dentro de las escobas verdes, pero 6 o 9 semanas después, éstas comienzan a mostrar necrosis.

Cacao con infección por hongo
Moniliophthora perniciosa

sean livianos, ricos en nutrientes y profundos, para que permitan que todo el sistema radicular se forme bien. Las plantas de cacao toleran poco las inundaciones y nada la sequedad. Crecen bien en suelos permeables arcillo-arenosos, pero no en los cercanos a la costa, y ligeramente ácidos o ligeramente alcalinos. Un árbol de cacao adulto —que crece en un ambiente óptimo de condiciones climáticas y de suelo— puede producir flores y frutos durante todo el año y por lo tanto rendir varias cosechas al año.

En América Latina y el Caribe, la variabilidad de ambientes causada por el cambio climático no sólo afecta el ciclo fisiológico del cultivo, sino que también lo vuelve susceptible a plagas y enfermedades que afectan su rendimiento y provocan pérdidas económicas, sociales y ambientales. Sin embargo, las variaciones en las lluvias y las temperaturas no son los únicos factores que afectan el desarrollo óptimo de la planta, también lo son el mal manejo y el abandono de las plantaciones, la falta de conocimientos técnicos, el incremento de monocultivos, el abuso de agroquímicos y el incumplimiento o la inexistencia de normas sanitarias.

Las principales plagas que afectan las plantaciones de cacao en México son: hormiga arriera, pulgón, gusano barrenador, mosca blanca y pinta, y cochinilla. Las enfermedades más comunes, moniliasis y escoba o escoba de bruja, son causadas por hongos presentes en muchas de las regiones productoras de cacao en el mundo. Éstas se dispersan rápidamente, ya que las diminutas esporas, únicas estructuras infectivas del hongo, se mueven fácilmente a través del viento, insectos, aves, mamíferos y por el contacto humano. Cuando la espora o el hongo encuentran las condiciones ideales para su desarrollo (temperatura, humedad y un fruto susceptible o en etapas tempranas de desarrollo), se inicia el proceso de infección. Estas enfermedades son el principal problema en la producción del grano de cacao, pues pueden causar pérdidas de hasta el 90% del cultivo.

Reproducción del cacao

La reproducción del cacao puede darse de forma sexual o asexual. La primera incluye: polinización natural (que es la forma de reproducción más antigua), polinización artificial y reproducción por semillas.

Reproducción sexual

Polinización natural

En un medio silvestre, la polinización natural de las flores del cacao, que son hermafroditas, es decir, cada flor tiene partes hembra y macho, puede ocurrir de varias formas: por el cruce en una misma flor, de dos flores del mismo árbol o entre flores de dos árboles. El proceso de polinización natural da como resultado árboles muy variados; en los dos primeros casos el árbol es padre y madre de la nueva semilla, pero en el tercer caso, entre flores de dos árboles, el árbol donde está la flor que ha

sido polinizada es la madre, mientras que el padre es el árbol de donde se originó el polen que polinizó a la flor; los nuevos árboles que surjan de esa unión pueden tomar el material genético, ya sea del árbol madre o del padre.

El principal agente polinizador en todas las áreas donde se cultiva el cacao es la mosca polinizadora de cacao, *Forcipomya spp.*, muy pequeña y frágil, y por tanto, vulnerable a pesticidas. Estas moscas están activas durante el día, volando de un árbol a otro. La flor del cacao comienza a abrirse desde la tarde hasta que lo logra por completo justo antes del amanecer. Una porción muy grande de flores no son polinizadas y caen al cabo de 48 horas. Otros insectos propios del entorno, como trips, hormigas, áfidos y mosquitos pequeños también tienen una función polinizadora, aunque en menor escala.

La reproducción se inicia 36 horas después de una polinización exitosa. El tiempo de desarrollo del fruto varía entre 150 y 180 días, lapso que depende principalmente de cómo y dónde crezca.

Polinización artificial

En algunas regiones, el porcentaje de flores fecundadas por polinización natural puede ser muy bajo debido a varios factores: la falta de insectos polinizadores específicos a causa de una pérdida de condiciones naturales de algunas plantaciones, edad de los árboles, incompatibilidad o exceso de sombra, entre otros. Para hacer frente a estos obstáculos se opta por la polinización artificial, que se hace a mano; consiste en tomar, con unas pinzas, un estambre con las anteras abiertas de una flor y posteriormente, se frota sobre toda la longitud del pistilo. Al igual que la polinización natural, el cruce artificial puede hacerse de una misma flor, de dos flores del mismo árbol o entre flores de dos árboles. Aunque

es una labor intensiva, pues requiere de mucha mano de obra, pero es un recurso útil y eficaz.

Reproducción por semillas

Debido a que la forma de reproducción natural del cacao (polinización natural) genera muchas posibilidades de cruces, los descendientes son muy diversos, lo cual hace difícil controlar la calidad de las semillas. Muchos productores recurren a la polinización artificial con la finalidad de controlar los cruces y reproducir semillas con características específicas; es decir, los cruces se realizan entre flores de distintos árboles elegidos por ciertas cualidades que se desean preservar y reproducir. Posteriormente, se seleccionan las semillas de los árboles llamados "árboles élite" o "árboles madre" que han sido elegidos como los mejores debido a sus cualidades, como su resistencia a enfermedades y plagas, su rendimiento (producción de entre 100 y 200 frutos sanos al año), su edad (tener mínimo cinco años de producción), su vigor (poseer buena estructura y desarrollo), sus frutos (mazorcas grandes que contengan entre 40 y 50 semillas) y las cualidades organolépticas de las semillas que produce, mismas que deben ser representativas del tipo o variedad de cacao.

La siembra de la semilla como método de propagación sexual ayuda a preservar en el cacao resultante las características genéticas de ambos padres. La reproducción sexual por semillas tiene la ventaja de ser una producción económica, de fácil manejo, pues no requiere de habilidades especiales, por ejemplo, los injertos, el uso

de utensilios especializados o instalaciones costosas.

Reproducción asexual

La reproducción asexual o vegetativa permite que todas las características del "árbol madre" se presenten en la nueva planta, misma que se conoce como clon; es decir, no hay cambio en la constitución genética de la planta. Con esta forma de reproducción se obtienen plantas que generan mayor rendimiento en un lapso de tiempo más corto, y son más resistentes a enfermedades y plagas. Sin embargo, no se debe olvidar que el óptimo desarrollo de las plantas dependerá de condiciones climáticas favorables, pues la exposición a bajas temperaturas y la falta de humedad mata fácilmente a las plantas jóvenes.

Existen varios métodos para realizar una propagación asexual; sin embargo, el uso de injertos es el más utilizado, ya que para llevarlo a cabo no se requieren instalaciones costosas, además de que permite aprovechar el material genético de la planta al máximo.

El injerto consiste en juntar la yema o brote de un árbol de cacao productivo con una planta de cacao producida en vivero por semilla que sea sana y esté bien adap-

tada a la zona. Después de cuatro meses, se siembra. En condiciones adecuadas, el árbol crecerá y las semillas de sus frutos podrán ser cosechadas para consumo entre 3 y 4 años después de su siembra.

Variedades

Las características de los frutos y las flores de cacao son muy diversas. Estudios recientes han encontrado que existen al menos diez grupos genéticos asociados a *Theobroma cacao* que reflejan con precisión la diversidad genética de la planta. No obstante, existe una clasificación tradicional empleada por los productores, que responde a factores comerciales y agronómicos que agrupa al cacao en tres variedades: criollo, forastero y trinitario. Previo a la llegada de los europeos, los cacaos criollo eran endémicos del norte de Sudamérica, Centroamérica y México, y los forasteros de la cuenca Amazónica.

Actualmente, la disminución de la diversidad genética del cacao es un problema grave causado por varios factores, como la destrucción de los bosques tropicales amazónicos, el cambio de los patrones de uso del suelo, la propagación de plagas y enfermedades, el cambio climático y los desastres naturales. En muchos países se han creado plantas híbridas con la finalidad de generar variedades mejoradas. De las tres variedades de cacao reconocidas tradicionalmente, derivan más de 25 subespecies que en muchas zonas cacaoteras del mundo son consideradas como especies únicas. La biodiversidad que existe en las plantaciones hace que la clasificación sea difícil; aun dentro de una misma región se pueden encontrar variaciones enormes entre plantaciones vecinas, cada una con flora y fauna distintas.

Criollo El cacao criollo está considerado como el cacao de mayor calidad. Hasta mediados del siglo XVIII, los cacaos criollo dominaban el mercado; pero actualmente, debido a su baja productividad y a su gran susceptibilidad a enfermedades, su presencia como cultivo y en el mercado se ha reducido. Representa aproximadamente 5% de la producción mundial. Los cacaos criollo se encuentran principalmente en Venezuela, en Centroamérica y en México, aunque también se cultivan con éxito en Papúa Nueva Guinea, las Antillas, Sri Lanka, Timor Oriental e Indonesia.

Los cacaos criollo se caracterizan por dar frutos generalmente alargados, con punta pronunciada, doblada y aguda; su superficie es con frecuencia rugosa, delgada, de color verde con salpicaduras rojas o púrpura obscuro, y marcada por 10 surcos profundos; sus granos son grandes y gruesos. Los granos fermentados y tostados son muy aromáticos, de un sabor suave y afrutado con una agradable acidez, por lo que es considerado como el mejor de los cacaos.

Forastero Por sus características de alto rendimiento y resistencia a plagas y enfermedades, es el cacao más cultivado en el mundo. Representa el 85% de la producción a nivel mundial en los cuatro continentes cacaoteros, principalmente en África y en países como Brasil, Perú y Ecuador; es el cacao más sembrado en Costa de Marfil y Ghana con presencia también en Camerún y en Indonesia.

Sus frutos se caracterizan por ser más pequeños que los de los cacaos criollo. Generalmente son ovalados y cortos, de colores entre el verde y amarillo al madurar, de superficie lisa, con corteza gruesa. Sus granos son pequeños y aplanados, de colores que van desde púrpura obscuro e intenso hasta el violeta pálido, dependiendo de la concentración de taninos. Tiene unas características de sabor muy diferentes al criollo: amargo y con un sabor y aroma mucho más fuertes y penetrantes. Es el tipo de cacao con la mayor cantidad de taninos. Normalmente necesitan de un tostado más intenso y profundo que un criollo, lo cual da como resultado un cacao con menos cualidades aromáticas.

Trinitario Este cacao es un híbrido de cacao criollo y forastero, y posee cualidades de ambos, ya que es aromático, con sabor delicado y es resistente a plagas y enfermedades. Los cacaos trinitario son muy heterogéneos genética y morfológicamente. Las plantas son robustas con frutos verdes o pigmentados y con semillas que van del violeta obscuro al rosa pálido. Es un fruto rico en manteca de cacao y normalmente se siembra en conjunto con el criollo, o bien, en plantaciones en donde este último haya sido arrasado por las plagas. Sus granos, bien procesados junto a los provenientes de cacaos criollo, son reconocidos en el mercado por su calidad.

La producción del cacao trinitario representa el 15% del total mundial. Como su nombre lo indica, es originario de Trinidad y Tobago. Tiene una importante presencia en América y en algunos países de África, como Trinidad y Tobago, Venezuela, Ecuador, México, Camerún, Samoa, Sri Lanka, Java y Papúa Nueva Guinea.

Cacao forastero

Cacao trinitario

Breve historia del cacao
y el chocolate

El cacao en la era prehispánica

El origen, la domesticación y la distribución de *Theobroma cacao* son difíciles de determinar debido a su amplia distribución geográfica y a la cruza entre las dos subespecies taxonómicas: criollo y forastero (*T. cacao* ssp. *cacao* y *T. cacao* ssp. *sphaerocarpum*) que ocurrió en la época prehispánica. Se cree que el origen del género *Theobroma* fue la cuenca del Amazonas y que la migración hacia Centro y Mesoamérica se dio de forma natural, o bien, que fue introducido por el ser humano. Varios estudios apuntan a Mesoamérica como centro de domesticación del cacao, aunque otros sugieren que en algunas áreas en Sudamérica se pudo practicar su domesticación al mismo tiempo, pero de manera independiente. Existen evidencias arqueológicas que confirman la presencia de árboles de cacao, así como su consumo principalmente como bebida, en distintas regiones de Sudamérica, Centroamérica y Mesoamérica que datan del periodo precolombino. Investigadores de la Universidad de Caligari analizaron objetos y fragmentos de recipientes de cerámica del área de Santa Ana-La Florida en Ecuador e identificaron la presencia de di-

Detalle de una escena palaciega en un vaso del Clásico tardío maya. El gobernante hace un gesto en dirección a un recipiente de chocolate espumoso.

ferentes plantas, entre ellas, restos de gránulos de almidón de cacao que databan de hace 5 500 años aproximadamente. Uno de los resultados propuestos fue que el cacao se procesaba de varias formas, entre ellas como bebida, pues los gránulos de almidón de cacao fueron hallados en botellas de cuello muy estrecho. Asimismo, existen numerosos ejemplos de arte mesoamericano que hacen referencia al árbol y al fruto del cacao. Son particularmente abundantes las representaciones mayas del mono araña (en ocasiones ardillas o murciélagos) junto a árboles o mazorcas de cacao que datan del 900-600 a.C., aunque dicha asociación no es exclusiva de los mayas, pues también se han encontrado representados en murales, figuras y vasijas localizados en varias regiones de Veracruz, Oaxaca o Perú, así como en los frescos del siglo XVI de Malinalco. Una de las representaciones mono-cacao más antiguas fue localizada en una vasija de barro procedente del norte de Perú que data del 1000-700 a.C.

Domesticación y distribución del cacao en Mesoamérica

En 2006 se llevó a cabo un estudio de varias muestras genéticas obtenidas de cacaos silvestres recolectados al sur de México (Yucatán, Campeche y Quintana Roo). Uno de los resultados propuestos por los investigadores a cargo de este estudio sugiere que la distribución del cacao en Mesoamérica se dio de manera natural, como es el caso de muchas plantas neotropicales, y que posteriormente fue domesticado.

El desarrollo de la domesticación del cacao en Mesoamérica se le atribuye a la civilización olmeca (1500 a 400 a. C.), aunque hay evidencias de que en esa época también se consumía cacao en Sudamérica. Existen al menos dos hipótesis que podrían explicar la especialización de los pueblos mesoamericanos en la técnica de procesamiento de los granos o semillas de cacao y en su domesticación, y por qué ésta se desarrolló de forma distinta en Sudamérica. La primera, se refiere a las prácticas de domesticación de los antiguos mesoamericanos. En una región de gran diversidad, los árboles desempeñaron un papel importante en el desarrollo de las culturas que tenían una práctica de domesticación particular y distinta a otras civilizaciones. Los antiguos mayas, por ejemplo, en lugar de adaptar sus necesidades a la flora silvestre, cultivaban ciertas plantas para uso humano que provocaban la transformación de la composición del bosque tropical.

Jarrón con dos monos sentados y un árbol de cacao. México o Guatemala, área maya central, 600-900 d.C. Loza y pigmento, De Young Gallery 2, Museo de Bellas Artes de San Francisco.

La segunda práctica de domesticación tiene que ver con las diferencias en el consumo del cacao. En Sudamérica era común el consumo de la pulpa que se fermentaba para elaborar bebidas alcohólicas; sin embargo, el uso e ingesta de los granos no era habitual. En Mesoamérica el consumo de la pulpa era similar al de los pueblos sudamericanos, pero el consumo del grano de cacao también era importante. El grano, mucho más rico que la pulpa en sustancias estimulantes como la teobromina y la cafeína, se consumía como bebida molida y mezclada con agua, maíz y algún otro saborizante (flores, vainilla, chile, achiote). Para poderlos moler, los granos se sometían primero a un proceso de fermentación, después, se les retiraba la pulpa y se dejaban secar al sol. Algunas hipótesis sugieren que, a diferencia de Mesoamérica, en la región cercana al Amazonas abundaban distintos tipos de plantas con niveles elevados de compuestos estimulantes, como el mate y el guaraná, que requerían de un procesamiento menos complicado y tardado que el del grano de cacao para obtener efectos estimulantes similares.

Según la antropóloga Amalia Attolini, los registros arqueológicos más antiguos que se tienen de la domesticación del cacao indican que fueron los grupos del Golfo y del sur de México, por lo menos hacia 1750 a.C., quienes primero desarrollaron la forma de procesar los granos de cacao como bebida. En la zona olmeca, la evidencia más antigua de consumo de cacao son un conjunto de vasijas localizadas en San Lorenzo y el Cerro Manatí, en Veracruz, cuyo análisis químico muestra la presencia de restos de cacao. Se calcula que dichas vasijas pertenecieron al periodo entre 1650 a. C. y 1550 a. C. Además de las vasijas encontradas en Veracruz, se han localizado otras en tumbas mayas en Puerto Escondido, Honduras; en Colha, Belice, y en Uaxactún, Guatemala. Las vasijas más antiguas encontradas en el valle Ulúa, en Honduras, se remontan a 1000-700 a.C., y se han recuperado restos de cacao en Belice que datan del año 600 a.C.

Con el tiempo, la cultura del cacao se extendió a los pueblos mayas. Los mayas del periodo Clásico del Petén (200-900 d.C.), al norte de Guatemala, obtenían su cacao de Chiapas y las llanuras costeras de Guatemala, además de que mantenían un comercio intenso con poblaciones lejanas como Teotihuacan. El comercio permitió que el cacao fuera llevado, desde las plantaciones de las zonas tropicales, hasta las zonas más altas y secas donde no podían crecer los árboles de cacao. Esto podría ser otra explicación de la importancia de la domesticación del cacao en Mesoamérica y de un mayor consumo de los granos en lugar de la pulpa, pues esta última no podía ser de transportada.

El requerimiento del cacao por grupos fuera de su área natural de cultivo lo convirtió en un componente importante en la economía prehispánica. Era parte de las redes de comercio, pues se utilizaba como moneda, pero también formaba parte de los tributos que exigían las ciudades de la Triple Alianza. Asimismo, muchas de las disputas que existieron entre señoríos se debieron al control de las tierras que producían cacao o a la búsqueda de una relación favorable con los que controlaban esas regiones. Durante el reinado de Ahuízotl, antecesor de Moctezuma, los mexicas tuvieron el control comercial de una de las zonas más afamadas por la gran producción y la alta calidad de su cacao, la región de Xoconochco, que después sería llamada Soconusco, en la llanura costera del Pacífico. De esta región los mercaderes o pochtecas surtían a la capital y abastecían las necesidades del tlatoani. En aquella época, los árboles de cacao se plantaban únicamente en huertas que pertenecían al tlatoani, a los nobles, a los guerreros de alto rango y a los pochtecas. Así la posesión y el consu-

Según una leyenda tolteca, Quetzalcóatl descendió del paraíso a la tierra para dotar a la civilización de sabiduría. Fue tanta su admiración hacia ellos que un día decidió sustraer de sus hermanos dioses una planta que era sagrada. La plantó en la región que hoy se conoce como Tula y pidió ayuda a Tláloc y a Xochiquetzal para que la proveyeran de agua y de flores, respectivamente. Se dice que dotó a los toltecas de cuatro clases de cacao: el *cauhcacahuatl*, el *mecacahuatl*, el *xochicacahuatl* y el *tlalcacahuatl*. Cuando el árbol dio frutos, Quetzalcóatl cosechó el cacao y pidió que tostaran sus semillas. Una vez listas, enseñó a las mujeres toltecas a molerlas y a batirlas con agua para crear la bebida que hasta ese momento era exclusiva de los dioses. Cuando los dioses se enteraron de que los toltecas estaban tomando la bebida sagrada decidieron castigarlos junto a Quetzalcóatl. A él lo engañaron para que bebiera *octli* o pulque, bebida embriagante, cuyo consumo en exceso era mal visto. Al día siguiente Quetzalcóatl vio de camino a casa que los árboles de cacao se habían convertido en mezquites: por ello decidió marcharse hacia Nonoalco, donde arrojó unas semillas de cacao que lograron florecer mientras él se hundía en el mar.

mo del cacao estaban fuertemente ligados al estatus social.

El kakaw

A los olmecas se les atribuye la domesticación del cacao, pero los responsables de la difusión de su uso fueron los mayas (600 a. C.) para quienes constituyó una parte importante de sus actividades diarias culturales, como alimento, medicina e incluso como moneda en su sistema económico.

Las principales áreas del cultivo de cacao en las tierras bajas de Tabasco formaban parte del corazón de la cultura olmeca y de la zona lingüística del mixe-zoqueano. La palabra cacao se originó en esta zona del golfo de México entre los hablantes de esta lengua, quienes utilizaban el término *kakawa* o *kakaw*, para referirse al grano de cacao. El término se extendió hacia las lenguas mayenses y hacia otras lenguas de la cuenca de México. Asimismo, del mixe, el término *kakaw* se extendió hacia Honduras y posteriormente hacia el resto de Centroamérica; a Sudamérica llegó hasta después del encuentro con el castellano.

La importancia del cacao en la cultura maya clásica fue revelada durante los años ochenta cuando se descifraron los glifos de las inscripciones de un sinfín de vasijas mayas que datan del periodo Clásico. Estos glifos son las únicas pruebas de la existencia del vocablo *kakaw* antes de la llegada de los españoles. Las inscripciones en las vasijas servían para indicar para qué clase de contenido habían sido confeccionadas, así como el nombre o los títulos del dueño y en algunas ocasiones si estaba dedicado a alguien, por ejemplo, algún dios. Varias de las vasijas encontradas estaban destinadas a contener bebidas a base de cacao y, en muchas de ellas, las inscripciones describen el tipo de cacao (fresco, dulce, maduro), la "receta" (es decir, si el cacao estaba complementado con maíz, flores, hierbas, miel)

o características de la bebida que contenían. Un ejemplo es la vasija trípode que se encontró en la tumba del rey Yax Nuun Ayiin I, en Tikal, donde se ha descifrado que era un vaso que se ocupaba para una bebida hecha con maíz y cacao.

Glifo de *kakaw* inscrito en la tapa de la vasija funeraria encontrada en Río Azul, Petén, Guatemala.

En cuanto al vocablo *kakaw*, en 1973 Michael Coe describió un tipo de glifo específico que se leía silábicamente *ka-ka-wa*, es decir *kakaw*, al que le había dado el nombre de "pez", ya que su signo principal representaba un pez con dos aletas. La asignación del "pez" como signo de *kakaw*, fue confirmada unos años después por David Stuart quien hace referencia a una pieza de cerámica con este glifo descubierta en una tumba del yacimiento de Río Azul, en Petén. La vasija tenía la particularidad de haber quedado sellada herméticamente, y, por tanto, haber conservado íntegramente su líquido original. Al analizar químicamente este líquido se encontraron rastros de teobromina, mismos que confirmaron que el líquido se trataba de una bebida con cacao.

David Stuart propuso que la sílaba *ka* está simbolizada con una aleta porque toma la imagen del glifo *kay* que representaba al pez. Al repetirse para formar *kakawa* los glifos terminaban con lo que asemeja a dos aletas. La presencia de vasijas con el glifo del *kakaw* en los entierros de gente con poder, es una muestra de la enorme importancia del cacao en la vida y la muerte entre los mayas. Otros ejemplos de esa escritura también están representados en el *Códice Dresde*, en el cual se puede observar que ciertas deidades sostienen frutos de cacao, afirmando que se trata de ese alimento porque el "texto" superior de cada deidad dice: "su cacao [*u kakaw*]".

Vasija funeraria para chocolate. Periódo clásico. Río Azul, Petén, Guatemala. Museo Nacional de Arqueología y Etnología. Ciudad de Guatemala.

Importancia del cacao en Mesoamérica

En Mesoamérica el árbol y fruto del cacao, así como las bebidas preparadas con él, eran elementos sagrados que formaban parte de la vida ritual; ya fuera como ofrenda hacia los dioses o como bebida consumida en situaciones ceremoniales. Además de su valor ritual, el cacao tenía un valor económico, y poseerlo era signo de riqueza y de poder.

Alimento de poder y simbolismo

El fruto del cacao está ligado a diversos contextos rituales en distintas civilizaciones. En las vasijas mayas correspondientes al periodo Clásico, localizadas cerca de los lugares donde se realizaban los funerales mayas, es común encontrar representaciones de recipientes con bebidas de cacao espumoso o con granos de cacao al pie de los tronos de los reyes, así como escenas en las que el cacao, ya sea la planta, la mazorca, los granos o la bebida, aparecen como elementos simbólicos o rituales. De acuerdo con el *Popol Vuh*, el cacao era uno de los cuatro árboles cósmicos situados en los puntos cardinales del universo y tenía una relación esencial con el maíz o con los dioses asociados a la planta sagrada de Mesoamérica por excelencia. De allí deriva la importancia simbólica del cacao como bebida ritual y sustento ofrecido a los dioses, pues la preparación era el resultado de la mezcla de dos plantas sagradas. Algunos autores explican la dualidad cacao-maíz al inferir que el maíz pertenece al ámbito solar, pues se cultiva en espacios abiertos, mientras que el cacao se encuentra en el ámbito de la oscuridad, pues debe cultivarse bajo la sombra.

La asociación del cacao con la sangre y el sacrificio es también relevante. Exis-te una escena en el *Códice Madrid* donde se observa a varios dioses perforando su oreja con navajas de obsidiana para dejar caer la sangre sobre el cacao. Este tipo de rituales también fueron descritos por Fray Diego de Landa, quien menciona que además de la oreja se perforaban la lengua, los labios, las mejillas y el pene. Es posible que el fruto del cacao fuera visto como metáfora del corazón, pues ambos fungen como recipientes de elementos sagrados: la sangre y el cacao, el cual además simboliza la reciprocidad entre los dioses quienes crearon a los hombres a partir del maíz, y los hombres que a cambio los alimentan con su sangre. Se cree que esta asociación también estuvo presente en otras civilizaciones. Por ejemplo, en Cholula utilizaban el agua donde limpiaban los cuchillos de los sacrificios para realizar las bebidas de cacao. Actualmente se tiene registro de que los lacandones de Chiapas y algunos grupos en Nicaragua practican ceremonias similares en las que la sangre dentro de la bebida de cacao es sustituida por achiote.

Otra asociación importante era la del cacao con los rituales de matrimonio. En las ceremonias mayas, se cree que el cacao servía como una especie de dote ofrecida por la mujer hacia su futuro esposo. En códices de la región mixteca se han encontrado representaciones en las que los futuros esposos intercambian una bebida de cacao espumoso para sellar su unión.

Al igual que los mayas, los mexicas utilizaban los granos de cacao o la bebida de cacao con maíz u otros condimentos como ofrenda hacia algunas divinidades, como Tlaloc, Huitzilopochtli, Xiuhtecuhtli, y Yiacatecuhtli, además de ser utilizado de manera ritual en ceremonias importantes, como las fiestas en honor a los muertos, la llegada al trono de un nuevo tlatoani, un matrimonio, la victoria después de alguna guerra o una celebración religiosa.

La palabra *cacahuatl* en náhuatl es el origen del término "cacao" en español. En varios idiomas mesoamericanos, para referirse a las bebidas elaboradas con cacao, se utilizaba sólo la palabra cacao o se le añadía algún modificador; o bien, se usaba alguna palabra que significara agua, líquido o bebida. Por ejemplo, en náhuatl, tenemos *cacahuatl* que refiere a la bebida de cacao, *chillo cacahuatl*, bebida de cacao con chile o *xochayo cacahuatl*, bebida de cacao con flores secas y molidas.

Árbol del cacao. *Códice Fejérváry-Mayer*, detalle página 1 del Tonalámatl de los pochtecas.

El cacao, al ser un alimento cargado de una gran representación simbólica, era de consumo exclusivo de personajes importantes de la sociedad mexica, como el tlatoani (el cacao se servía en su mesa en formas variadas y abundantes), así como de las clases dirigentes, los miembros de la nobleza, los guerreros y los pochtecas. Este selecto grupo de personas practicaba de ceremonias y banquetes fastuosos en los que se intercambiaban regalos extravagantes, donde el cacao siempre estaba presente, ya sea en forma de grano o de bebida. Para poder cubrir la demanda de cacao, éste se obtenía de los tributos de los pueblos sometidos y de las aportaciones hechas por los dueños de plantaciones. Había severos castigos reservados para los plebeyos que se atrevían a consumirlo.

La importancia simbólica del cacao, aunada a que los granos se podían fraccionar y transportar fácilmente, así como conservar y almacenar, le daban al cacao un valor específico para poder ser utilizado como moneda en los mercados, práctica que continuó en el periodo virreinal. Los pochtecas y los guerreros eran los grupos más cercanos a los señores y al tlatoani, considerado como representante de los dioses; al estar el cacao relacionado con lo sagrado, en conjunto, este selecto grupo de personas tenían el privilegio de detentar el poder que el cacao otorgaba.

Su uso como moneda fue registrado por varios cronistas después del siglo XVI. Juan de Torquemada escribió que el consumo anual que registraban los libros contables en la corte de Nezahualcóyotl era de 2 744 000 granos de cacao. Asimismo, en los códices coloniales aparecen pictogramas que hacen referencia a los tributos que se pagaban a la Corona. Sophie y Michael D. Coe mencionan que:

> El cronista Francisco de Cárdenas, quien escribía a principios del siglo XVII, nos dice que en la Chontalpa los granos de cacao se empleaban como moneda menuda y para comprar los artículos menores que se usaban en la casa. Y sabemos por documentos que en tiempos de la Colonia (y probablemente también anteriores a la Conquista) a los trabajadores mayas, sobre todo los cargadores de larga distancia, se les pagaba con cacao.

Fray Bernardino de Sahagún, en la *Historia general de las cosas de Nueva España*, apuntaba que "Las mantillas que se llamaban *tototlacualtecuachtli* valían cien cacaos; y las que se llamaban *tecuachtli* valían a

Árbol del cacao. *Códice de Tudela.*
Museo de América, Madrid.

Consumo ritual de cacao.
Códice Borgia.

Vendedora de chocolate en el mercado de Tlatelolco. *Códice Florentino*, lib. X, fol. 70v.

de dentro los granos de cacao; de fuera es morado y de dentro encarnado o bermejo. Cuando es nuevo, si se bebe mucho emborracha, y si se bebe templadamente refrigera y refresca.

Sahagún hace referencia aquí a la bebida resultante de la fermentación de la pulpa del fruto del cacao, es decir, los granos con el mucílago, proceso necesario para separar los granos del mucílago; por tanto, es probable que en un inicio los granos fueran un subproducto de la producción de esta bebida fermentada y que no fuera hasta después que comenzaran a consumirse como fuente de grasa alimentaria. Una distinción importante que explicaría por qué en Sudamérica los granos no se consumían, o por lo menos no tanto como en Mesoamérica, deriva del tipo de árbol disponible en cada una de las áreas. Los granos disponibles en Mesoamérica pertenecían a la variedad criollo, los cuales requerían mucho menos tiempo de fermentación, para poder ser separados del mucílago, que los granos de variedad forastero, presentes en Sudamérica. Esto implica que los granos criollos podían separarse de la pulpa, para su posterior consumo, en una etapa temprana del proceso de fermentación y la bebida resultante, aunque fermentada, era agradable en sabor y no muy fuerte.

Ya que el consumo de la bebida de cacao en las civilizaciones prehispánicas estaba restringido a las clases altas, cuando hacía su aparición en banquetes representaba una estrategia social, política o económica. En el contexto de tales ceremonias sociales, como alianzas estratégicas, presentación de herederos o algún evento para acceder al trono, el hecho de que el anfitrión pudiera regalar a su invitado granos de cacao u ofrecerlos como bebida le confería un estatus social más alto. Para honrar a visitantes específicos, el anfitrión se valía

ochenta cacaos; y otras que se llamaban *cuachtli* que eran las más baxas, valían a sesenta cacaos".

Consumo de la bebida de cacao

El uso de la pulpa obtenida de los frutos de diversos árboles del género *Theobroma* para la elaboración de bebidas fermentadas era una práctica común en las civilizaciones sudamericanas, antes y después de la colonización de su territorio. Es muy probable que antes de que en Mesoamérica fuera común el consumo del cacao como bebida no alcohólica, o como chocolate, como lo llamaríamos actualmente, se consumiera también la bebida resultante de la fermentación de la pulpa del cacao. Algunas de las inscripciones localizadas en las vasijas y vasos mayas tienen indicaciones que sugieren el consumo de bebidas fermentadas a base de cacao. Por su parte, Sahagún también hace mención de una bebida embriagante elaborada con cacao "verde" o inmaduro.

…el fruto que hace es como mazorcas de maíz, o poco mayores, y tienen

del servicio de la bebida del cacao de manera ritual dirigido al visitante. Por ejemplo, el hecho de moler los granos de cacao frente al invitado y preparar posteriormente la bebida sólo para él, era una forma de honrarlo y distinguirlo. Para tal servicio, los anfitriones contaban con todo tipo de recipientes, vasos, vasijas y platos, así como otros utensilios, como metates para moler los granos o jícaras de calabaza para preparar y servir el cacao, todo ello decorado con gran detalle y elegancia.

Para preparar la bebida, los granos fermentados se dejaban secar al sol, se molían hasta obtener un polvo y después se mezclaban con agua; era común agregar algunos condimentos. La bebida se servía en vasos provistos con un pico y se trasegaba, vertiéndola hacia otro recipiente desde lo alto para que se formara la espuma. El uso del molinillo para chocolate no aparece representado en vasijas o murales, por lo que es probable que haya sido introducido después de la Conquista. En *La Relación de algunas cosas de la Nueva España y de la Gran Ciudad de Tenustitán, México*, el autor afirma que la bebida se servía fría y se batía nuevamente con una cucharita de oro, de plata o de madera antes de beberla.

Los mayas solían combinar el cacao con semillas, flores, maíz, chile o miel. Fue Stephen Houston quien identificó la frase *ik-al kakaw*, "cacao chile", en un dintel sobre una puerta en la ciudad de Piedras Negras. Para los mayas, la espuma en las bebidas de cacao era el elemento más preciado, ya que se creía que representaba el alma; en algunos códices se pueden observar mujeres vertiendo la bebida de una vasija a otra para obtenerla.

Por su parte, los mexicas condimentaban el cacao con diversos ingredientes como maíz, achiote, chile, especias, vainilla, semillas de pochote y varios tipos de flores. Sahagún nos da una descripción de la comida que se servía a los señores y de la gran cantidad de variantes que tenía el *cacahuatl* o agua de cacao.

> Y en acabando de comer, luego se sacaban muchas maneras de cacaos, hechos muy delicadamente, como son, cacao hecho de mazorcas tiernas de cacao, que es muy sabroso de beber; cacao hecho con miel de abejas; cacao hecho con *ueinacastli*; cacao hecho con *tlilxóchitl* tierno, cacao hecho colorado, cacao hecho bermejo, cacao hecho naranjado, cacao hecho negro, cacao hecho blanco; y dábanlo en unas jícaras con que se bebía, y son de muchas maneras, unas son pintadas con diversas pinturas, y sus tapaderos muy ricos, y sus cucharas de tortuga para revolver el cacao… usaban también unas jícaras agujeradas para colar el cacao.

La palabra chocolate para designar al *cacahuatl* no aparece en ningún texto o fuente en náhuatl sino hasta finales del siglo XVI. El primer registro que se tiene de la bebida *chocollatl*, data de 1570; el término fue registrado por Francisco Hernández, quien en su *Historia natural de la Nueva España* describe la bebida por sus cualidades médicas y vigorizantes. Aunque existen muchas opiniones sobre la etimología de origen de este vocablo, una de las más convincentes es que viene de la voz náhuatl *xocoatl* "agua ácida o amarga", de *xococ* "cosa agra o aceda" y *atl* "agua".

El cacao entre dos mundos

En *La verdadera historia del chocolate*, se afirma que el primer contacto europeo con el cacao lo hizo Cristóbal Colón, quien en su cuarto viaje en 1502, al detenerse en la isla de Guanaja, cerca de Honduras, se topó con una barcaza llena de los inconfundibles granos que inicialmente llama-

Hombre llevando un cacao, 1440-1521. Piedra volcánica, trazas de pigmento rojo. Cultura Azteca,. Museo de Brooklyn, Museum Collection Fund, 40.16. Foto: Museo de Brooklyn.

ron almendras y que sabían con certeza que eran de gran valor para los locales, aunque desconocían la razón. La adopción del cacao por los españoles significó la incorporación de los granos a sus redes comerciales y a su religión, así como una transformación de la bebida consumida por los pobladores originales.

El cacao como moneda en la Nueva España

Tuvieron que pasar poco más de 15 años después de que Colón tuviera ese primer encuentro con las "almendras de cacao" para que los conquistadores descubrieran su valor monetario y pudieran aprovecharlo. Los primeros españoles que llegaron a América encontraron que en algunos lugares los indígenas utilizaban determinados objetos como moneda de intercambio, algunos de ellos eran granos de cacao, mantas de algodón, cascabeles de cobre, cuentas de piedras preciosas, sal y canutos de plumas de ave rellenos con polvo de oro. Algunos de estos objetos fueron conservados como moneda en el periodo virreinal, pues resultaban útiles para las transacciones o compra de artículos de la vida diaria, sobre todo en los mercados indígenas, además de ser conveniente para las autoridades españolas, debido a la escasez del metal para la fabricación de monedas.

Los españoles comenzaron a beneficiarse del valor del cacao y la Corona reguló su utilización para exigir tributo, utili-

El chocolate de la mañana, 1775-1780, Pietro Longhi.

zándolo de la misma forma en que lo hicieran antes los mexicas. Un ejemplo de ello es el Señor del cacao, una imagen del siglo XVI, que hasta la fecha se encuentra en una de las capillas de la Catedral Metropolitana, adyacente al Templo Mayor. Los indígenas dejaban como ofrenda a los pies del Cristo granos de cacao, de los cuales se beneficiaban los religiosos españoles.

El primer virrey de la Nueva España fundó en 1535 la Casa de Moneda y un año después se acuñaron las primeras monedas de plata; no obstante, los granos de cacao continuaron siendo utilizados como moneda durante todo el periodo virreinal, sobre todo en las haciendas, como una forma de pago a los indios por su trabajo, y para adquirir diversos productos en los mercados.

La transformación del cacahuatl

Si bien los nuevos pobladores de la Nueva España supieron aprovechar el valor simbólico y económico del cacao y lograron integrarlo positivamente a sus redes comerciales, en una primera instancia el consumo de cacahuatl no tuvo tanto éxito. La bebida elaborada por los habitantes originarios era amarga y de sabor fuerte, tanto por el sabor natural del cacao, como por los ingredientes que se le agregaban para condimentarla. Los primeros españoles en el Nuevo Mundo juzgaban inferiores los productos de esas tierras y procuraban no consumirlos, a menos que fuera necesario, por tanto consideraban desagradable la bebida elaborada con granos de cacao y agua. Asimismo, para algunos de ellos resultó asombroso, y a la vez repulsivo, el hecho de que a los indígenas, cuando bebían el cacao con achiote, les quedaban rojos la boca y los labios, como si hubieran bebido sangre. En La historia del Mondo Nuovo, Girolamo Benzoni, un explorador italiano, menciona que a su parecer el cacao es una bebida para los cerdos y que por ello nunca quiso probarla cuando algún indio se la ofreció.

No obstante, debido a la escasez de algunos de los productos ibéricos, y a medida que algunos de los españoles comenzaban a relacionarse con los nativos, el consumo de los productos locales fue ganando terreno. A este respecto el mismo Girolamo confiesa referente a la bebida de cacao: "Pero como escaseaba el vino, para no estar siempre tomando agua hice lo que los demás. El sabor es algo amargo, satisface y refresca el cuerpo, pero no embriaga...". A la vez, los indígenas comenzaron a incorporar en su dieta los productos traídos del Viejo Mundo.

Así, la formulación de la bebida que tuvo un estatus sagrado durante siglos, se fue modificando para volverla más "agradable" al gusto europeo. El primer cambio fue el beberla caliente en lugar de fría; después, se endulzó con azúcar de caña, pues los edulcorantes disponibles en la Nueva España, como jarabe de agave y miel de abeja, no eran suficientemente dulces para el paladar europeo y, finalmente, en vez de añadirle achiote u otros condimentos, la combinaron con especias con las que estaban familiarizados, como canela o anís.

A pesar de que el *chocollatl* había sido aceptado y modificado para satisfacer los paladares españoles, fue objeto de varias polémicas. Por un lado, muchos de los cronistas alababan las propiedades digestivas, curativas e incluso afrodisíacas de la bebida, mientras que los médicos de la época, siguiendo la teoría de los humores heredada de Hipócrates y Galeno, tenían opiniones encontradas con respecto al consumo de la bebida. Por ejemplo, Juan de Cárdenas en un tratado sobre los alimentos del Nuevo Mundo consideraba que la bebida era de naturaleza fría, por tanto,

su consumo podía causar malestares, como constreñir el vientre, detener la regla, debilitar la digestión, causar desmayos o melancolía; pero si los granos se tostaban, molían y mezclaban con atole, resultaba una bebida sustanciosa y benéfica para la digestión.

Otro aspecto polémico y de suma importancia para la definitiva aceptación del chocolate en Europa fue la discusión acerca de si la bebida rompía o no el ayuno eclesiástico. En otras palabras, se tenía que definir si el chocolate era una bebida o una comida. La discusión

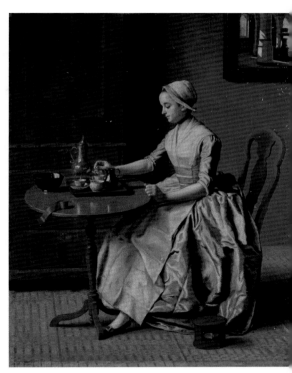

Una joven holandesa en el desayuno, 1756, Jean-Étienne Liotard.

entre eclesiásticos, médicos e incluso sumos pontífices estuvo sobre la mesa durante siglos. Algunas órdenes religiosas, como los Jesuitas (cuyas órdenes en la Nueva España se beneficiaban del comercio de los granos de cacao), apoyaban el consumo del chocolate como una bebida que no rompía el ayuno; por su parte, la orden de los Dominicos, pensaba todo lo contrario. En 1629, la discusión subió de tono cuando el español Juan de Solórzano y Pereyra afirmó que el chocolate, si se tomaba simple, era nutritivo, pero compuesto, excitaba el apetito venéreo, por lo tanto debía ser prohibido para proteger a la carne del pecado.

El chocolate durante el virreinato

En el siglo XVIII, en la capital de la Nueva España, el cacao era uno de los productos más demandados, junto al maíz, el trigo y la carne. Al igual que en Europa, en el Nuevo Mundo, el chocolate era visto y apreciado como un medicamento, una bebida fortificante que devolvía la fuerza y el equilibrio al cuerpo. Además, la bebida a base de cacao era habitualmente consumida por todas las clases sociales, sobre todo en la capital. En general, la diferencia en el consumo, en función de la clase social, consistía en los modos de preparación y en la frecuencia con la que se bebía.

Los indígenas y las clases bajas lo preparaban principalmente durante celebraciones y como acompañamiento de tamales y de pan dulce. Lo mezclaban con maíz para que rindiera un poco más y lo condimentaban con achiote, chile y, en ocasiones, con anís. Cuando lo tomaban frío, lo consumían de forma similar a como se consume el actual pozol (bebida refrescante elaborada con masa de nixtamal cocido, desleído en agua, al que se le pueden agregar

otros ingredientes molidos, entre ellos, granos de cacao tostados). Por su parte, en las clases altas el chocolate se preparaba a la usanza de las cortes europeas y lo bebían varias veces al día: por la mañana, antes de comer, como refrigerio una hora o dos después de comer, y en la tarde.

Además de consumirse el chocolate como bebida, se comenzó a integrar como ingrediente de platillos como en el caso del mole poblano; en la elaboración de bizcochos que eran del gusto particular de los criollos, religiosos y virreyes, y en la confección de golosinas, sobre todo por parte de las monjas y en talleres pequeños que lograron comercializar tabletas de chocolate en las calles de México.

En los conventos el consumo de chocolate era muy elevado. Se cree que fue allí donde se confeccionaron los primeros bombones de chocolate, ya que las monjas eran muy conocidas por fabricar diferentes dulces para vender.

El cacao en Europa

Entre los médicos españoles que alababan las cualidades curativas del cacao se encontraba Francisco Hernández, médico de Felipe II. En 1570, Hernández fue enviado a la Nueva España donde aplicó la teoría de los humores en una variedad de plantas nativas. El cacao, según él, era una planta de naturaleza templada que se inclinaba hacia lo "frío y lo húmedo", por lo tanto la consideraba muy nutritiva; debido a su naturaleza fresca, las bebidas de cacao eran buenas para curar las fiebres. Los españoles, preocupados por la dieta y la salud, recibieron positivamente las conclusiones de Hernández y otros médicos, y para finales del siglo XVI, habían despojado al cacao de su carga simbólica y espiritual original; para ellos el chocolate fue una medicina a la que querían tener acceso.

Copa de chocolate y soporte *trembleuse* con el escudo de armas de un cardenal, c. 1735, fábrica Du Paquier, porcelana de pasta dura, esmaltes sobrepintados, dorado. Museo Gardiner, Toronto.

Hacia mediados del siglo XVII, la mancerina se convirtió en parte formal del servicio del chocolate, tanto en Europa como en la Nueva España. Existen varias versiones sobre el diseño de este utensilio, al parecer fue ordenado por el marqués de Mancera, virrey de Perú, según la versión de Coe, al ver durante una recepción cómo una mujer derramaba el contenido de su jícara de chocolate en su fino vestido. La mancerina consistía en un plato con un anillo en el centro donde se podía colocar una taza sin que se deslizara; en el plato se podían colocar los bizcochos con los que se acompañaba el chocolate.

No se sabe con certeza cuándo fue la primera vez ni la ruta hecha por los granos de cacao para llegar a España; sin embargo, se tiene registro de que en 1585 salió el primer cargamento oficial con granos de cacao desde el puerto de Veracruz con destino a Sevilla.

El consumo del chocolate, es decir, de la bebida resultante de la transformación del *cacahuatl* por los criollos de origen hispano en la Nueva España, se posicionó en España y Portugal a mediados del siglo XVII, y de ahí se propagó hacia otras partes de Europa, primero a Italia y a Francia, y luego a Holanda, Austria y Bélgica, hasta llegar a las Islas Británicas, de donde zarpó de regresó al Nuevo Mundo y llegó a Estados Unidos. Al igual que en Mesoamérica, el chocolate en un inicio estaba destinado a la nobleza y las clases altas. Debido a sus cualidades medicinales y estimulantes, pero también por su sabor, se convirtió en la bebida de moda en las cortes, las mansiones nobiliarias y los monasterios.

A principios del siglo XVIII los españoles tenían fama de ser quienes mejor sabían preparar el chocolate. Fue ahí donde se perfeccionó el proceso para la obtención de la pasta de cacao: las "almendras de cacao" se tostaban en un sartén a fuego bajo hasta que estuviesen completamente secas, después se les retiraba minuciosamente la cascarilla y se molían en un mortero de piedra colocado sobre una fuente de calor hasta obtener una pasta. A esta pasta se le agregaba azúcar refinada, vainilla, canela y una pequeña pizca de almizcle (polvo de color rojizo de olor fuerte y sabor amargo que fue introducido posiblemente por los italianos). La pasta se molía por segunda ocasión hasta obtener otra pasta fina y, dependiendo de la receta ofrecida por el médico, se le agregaban otros ingredientes, por ejemplo, anís, pimienta negra, rosas o avellanas. Finalmente, a partir de

Chocolatera de cobre, bollo y taza de chocolate en una naturaleza muerta de Luis Menéndez. Siglo XVIII. Museo del Prado, Madrid.

Para generar espuma en el cacao, los mesoamericanos vertían la bebida de un recipiente a otro. Por su parte, los colonos españoles introdujeron el molinillo, utensilio de madera que hacían girar entre las manos dentro del chocolate en una jarra de cerámica alta. Después, en España, aparecieron las chocolateras, generalmente, de cobre; eran alargadas y tenían una tapa (que ayudaba a conservar el calor y a que se generara más espuma) con un orificio por donde sobresalía el molinillo. Para finales del siglo XVII aparece la *chocolatière* francesa, fabricada de metal (las más sofisticadas en oro o plata) o porcelana; tenía un mango de madera perpendicular al pico que permitía servir el chocolate y una tapa abisagrada, con un agujero al centro por donde pasaba el mango del *moussoir*, con el que se formaba la espuma.

la pasta se formaban barras o lingotes y se dejaban secar.

Uno de los usos de estas barras era la preparación de bebidas. La barra, o un trozo de ella, se introducía en una chocolatera que tenía una perforación en la tapa para colocar un molinillo. Después se le agregaba agua caliente y se iniciaba el batido para generar la espuma.

Industrialización y proceso de producción del chocolate

El siglo XIX fue una época de ruptura en la cultura del chocolate. Desde el punto de vista médico, las propiedades curativas y terapéuticas atribuidas al chocolate por distintas teorías a lo largo de los siglos anteriores fueron descartadas, lo que significó que cualquier persona podía consumir chocolate cuando lo deseara, sin necesidad de una recomendación médica. El consumo del chocolate se convirtió entonces en algo que generaba placer, transformándose de medicamento a golosina y de bebida caliente a alimento sólido. En consecuencia,

Latas antiguas de cocoa Van Houten

la demanda por este producto aumentó, como lo hizo también el consumo de azúcar.

Nuevos horizontes para el cacao

Los primeros pasos para la revolución industrial del chocolate no se dieron en Europa, sino en las colonias americanas de Inglaterra. En 1765 en el distrito industrial Dorchester-Milton Lower Falls de Massachusetts, el migrante irlandés John Hannon y su asociado Baker abrieron una de las primeras fábricas de chocolate en Nueva Inglaterra, donde el cacao se molía en un molino de piedra que funcionaba con la energía del agua del río Neposet. La máquina, construida por Hannon, representaba toda una innovación para la época. No obstante, fue la innovación de Casparus Van Houten en 1828 la que marcó un parteaguas en la fabricación del chocolate: el holandés inventó una máquina que podía extraer una buena cantidad de grasa de la pasta de cacao mediante un proceso de prensado hidráulico, el cual reducía el contenido de manteca del 50% a entre 25 y 27%. Anteriormente, para retirar el exceso de manteca de cacao del chocolate, éste se dejaba hervir durante cierto tiempo y la manteca que se depositaba en la superficie del chocolate se retiraba gradualmente. Con la máquina de Van Houten se lograba una torta de cacao desgrasado que podía molerse para obtener un polvo muy fino, que conocemos como cocoa, y que posteriormente se trataba con sales alcalinas, como carbonato de potasio o de sodio, logrando que la cocoa fuera más fácil de disolver en agua caliente. Asimismo, la alcalinización le daba al producto un color más obscuro, a la vez que lo

dotaba de un sabor más suave y amigable al paladar. A este método se le conoce como *dutch process* o proceso holandés.

En 1847, en plena Revolución Industrial, la familia Fry, dueña de la compañía chocolatera inglesa J.S. Fry & Sons, descubrió que al mezclar el cacao en polvo, es decir la cocoa de Van Houten, con azúcar refinada y manteca de cacao derretida, en lugar de agua caliente, se obtenía una masa fina y menos viscosa que se podía verter en moldes. De esta forma nacieron las primeras tabletas de chocolate sólido comestible; de ahí que los Fry las hayan bautizado como *Chocolat Délicieux à Manger* o "delicioso chocolate para comer". En 1866 lanzaron al mercado la primera tableta de chocolate producida en masa llamada *Fry's Chocolate Cream*.

La cocoa de Van Houten y las tabletas de Fry terminaron con el reinado de más de dos siglos de la bebida de chocolate, espesa y espumosa, introducida al mundo por los colonizadores españoles; asimismo, se dejaron de utilizar muchos de los utensilios del servicio de chocolate, como las *chocolatières* y los molinillos y, sobre todo, se hizo posible la fabricación a gran

Lata de leche en polvo para niños, marca Nestlé, 1912. Bote de metal para hospitales.

En México, la primera máquina que se instaló para fabricar chocolate fue en 1853. Con ésta surgieron fábricas como La Norma, La Concha, La Flor de Tabasco, La Cubana y La Locomotora, los cuales fabricaban tablillas de chocolate para disolver en agua.
Posteriormente surgió la fábrica de chocolates y dulces "La Azteca S.A. de C.V." que creó la primera versión de los chocolates Carlos V® y Abuelita®, posteriormente adquirida por Nestlé.

escala del chocolate y la cocoa de bajo costo que podían ser consumidos por una mayor cantidad de gente.

Para la segunda mitad del siglo XIX, J.S. Fry & Sons era el mayor fabricante de chocolate del mundo; sin embargo, tenía un rival fuerte: la compañía chocolatera Cadbury, designada como proveedora de chocolate para la reina Victoria. En 1866, el mismo año del lanzamiento al mercado de *Fry's Chocolate Cream*, la primera tableta de chocolate producida en masa, los Cadbury obtuvieron para su fábrica un modelo de la máquina de Van Houten y lanzaron a la venta su propia cocoa. Dos años después introdujeron la primera caja de bombones de chocolate; también se les atribuye la primera caja de chocolates con temática de San Valentín. Los productos de Cadbury fueron un éxito mercadológico, el cual provocó que tanto en Inglaterra como en Europa y Estados Unidos se popularizaran las golosinas de chocolate y se multiplicaran los productos comerciales saborizados con cocoa, como dulces, pasteles, helados y galletas. A comienzos del siglo XX, J.S. Fry & Sons se convirtió en una división de Cadbury.

Por otro lado, en Suiza, François Louis Cailler abrió en 1819 la primera fábrica de chocolate del país usando maquinaria moderna que él mismo había inventado inspirado por sus viajes a Turín. En 1879, el yerno de Cailler, Daniel Peter, junto con Henri Nestlé, crearon un nuevo chocolate que fue el resultado de mezclar el chocolate que Peter había aprendido a hacer con Cailler y la leche en polvo que había sido inventada en 1867 por Henri Nestlé. Desde entonces y hasta la fecha los suizos son la referencia en la fabricación de chocolates con leche. En ese mismo año y país, Rudolf Lindt concibió uno de los procesos más importantes en la fabricación del chocolate moderno: el conchado. Éste método consiste en un pro-

ceso de agitación y fricción que se obtiene por el movimiento de vaivén de un brazo mecánico que tiene un cilindro de piedra en un extremo. El movimiento genera calor, lo cual reduce las partículas del chocolate para obtener una textura suave y tersa. El conchado también logra la evaporación de ácidos no deseados provenientes del cacao que dan un sabor astringente y le confiere al chocolate un sabor más redondo y agradable. El cambio en la textura del chocolate causó tanta impresión que se empezó a llamar al chocolate *fondant* por la sensación sedosa y tersa que se lograba al usar la máquina de concha.

Algunos años después, se descubrió que la capa blanca que se formaba en la superficie de los chocolates después de un tiempo se podía evitar si el chocolate se sometía a un proceso de precristalización o temperado.

A finales del siglo XIX, la creciente demanda de productos hechos con chocolate causó escasez de cacao, por lo que muchos productores poco escrupulosos optaron por agregar al chocolate otros ingredientes de bajo costo que aumentaran su rendimiento. En esa época, este tipo de prácticas no se limitaban al chocolate, pues eran comunes en varios alimentos, tanto en Europa como en Nueva Inglaterra. Algunos de los ingredientes que se añadían eran leguminosas y féculas de cereales, mantecas de origen animal y aceites o yemas; incluso algunas fuentes mencionan la adición de ladrillo molido o plomo rojo. Obviamente la calidad y propiedades del chocolate adulterado no eran las mismas que las del chocolate puro, y en ocasiones podían hasta ser nocivas para la salud. Para combatir este problema, algunos gobiernos, impulsados por las demandas de los consumidores, comenzaron a crear leyes para controlar la fabricación de productos alimenticios, sancionar a quienes no las cumplieran y proteger al consumidor.

Anuncio de chocolate Cadbury, c. 1920.

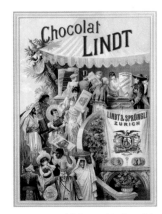

Afiche multicultural de Lindt & Sprüngli, 1890.

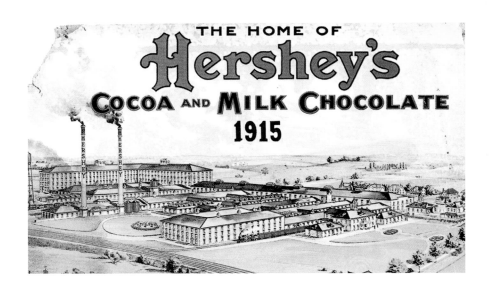

Milton S. Hershey

Anuncio de cocoa Hershey's, 1934.

Para finales del siglo XIX, los procesos de fabricación moderna del chocolate estaban bien establecidos en varias fábricas en Europa; es entonces cuando comienza la verdadera masificación en la producción del chocolate. Es en esa época cuando nace el gigante norteamericano llamado Hershey. Instalado en Derry Township, Pennsilvania, el emprendedor Milton Hershey creó en 1894 una industria que llegó a dominar el mercado norteamericano. Hershey era considerado el Henry Ford de la industria chocolatera, ya que su producción masiva de chocolate con leche era similar en concepto y ejecución a la que Ford aplicó en la industria automotriz. Todo estaba planeado a la perfección con máquinas modernas, cintas transportadoras y líneas de producción sincronizadas con una armonía envidiable; además de un cuidado meticuloso por la higiene y calidad nutricional de los productos.

Además de ser un visionario en cuanto a la producción y venta del chocolate, Hershey se preocupó por sus trabajadores y por impulsar la economía y modernización de la localidad. El pueblo donde se instaló la primera fábrica de Hershey no tenía alcalde ni gobierno municipal electo, por lo que el gran industrial paternalista supervisaba personalmente su imperio. Esto lo había hecho ya la familia Fry, pero en una escala mucho menor. Tras la instalación de la fábrica, en pocos años el pueblo contaba con una fábrica de cacao, una de chocolate, un gran pastizal lleno de vacas Holstein que proveían 230 mil litros de leche fresca diariamente, dos escuelas, una tienda departamental, un banco, clubes de hombres y mujeres, iglesias, una biblioteca, un hotel y un campo de golf. Asimismo, se inauguró el parque Hershey, el cual sigue abierto a la fecha y recibe a cientos de miles de visitantes. El imperio de Hershey se extendió a inicios del siglo XX hasta Cuba, en donde construyó una fábrica refinadora de azúcar en Santa Cruz del Norte. El azúcar era transportado en barco hasta la fábrica de chocolate en Pennsylvania. Para ello, se construyó una red de trenes eléctricos, de carga y de pasajeros, los cuales daban servicio diariamente a La Habana y al puerto de Matanzas, donde el azúcar era embarcado. El imperio de Hershey sobrevive hasta la fecha con ventas superiores a los 7 mil millones de dólares anuales, ubicándose en el sexto lugar de fabricantes de chocolate en el mundo y el tercero en Estados Unidos.

Procesamiento
del cacao

Para poder llegar a la fabricación de una tableta de chocolate o de un bombón, el cacao tiene que pasar por un proceso de transformación, desde que el fruto se corta del árbol hasta que los granos se convierten en pasta de cacao. El procesamiento del cacao se realiza en dos momentos: el primero sucede dentro de las plantaciones o fincas cacaoteras; consiste en transformar el grano en una materia prima que pueda ser utilizada por la industria chocolatera para manufacturar diversos productos. Este proceso requiere de tiempo y conocimiento, y generalmente son los agricultores los que lo llevan a cabo. El segundo, es un proceso de manufactura que puede ser artesanal o industrial; generalmente se lleva a cabo en fábricas con maquinaria especializada en la que los granos de cacao se transforman en pasta de cacao, cocoa o manteca de cacao.

Mujeres trabajando en plantación cacaotera en Costa de Marfil

Campesino abriendo fruto de cacao con machete. Villaflores, Tabasco.

Del árbol a la materia prima

Recolección

El sabor y los aromas de un grano de cacao dependen de varios factores: el tipo o variedad de árbol, la geografía donde está plantado (suelo, clima, flora y fauna que rodea la plantación) y el hecho de que la recolección de los frutos se haya realizado en su grado de madurez óptimo.

Los agricultores tienen los conocimientos necesarios para reconocer el momento adecuado para realizar el corte del fruto o mazorca del cacao. Estos deben recolectarse tan pronto como estén maduros, para evitar la sobremaduración; por ello, la cosecha debe hacerse semanal o quincenalmente en épocas de cosecha y cada 20 o 25 días en épocas de baja producción (generalmente al año existen dos periodos de cosecha, uno con mayor rendimiento que el otro). El color del fruto indica su grado de madurez, aunque depende de la variedad de la que se trate. Los frutos verdes cambian a un color amarillo o café obscuro cuando maduran, mientras que los rojos a se vuelven anaranjados. La recolección de los frutos es 100% manual y debe hacerse con cuidado; se recomienda no jalar las mazorcas con las manos para evitar dañar el tronco del árbol, lo que podría desfavorecer las cosechas futuras. Para cortar los frutos se usa un palo que tiene, en una de sus puntas, un pequeño gancho filoso que asemeja a una especie de lanza; asimismo, en las plantaciones donde los frutos están al alcance de la mano, los agricultores utilizan tijeras o cuchillos bien afilados.

Los frutos se deben clasificar según su estado de madurez y tamaño, y se deben separar las mazorcas enfermas o dañadas de las sanas. Después se acomodan en grandes piletas o telas sobre el piso, en un lugar apropiado o directamente bajo el árbol, para posteriormente realizar la extracción de la pulpa.

Obtención de la pulpa

Para obtener la pulpa del interior del fruto del cacao, éste debe abrirse de tal forma que se evite dañar y contaminar los granos. Para ello se toma la mazorca de forma horizontal y se realiza un corte transversal poco profundo por toda la circunferencia del fruto. Después, se separa con las manos la piel gruesa del mucílago, es decir la pulpa fresca y blanca que recubre las semillas. Se recomienda realizar este paso en un plazo que no supere los dos días después de la recolección, para evitar pérdidas por enfermedad.

Fermentación

Éste es uno de los pasos del proceso que más incide en la calidad del grano, pues es donde se logra obtener el sabor y aroma

Mazorcas de cacao en montón, Costa de Marfil.

Obtención de la pulpa del cacao

manual, hasta distintos tipos de molinos eléctricos (de rodillos, de discos, de palas); cada equipo confiere diferentes características de molido y refinado.

De la pasta al chocolate

La apariencia de la pasta o licor de cacao es muy similar al chocolate derretido; pero a diferencia de éste, su sabor es muy intenso, amargo y ácido, por lo cual es difícil de consumir. La pasta de cacao es la materia prima de varios subproductos del cacao; por ejemplo, de ella se extrae la manteca de cacao y la cocoa; además de ser el ingrediente principal del chocolate. Por tanto, para obtener un buen chocolate es indispensable que la pasta de cacao se haya realizado de manera adecuada. Con ella se pueden crear chocolates más ácidos, más amargos o más dulces de acuerdo con las características gustativas deseadas.

Manteca de cacao y cocoa

La extracción de la manteca de cacao fue uno de los inventos que revolucionaron la industria del chocolate. Para extraerla, la pasta de cacao líquida se somete a alta presión mediante una prensa hidráulica que hace que se separen la manteca de cacao y los sólidos de cacao, también llamados "torta de cacao".

Los sólidos de cacao se procesan hasta obtener un polvo fino conocido como cocoa o cacao en polvo. La cocoa de calidad puede contener entre 20 y 22% de grasa, ya que aún después del proceso de prensado los sólidos de cacao conservan un poco de la manteca. Actualmente existen muchos tipos de cocoa que varían en color y sabor debido su grado de acidez o alcalinidad. La cocoa natural es de color claro y textura terrosa, su acidez suele ser pronunciada por su pH relativamente bajo que se

situá alrededor de 5. La cocoa alcalina es menos ácida; llega a tener un pH cercano a 8 y su sabor es más sutil. Para obtener polvos más alcalinos, los granos de cacao se someten a un baño de carbonato de potasio o de sodio, previo al proceso de torrefacción. Esto permite cambiar el pH del producto y, como consecuencia, también su color que puede variar desde un rojo terracota hasta un marrón obscuro e intenso.

Cartel publicitario de cocoa Van Houten, 1870-1900.

Por su parte, la manteca de cacao pasa por un proceso de filtrado para eliminar cualquier residuo sólido. Asimismo, muchas veces se desodoriza para eliminar aromas indeseables en los productos que posteriormente se fabricarán con ella; aunque éste no siempre es el caso, existen mantecas de cacao naturales que conservan características y aromas particulares, los cuales, aunque son muy intensos e invasivos, sirven para fines específicos. Finalmente, la manteca se cristaliza para ser empaquetada y vendida.

Manufactura del chocolate

El chocolate se puede obtener a partir de dos materias primas: pasta de cacao y *nibs* de cacao, y se puede elaborar de forma artesanal, en pequeñas cantidades, o a gran escala, de forma industrial. Aunque en general los pasos a seguir son los mismos, los métodos y el uso de ciertas máquinas pueden variar.

Mezclado y refinado
Método con pasta de cacao
El primer paso consiste en mezclar la pasta de cacao líquida con los demás ingredientes. Para ello, la pasta se coloca en un

Máquina refinadora o *mélangeur*, Museu de la Xocolata, Barcelona, España.

contenedor térmico que ayuda a que no se solidifique, junto con los ingredientes que se le vayan a añadir, como azúcar, leche en polvo o vainilla, y se mezclan hasta obtener una pasta homogénea. La pasta en este punto puede ser utilizada para hacer tablillas de chocolate de mesa. Sin embargo, para obtener un chocolate más terso y fino que sirva para confeccionar confitería u obtener productos más delicados, es necesario continuar con el proceso de refinado.

Como muchos de los ingredientes no son líquidos, es necesario someterlos a un proceso que permita hacerlos más finos para que se incorporen bien a la mezcla y no queden grumos o cristales.

Este segundo paso, se realiza en una máquina refinadora o *mélangeur*, la cual está formada por una serie de rodillos, que giran constantemente hasta que todos los elementos que conforman la pasta de cacao se reducen de tamaño y son prácticamente imperceptibles por el paladar. La fricción de las dos superficies hechas completamente en piedra logra que las partículas del cacao y el azúcar se fraccionen, haciéndose cada vez más pequeñas. Además, esta fricción genera un aumento en la temperatura, el cual es indispensable para la evaporación de ácidos no deseados dentro de la pasta de cacao. El proceso dura entre 2 y 4 horas si se realiza en refinadoras industriales, mientras que si se utiliza una refinadora de piedra, éste puede alargarse hasta por lo menos 24 horas. Lo ideal es que las partículas midan entre 18 y 33 micras, ya que es aproximadamente a los 30 cuando el paladar deja de detectarlas, pero debajo de los 10 la textura del chocolate comienza a volverse pegajosa. El tamaño final dependerá de la textura que el fabricante quiera lograr.

Método con nibs de cacao

Generalmente la elección de fabricar chocolate a partir de *nibs* de cacao se hace cuando se busca un producto más artesanal, ya que de esta manera se controlan mejor los sabores y aromas del producto final. Con este método, el paso de mezclado se realiza al mismo tiempo que el refinado; la temperatura juega un papel importante. Antes de iniciar el proceso, los *nibs* se calientan un poco para ayudar a la máquina a alcanzar una temperatura idónea en menos tiempo; de esta forma, los *nibs* no permanecen demasiado tiempo en ella y no pierden aromas. Posteriormente, los *nibs* calientes se añaden a la refinadora o *mélangeur*, en tandas, para no forzar la máquina, asegurar un mejor triturado y mantener una temperatura estable. Una vez que los *nibs* se han convertido en una pasta más o menos líquida, se añade el azúcar poco a poco. Existen fabricantes que, para ahorrar tiempo, forman una pasta triturando los *nibs* y el azúcar con un procesador de alimentos antes de añadirlos a la refinadora; a esta operación se le llama prerrefinado. En el caso del chocolate con leche, después del azúcar se añade la leche en polvo (nunca se agrega leche líquida, pues debido a su alto contenido de agua arruinaría el chocolate); en este punto se pueden añadir otros ingredientes secos, como vainilla o especias.

Conchado

Cuando la mezcla logra una consistencia suave es momento de afinar los sabores. Para ello se realiza el conchado, que es el tratamiento de la pasta para atenuar la acidez y eliminar los aldehídos. Se le conoce como "conchado" porque la máquina que se utiliza para realizarlo tiene forma de concha.

La pasta refinada es introducida en las conchas, las cuales procesan el chocolate en dos etapas: inicialmente, se realiza un conchado en seco donde se agita el chocolate, sin agregarle nada, y poco a poco su consistencia se vuelve más líquida y suave debido a la temperatura que se genera por la fricción. En la segunda fase, el conchado líquido, se agregan ingredientes líquidos como manteca de cacao y lecitina de soya, lo que ocasiona que el chocolate adquiera una textura más fluida. Es por ello que se puede decir que el conchado es básicamente un proceso de agitación y fricción a temperaturas elevadas, el cual cambia la composición física y química del chocolate. La temperatura puede alcanzar los 70 °C cuando se trata de chocolate obscuro, mientras que en los chocolates con leche y blancos es un poco más baja. Con este proceso se obtiene una preparación líquida con sabores y aromas muy marcados.

Este proceso suele confundirse con el refinado, ya que si no se cuenta con una máquina conchadora, se puede realizar en una máquina refinadora. La diferencia entre estas dos técnicas radica en que el conchado tiene como finalidad modificar características organolépticas en el chocolate, como el sabor, el olor o la sensación al derretirse; mientras que la finalidad del refinado es reducir las partículas para obtener una textura más tersa. El conchado también puede ayudar a la viscosidad del chocolate y obtener un producto más fluido sin la necesidad de agregar cantidades grandes de manteca de cacao.

Precristalizado

El precristalizado o temperado busca mejorar el aspecto visual y la textura del chocolate, así como la sensación que genera en el paladar. El proceso consiste en homogeneizar la cristalización de la manteca de cacao presente en el chocolate. Para ello, se eleva la temperatura del mismo, luego se enfría y por último, se eleva nuevamente. Este tratamiento térmico se acompaña de movimientos repetitivos que generan fricción y permiten obtener una masa fina y homogénea. Finalmente, el chocolate precristalizado se vierte en moldes para después acondicionarlo en recipientes, almacenarlo o comercializarlo.

Manufactura del chocolate

Chocolate obscuro, chocolate con leche y giandujas

Para elaborar un chocolate, a la pasta de cacao, que por sí sola no es grata para el paladar, se le tienen que añadir otros ingredientes, como edulcorantes, especias, flores o semillas. Aquí es donde el papel del chocolatero se destaca. Todo el proceso de manufactura del chocolate comienza como una idea, creando una receta que contenga como base la pasta de cacao y decidiendo el porcentaje por añadir de los demás ingredientes. Por ejemplo, para hacer 1 kilo de chocolate obscuro 70% cacao, los ingredientes serían:

~ 700 g de pasta de cacao (compuesta por sólidos y manteca de cacao, normalmente la manteca representa entre 50 y 55%)
~ 299 g de azúcar
~ 1 g de vainilla en polvo

Con esta receta base se pueden modificar las cantidades de cada ingrediente añadido de acuerdo con el perfil que se desee dar al chocolate. Esta misma idea se puede aplicar en la manufactura del chocolate con leche y de las *giandujas* (pasta de cacao con pasta de avellana).

Existen fabricantes que agregan lecitina de soya, un emulsificante natural, para incrementar la fluidez del chocolate. También añaden un poco más de manteca de cacao para aumentar el contenido graso del chocolate; de esta forma se obtiene un producto con mayor fluidez que provoca una sensación en boca más agradable. Esto se debe a que la manteca de cacao se funde a 35 °C y la temperatura corporal es ligeramente superior, lo que genera la impresión de que el chocolate se derrite fácilmente en el paladar.

Chocolate blanco

La fabricación del chocolate blanco es distinta a la del chocolate obscuro, pues a diferencia de éste no contiene pasta de cacao (ingrediente básico del obscuro y el de leche). El único producto de cacao que contiene el chocolate blanco es la manteca de cacao. Por ejemplo, para elaborar 1 kilo de chocolate blanco 33% cacao se requieren:

~ 330 g de manteca de cacao desodorizada
~ 250 g de leche entera en polvo
~ 420 g de azúcar

Es importante observar que para la fabricación de este chocolate se tiene que utilizar una manteca desodorizada, para evitar opacar los aromas y sabores lácteos.

Cartel de "Los gordos y los flacos", Chocolates Matías López. Primer cartel publicitario de gran difusión en España. Francisco Javier Ortega y Vereda, 1879.

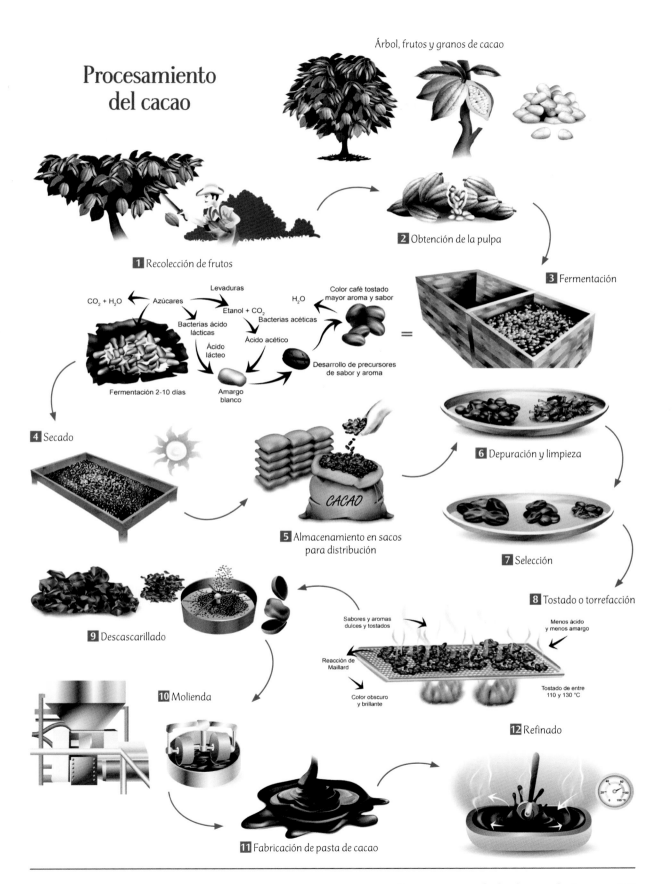

Procesamiento del cacao

Árbol, frutos y granos de cacao

1 Recolección de frutos

2 Obtención de la pulpa

3 Fermentación

$CO_2 + H_2O$ ← Azúcares

Levaduras

H_2O

Color café tostado mayor aroma y sabor

$Etanol + CO_2$

Bacterias ácido lácticas

Bacterias acéticas

Ácido acético

Ácido láctico

Desarrollo de precursores de sabor y aroma

Fermentación 2-10 días

Amargo blanco

4 Secado

5 Almacenamiento en sacos para distribución

CACAO

6 Depuración y limpieza

7 Selección

8 Tostado o torrefacción

9 Descascarillado

10 Molienda

Sabores y aromas dulces y tostados

Menos ácido y menos amargo

Reacción de Maillard

Color obscuro y brillante

Tostado de entre 110 y 130 °C

11 Fabricación de pasta de cacao

12 Refinado

Cultivo y producción
del cacao

El árbol del cacao, *cacahuaquahuitl*, en náhuatl, era sumamente valorado por los mexicas; además de consumir sus granos como bebida, se le adjudicaba valor medicinal y monetario y tenía un simbolismo ritual y sagrado. Cuando los españoles llegaron América, prohibieron el uso de algunas de las plantas rituales de los aztecas, como el amaranto; sin embargo, no fue así con el cacao, pues lo incorporaron a sus redes de comercialización. De esta forma en el siglo XVI, los conquistadores propiciaron la propagación del cultivo del cacao fuera de la región de origen, que terminó abarcando todo el mundo a lo largo de la húmeda franja tropical.

Actualmente, el cacao se produce en cuatro de los cinco continentes y se comercializa en todo el planeta dentro de un mercado exigente que se mantiene permanentemente en crecimiento. La producción de cacao es la base de una gran cadena agroindustrial y comercial que moviliza anualmente más de 120 mil millones de dólares en ventas en todo el mundo. Sin embargo, el desarrollo de la industria y de la demanda de cacao no resuenan de forma positiva en la vida de los productores, quienes en su mayoría viven en situación de pobreza y dependen esencialmente de la producción de cacao como fuente de ingreso.

Hombre cosechando frutos de cacao. Tingo María, Perú.

Producción mundial de cacao

Evolución histórica

Se han encontrado vestigios arqueológicos en Puerto Escondido, Honduras que sugieren que el cultivo del cacao con fines religiosos y de consumo humano existía ya alrededor del 1000 a.C. El uso de esta planta se extendió hacia Belice y, con la aparición de la civilización Olmeca, cerca del 900 a.C., la siembra de cacao se amplió a toda Mesoamérica. Cuando los españoles llegaron a América en el siglo XVI, las principales zonas productoras de cacao en Mesoamérica, se situaban en lo que ahora es el estado de Tabasco y la región del Soconusco, en Chiapas; en la región adyacente al Soconusco en la costa del Pacífico, y en Suchitepéquez, Guatemala; en la región del valle de Ulúa en Honduras, y en Izalco, El Salvador.

La introducción y la gran aceptación que tuvo la bebida de cacao en España provocó un aumento en la demanda de la materia prima, misma que, a inicios del siglo XVII, los españoles cubrieron introduciendo el cultivo del cacao en varios de sus territorios coloniales, como en la ahora República Dominicana, Trinidad y Tobago, Haití, Ecuador y en la isla Bioko, conocida en la época como Fernando Poo, en la costa de África Occidental. Asimismo, la popularidad de la bebida se expandió a otros países europeos, como Francia, Inglaterra y los Países Bajos. Como respuesta, estas naciones también comenzaron a sembrar cacao en otras islas del Caribe y diversas regiones de Sudamérica.

En el siglo XVIII, el productor de cacao más importante era Venezuela y la comercialización del grano estaba controlada por los holandeses. Para el siglo XIX, una segunda expansión del cultivo del cacao mo-

Regiones productoras de cacao en Mesoamérica con división política actual.

dificó el panorama de la producción actual. A inicios de ese siglo, los portugueses introdujeron esquejes de árboles de cacao procedentes de Brasil en las islas de Príncipe y de Santo Tomé, en África Occidental. Posteriormente, a finales del siglo, el cultivo se desarrolló con éxito en otros países africanos, como Ghana, Nigeria y Costa de Marfil. En ese mismo siglo, el cultivo del cacao se introdujo también en Asia a países como Sri Lanka, Java y Sumatra, y en regiones de África Oriental, como Tanzania.

A inicios del siglo XX, América seguía siendo el principal productor de cacao a nivel mundial. Los mayores productores eran Ecuador, Brasil y Trinidad y Tobago; sin embargo, para 1920 la producción africana comenzó a superar la americana, debido sobre todo a la producción de Ghana, quien fue líder productor hasta 1970 cuando fue superado por Costa de Marfil. Asimismo, a finales del siglo XX, comenzó a desarrollarse exitosamente la producción de cacao en países de Asia Sudoriental y Oceanía, como Malasia, Indonesia y Papúa Nueva Guinea.

Producción actual

Hoy en día, el cacao se cultiva en más de 50 países en cuatro continentes: América,

África, Asia y Oceanía. 23 de esos países se ubican en el continente americano. El cacao es un cultivo pantropical, es decir, se cultiva principalmente en el territorio que incluye los países tropicales y subtropicales de todo el mundo, una franja del territorio situado en latitudes comprendidas entre 20 °N y 20 °S.

Para los países productores, el cacao constituye una importante actividad económica, social y cultural que genera ingresos, empleo y bienestar; si bien en ocasiones estos beneficios no tienen una importancia mayor para la economía nacional del país, son trascendentales en las regiones rurales donde se trabaja. La producción de cacao a nivel mundial está en manos de cerca de cinco millones y medio de productores, de los cuales el 95% corresponde a pequeños productores que trabajan bajo esquemas de agricultura familiar. En América Latina y el Caribe, la producción recae en aproximadamente 350 mil productores, de los cuales el 90% también está en las manos de pequeños y medianos agricultores familiares. Generalmente se trata de productores que residen y trabajan en fincas cacaoteras con una superficie reducida de entre 2 y 5 hectáreas, con excepción de Brasil, donde la superficie promedio de las fincas es de 11 hectáreas, con poca inversión y poca infraestructura.

Si bien el cultivo del cacao no requiere de un uso intensivo de mano de obra, el trabajo dentro de las plantaciones que comprende el control de malezas, la fertilización, la poda, la regulación de sombra, el manejo de insectos y otros microorganismos benéficos, el control de plagas y enfermedades, y la cosecha y la poscosecha, en la mayoría de los casos no se presta a la mecanización y recae principalmente en los miembros de la familia, cuyo ingreso familiar depende de este cultivo.

A nivel mundial la producción de cacao supera los 4 millones de toneladas de granos y el 84% de esta producción corresponde a la de cinco países: Costa de Marfil, responsable del 33%; Ghana, del 20%; Indonesia, del 15%; Camerún, del 6.5% y Nigeria del 5.3%. El continente africano genera el 73% de la producción mundial;

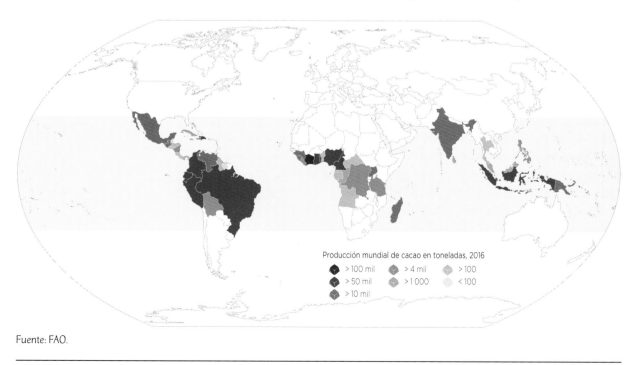

Producción mundial de cacao en toneladas, 2016

> 100 mil   > 4 mil   > 100
> 50 mil   > 1 000   < 100
> 10 mil

Fuente: FAO.

Campesinos obteniendo la pulpa del cacao. Villaflores, Tabasco.

los países de América contribuyen sólo con el 17%, y el 10% restante corresponde a la producción de Asia y Oceanía.

En América Latina se producen cerca de 670 mil toneladas de cacao. Los mayores productores, con más del 90% de la producción y de la superficie sembrada del continente, son Brasil, Ecuador, Perú, República Dominicana, Colombia y México.

Según datos del Servicio de Información Agroalimentaria y Pesquera, en 2016 México ocupaba el treceavo lugar como productor mundial, con una producción anual de poco menos de 27 mil toneladas, que representa el 0.6% de la producción mundial. Los estados de Tabasco y Chiapas continúan siendo los principales productores de cacao, con poco más del 99% del total de la producción nacional. Tabasco es el estado con mayor superficie de cultivo: cerca de 41 mil hectáreas y una producción aproximada de 17 mil toneladas. Por su parte, Chiapas ocupa el segundo lugar con una superficie de cultivo de 20 mil hectáreas y una producción de 9 mil toneladas. El tercer lugar lo ocupa el estado de Guerrero, con una superficie sembrada de 236 hectáreas y una producción de 226 toneladas.

Desde el punto de vista de la productividad, el promedio del cultivo de cacao a nivel mundial en los últimos años fue de 438 kg por hectárea. A nivel región, África lidera también las cifras en cuanto a productividad. Algunos países, como Costa de Marfil y Perú, mantienen de forma sostenida niveles superiores de productividad respecto a la media internacional. Sin embargo, cabe recalcar que la producción de cacao por hectárea en los países de América es 12% inferior a la media internacional y 19% menor a la de África; y mientras que en la última década, algunos países como Venezuela, Brasil, Granada, Guyana, República Dominicana y Ecuador han buscado aumentar sus promedios productivos, en México la productividad se ha reducido en aproximadamente 27% durante ese mismo periodo.

Retos en la producción de cacao

Históricamente, la producción del cacao se ha caracterizado por experimentar periodos

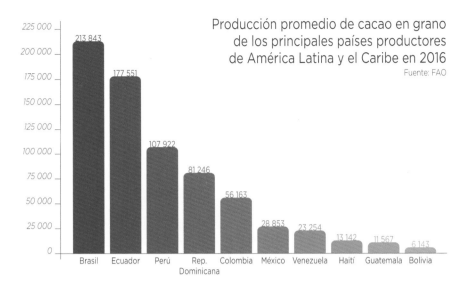

Producción promedio de cacao en grano
de los principales países productores
de América Latina y el Caribe en 2016

Fuente: FAO

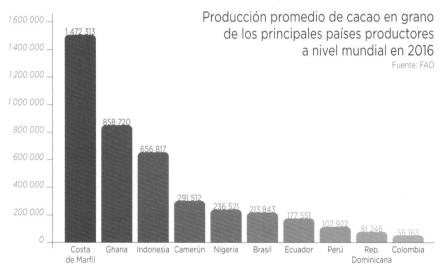

Producción promedio de cacao en grano
de los principales países productores
a nivel mundial en 2016

Fuente: FAO

de auge con cosechas estables, seguidos por etapas de crisis. Las últimas décadas del siglo XX estuvieron marcadas por un auge en la producción sostenida por Costa de Marfil y los nuevos territorios productores de Asia Sudoriental y Oceanía.

Por lo general, las etapas de auge en la producción de cacao en una región específica están condicionadas a la disponibilidad de mano de obra y de tierras de cultivo con un clima y suelo favorables, así como a la situación política y económica de la región y la estabilidad de los precios, entre otros factores. Normalmente, los periodos

de crisis comienzan a manifestarse con la aparición de plagas y enfermedades que generan un descenso en el rendimiento de la producción. Existen varios factores que provocan estos fenómenos, la mayoría ligados a la pérdida de nutrientes del suelo por falta de mantenimiento y fertilización adecuados, y a una sobrexplotación de la tierra que puede llegar a afectar el microclima, haciéndolo más seco y con precipitaciones pluviales impredecibles. Hay que recordar que el óptimo desarrollo de los cacaos y su productividad son dependientes de una temperatura y una humedad específicas, además de ser sumamente sensibles a las variaciones climatológicas.

Asimismo, desde hace varios años la cacaocultura ha tenido que aumentar su capacidad para adaptarse a los riesgos múltiples relacionados con el cambio climático que han afectado la economía agrícola y cacaotera. Algunas de las consecuencias del cambio climático son la alteración de los periodos secos y de lluvia, así como de la frecuencia y la cantidad de precipitaciones en algunas áreas; esto genera que algunas zonas agrícolas que tradicionalmente eran aptas para el cultivo del cacao, pierdan esta competencia y, por el contrario, surjan nuevas zonas aptas para nuevos cultivos. Por ejemplo, existen estudios que revelan que a largo plazo (20-50 años) el aumento de la temperatura media causada por el cambio climático en los países africanos occidentales —los cuales concentran la mayoría de la producción mundial de cacao— hará que muchas zonas productoras se vuelvan demasiado calientes para ese cultivo, lo que representa una amenaza para su competitividad.

En las zonas productoras de América Latina y el Caribe los mayores problemas que ha generado el cambio climático han sido la disminución de la disponibilidad de agua para la producción de alimentos y la variación en las precipitaciones y las temperaturas, lo que ha causado incremento y propagación de plagas y enfermedades. A largo plazo, el impacto del cambio climático en América Latina y el Caribe será importante debido a la dependencia económica de la región respecto de la agricultura, y la ubicación geográfica de algunos países.

La reacción habitual ante las crisis del cacao y ante los efectos del cambio climático, consiste en buscar zonas de producción en nuevas regiones, sin explotar, del bosque tropical para cultivarlas y abandonar las plantaciones que han dejado de ser rentables. Lo anterior explica la última expansión de las áreas de producción hacia la región del Pacífico, que es una solución práctica pero nada sustentable.

Mujer preparando pulpa de cacao para la fermentación. Ambanja, Madagascar.

Asimismo, la respuesta a la creciente demanda mundial de cacao, que desde hace aproximadamente diez años supera a la oferta, ha sido la de optar por el incremento de las áreas de producción en lugar de intentar aumentar la productividad de las plantaciones existentes. La cacaocultura es uno de los sistemas productivos de la agricultura más rezagados a nivel mundial en cuestión de cambios tecnológicos o mejoras en la eficiencia técnica que puedan generar aumentos importantes en la producción. Además, como se mencionó anteriormente, la producción del cacao, en general, está en manos de pequeños productores que practican una forma de agricultura tradicional, la cual ha cambiado muy poco con respecto a la practicada por las civilizaciones mesoamericanas.

Comercialización del cacao

La comercialización del cacao incluye el grano, así como a todos sus derivados: manteca, polvo, torta, pasta o licor de cacao y chocolate. La industria del cacao representa una enorme cadena global que incluye a los países productores y a los países consumidores, dentro de los cuales encontramos diversos actores: productores, empresas procesadoras, exportadores, industrias fabricantes de chocolate, comercializadoras, distribuidoras y consumidores.

Anuncio publicitario de Cacao Poulain, una de las primeras marcas francesas de chocolate. Cappiello, Leonetto, 1911, Biblioteca Nacional de Francia.

Países con mayor consumo anual de chocolate per cápita en kilogramos

Alemania	11	Estados Unidos	6
Bélgica	10.9	Italia	4
Suiza	10.8	Japón	2.3
Reino Unido	10	España	2
Francia	7.3	Rusia	2

Fuente: Candy Industry, 2018.

Exportación

Desde el año 2001, el volumen total de exportaciones de cacao ha crecido de forma permanente. Las estadísticas de exportaciones a nivel mundial son similares a las de producción. La exportación de cacao supera las 2 millones de toneladas de granos, de las cuales el 85% corresponde a cinco países líderes en producción: Costa de Marfil, Ghana, Camerún, Nigeria y Ecuador. El continente africano genera el 76% de las exportaciones mundiales, mientras que los países de América contribuyen con el 16%, y el 8% restante corresponde a la producción de Asia y Oceanía.

En América, Ecuador, República Dominicana y Perú concentran más del 90% de las exportaciones. Por su parte, Estados Unidos, aunque no es un país productor, juega un papel importante en las exportaciones provenientes del continente americano, pues es el tercer país reexportador de cacao y sus derivados en el mundo (Bélgica y Holanda ocupan los dos primeros puestos).

Importación

En 2016, el promedio de importaciones de cacao en grano a nivel mundial superaban los 3 millones de toneladas. El comportamiento de estas importaciones es completamente opuesto al de la producción y la exportación. Diez países aglutinan poco más del 80% del volumen total y el 78% del valor nominal de las mismas. Países Bajos, Alemania y Estados Unidos ocupan los primeros tres puestos. Europa constituye el principal importador de cacao en grano, con casi el 65%; le siguen América y Asia, ambos con 17%, y el resto corresponde a África y Oceanía. En América y en Asia, las importaciones de cacao en grano alcanzaron casi las 600 mil toneladas anuales; Estados Unidos, Canadá, Brasil y México centralizan más del 90% de las importaciones del continente, mientras que en Asia destaca Malasia, con poco más del 36%, seguido de Turquía y Singapur, con casi el 15% cada uno.

Asimismo, a nivel mundial se importan 11 millones de toneladas de productos originados del cultivo del cacao, de los cuales casi la mitad corresponden al chocolate, lo que convierte al continente europeo en el mayor importador.

Consumo

Desde el año 2007, el consumo mundial de cacao ha crecido de forma sostenida, aunque de manera diferenciada de acuerdo con la región; mientras que los países europeos, Estados Unidos y Canadá aumentaron poco su consumo de cacao, los mercados emergentes en países de Asia, Oceanía, África y América Latina crecieron considerablemente.

Son diversos los productos que se obtienen del cacao; sin embargo, el chocolate constituye la principal fuente de demanda y consumo. Europa es el mayor consumidor de cacao en el mundo; su consumo per cápita anual es de 2.27 kilos de cacao, cuando la media mundial es de 640 gramos. En Europa, los mayores consumidores son Bélgica, Suiza, Alemania, Francia, Reino Unido, Eslovenia, Países Bajos, Polonia e Italia. América es el segundo continente con mayor consumo per cápita, con 1.33 kilos de cacao al año.

Siete países concentran el 55% del consumo de cacao en el mundo: Estados Unidos con el 20%, Alemania con el 9%, Francia y el Reino Unido cada uno con el 6%, Brasil y Rusia con el 5% y Japón con el 4%. Estados Unidos es el país que presenta el mayor consumo, tanto en el continente como a nivel mundial, pues alcanza a concentrar el 62% del consumo de cacao en América, seguido de Brasil con el 14%, Canadá con el 7% y México con el 5%.

En América, es común que algunos países productores destinen su producción al consumo propio e incluso recurran a las importaciones para satisfacer la demanda. México, por ejemplo, consume prácticamente 2.5 veces lo que produce de cacao. Por el contrario, otros países destinan la mayor parte de su producción a la exportación y consumen muy poco de lo que pro-

ducen, tal es el caso de Ecuador que sólo consume el 2% de su producción cacaotera.

Industria chocolatera

A nivel mundial, la cadena de producción del cacao es un negocio que logra ventas por más de 120 mil millones de dólares al año. En esta cadena participan varios actores: en la base se encuentran los productores de cacao, es decir, quienes siembran, mantienen y recolectan el cacao; siguen las sociedades comerciantes y transportistas, quienes se encargan de comprar y hacer llegar el cacao a las empresas procesadoras o a los países importadores; después, se encuentran las empresas procesadoras y manufactureras, quienes transforman los granos para convertirlos en licor, pasta, manteca, cocoa y chocolate, entre otros, y finalmente se encuentran los vendedores, que hacen que el producto llegue al consumidor final del chocolate y sus derivados.

Si bien el negocio del chocolate es fuerte económica y comercialmente y genera excelentes resultados financieros, la distribución de estas ganancias entre los diferentes actores que la componen es sumamente desproporcionada. La producción de cacao se concentra en algunos de los países y

Cartel publicitario de chocolates Nestlé, 1930.

Principales fabricantes de chocolate en el mundo por su valor neto de ventas de confitería en 2018

Ranking	Nombre de la empresa	País	Millones de dólares
1	Mars Inc.	Estados Unidos	18 000
2	Grupo Ferrero	Italia/Luxemburgo	12 000
3	Mondelöz International	Estados Unidos	11 560
4	Meiji Co. Ltd.	Japón	9 850
5	Nestlé SA	Suiza	8 818
6	Hershey Co.	Estados Unidos	7 533
7	Lindt & Sprüngli AG	Suiza	4 106
8	Ezaki Glico Co. Ltd.	Japón	3 242
9	Arcor	Argentina	3 100
10	Pladis	Reino Unido	2 816

Fuente: Candy Industry, 2018.

zonas de mayor pobreza y desigualdad en el mundo, mientras que los países que se encargan de transformarlo y de hacerlo llegar al consumidor final son los que se benefician financieramente de su comercialización. Los elevados costos de transformación, almacenaje y transporte, así como los altos aranceles a la importación hacen que los países productores tengan que vender el grano como materia prima a comerciantes internacionales y no se beneficien de las ventas de los productos terminados. Por ejemplo, se estima que el valor que reciben los productores por tonelada de cacao vendida equivale al 6.6% de lo que paga el consumidor final en productos a base de cacao, mientras que la industria manufacturera, en su mayoría de chocolate, recibe el 35.2% y el comercio detallista o de menudeo obtiene el 44.2%.

A nivel mundial existen al menos cuatro empresas transnacionales que controlan la comercialización del cacao en grano: Barry Callebaut, Archer Daniels Midland, Nestlé y Cargill. Estas sociedades comerciales compran el grano de cacao en grandes cantidades, en las principales bolsas de valores del mundo; de esta forma obtienen beneficios con la especulación en el precio de dicha materia prima. Después, se encargan de proveer de cacao y productos derivados a las empresas transformadoras. Por otro lado, es destacable que aproximadamente el 75% de las ventas de chocolate del mercado mundial se concentra en diez compañías o empresas procesadoras.

Producción de cacao por calidades diferenciadas
Cacao básico y cacao fino o de aroma

En el comercio internacional de cacao se distinguen dos calidades de cacao: el cacao básico y el cacao fino o de aroma; este último representa cerca del 5% de la producción mundial. Según la Organización Internacional del Cacao (ICCO), en términos generales, las semillas de cacao básico —conocido también como "cacao común, convencional o *bulk*"— son las que se obtienen del cacao forastero, mientras que los cacaos criollo y trinitario producen las semillas denominadas cacao fino o de aroma. Como excepción, el cacao originario de Ecuador, llamado "nacional", que se considera una variedad forastero, también produce semillas de cacao fino o de aroma. Por su parte, las semillas de cacao producidas en Camerún de árboles trinitario han sido clasificadas como cacao básico. La diferencia entre el cacao básico y el cacao fino o de aroma radica únicamente en el sabor y los aromas, pero no en otros factores de calidad.

Las características de aroma y sabor de una semilla de caco fino o de aroma incluyen notas frutales (frescas y caramelizadas, frutas maduras), florales, herbales, a madera, a nueces, notas caramelizadas, así como aromas a chocolate delicados y equilibrados. Generalmente, se usa una combinación de criterios para evaluar la calidad del cacao fino o de aroma; dichos criterios incluyen el origen genético y las características morfológicas de la planta, las características de sabor y químicas de los granos de cacao producidos, el color de los granos y de los *nibs* de cacao, el grado de fermentación, humedad y acidez, el por-

centaje de moho interno, la presencia de insectos y el porcentaje de impurezas. Sin embargo, la medición de algunos de estos criterios es subjetiva y no establece objetivamente que el cacao en cuestión tenga las características de cacao fino o de aroma.

La producción mundial de cacao fino o de aroma ha disminuido a lo largo de los años. A inicios del siglo XX, este tipo de grano representaba entre el 40 y el 50% del total de la producción de cacao mundial; Ecuador y Trinidad y Tobago eran los principales productores. Actualmente, el grano cacao fino o de aroma representa poco más del 5% de la producción mundial.

La disminución en el consumo de cacao fino o de aroma en las últimas décadas fue provocada por un cambio en la demanda de consumo de chocolate. Los chocolates sólidos fueron sustituidos por chocolates rellenos, bombones o confecciones con otros ingredientes, como nueces, frutas, cremas, entre otros, por lo que poco a poco se le fue restando importancia a las características aromáticas propias del grano de cacao. Aunado a eso, la mayoría de las empresas que manufacturan chocolates y productos derivados a gran escala, los ela-

boran con base en granos forastero que compran a los grandes países productores africanos para asegurar la disponibilidad de grandes cantidades de materia prima. Esto significa que los cacaos forastero son los que prevalecen en el interior de los productos que consumimos día a día.

En comparación con el mercado internacional de cacao en grano, el mercado del cacao fino o de aroma se considera como un mercado altamente especializado y separado, con sus propias características de oferta y demanda. Los agentes especialistas compran los granos directamente en el lugar de origen para compañías de chocolate específicas. El precio de estos granos se determina por el equilibrio oferta-demanda para el origen y tipo de cacao en particular, a partir de las exigencias de calidad y sabor requeridas por el consumidor.

Sin embargo, en los últimos años la demanda de cacao fino o de aroma ha repuntado nuevamente; esto se debe a que la mayoría de los principales fabricantes de chocolate han creado líneas de productos exclusivos que requieren del uso de cacao fino o de aroma, a las que denominan como chocolate de origen. Generalmente, estos

Cacao orgánico

La agricultura orgánica es un sistema de producción en el que se excluye el empleo de productos químicos y sintéticos, pues busca mantener y mejorar la salud de los suelos, los ecosistemas y las personas. Se basa fundamentalmente en los procesos ecológicos, la biodiversidad y los ciclos adaptados a las condiciones locales. Los alimentos orgánicos se cultivan en tierras fertilizadas con materias orgánicas y minerales naturales dentro de un sistema de rotación de cultivos, con alternancia de vegetales exigentes y de los que enriquecen el suelo, como las leguminosas, y de labores superficiales para no estropear la estructura del suelo; además, se emplean únicamente insecticidas vegetales y fungicidas no permanentes.

Para garantizar la práctica orgánica en las plantaciones de cacao, las fincas y las operaciones de procesamiento deben someterse a un proceso de certificación por un inspector acreditado y pasar una supervisión anualmente. Es decir, los productores deben cumplir con normas nacionales y regulaciones internacionales. Los requerimientos generales para que los granos de cacao y el chocolate puedan ser etiquetados como orgánicos son:

- Los cacaoteros deben crecer en parcelas que hayan estado libres de sustancias prohibidas por lo menos durante tres años.
- Los métodos de producción se someten a un control riguroso en el que se supervisa el debido uso de fertilizantes, de prácticas agrícolas sustentables y que dentro de las fábricas no haya cruces entre cacaos orgánicos y no orgánicos.
- Los chocolates deben estar elaborados con al menos 95% de ingredientes (sin contar el agua ni la sal) producidos de forma orgánica por un fabricante certi-

productos, que se confeccionan en un número limitado, presentan características de sabor, aroma y color distintivos de un tipo de cacao del que se conoce su origen específico, y normalmente se venden a precios elevados. Los países consumidores tradicionales de cacao de Europa Occidental (Bélgica, Francia, Alemania, Italia, Suiza y el Reino Unido), así como Japón, son los principales mercados de consumo de cacao fino o de aroma, mientras que en Estados Unidos utilizan este tipo de cacao en menor medida. Por su parte, América Latina es la principal región productora de las variedades de cacao fino o de aroma a nivel internacional, con cerca del 80% de la producción mundial, debido principalmente a su diversidad genética. Según, datos de la ICCO, entre el 70 y el 100% del total de la exportación de países como Bolivia, Colombia, Costa Rica, Venezuela, Nicaragua, Ecuador, Perú y México corresponde a estas variedades especiales de cacao. Algunos países de América Latina también tienen un gran mercado interno para el uso de cacao fino o de aroma.

ficado. Un producto puede ser etiquetado como "100% orgánico" cuando la totalidad de sus ingredientes ostenten dicha certificación; "hecho con ingredientes orgánicos" si el porcentaje de ingredientes orgánicos es al menos del 70%, o bien, "contiene ingredientes orgánicos" cuando el porcentaje es menor al 70%.

Los países productores de cacao orgánico son los mismos que producen cacao siguiendo prácticas tradicionales. En la última década, los cambios en la legislación han dificultado la certificación de los pequeños productores; no obstante, muchos países buscan convertirse en productores de cacao orgánico, ya que éste tiene un precio más alto que el cacao convencional. Una porción significativa (alrededor del 10%) de granos de cacao certificados orgánicos reciben además el certificado de "comercio justo". Los granos de cacao orgánicos certificados por la *Fairtrade Labelling Organizations International* reciben un precio fijo por tonelada, mientras que el grano comercial no certificado no tiene un precio fijo, ya que está sujeto a las fluctuaciones del mercado.

Según datos de la ICCO, el mercado de cacao orgánico representa solo el 0.5% del mercado total de cacao; sin embargo, en los últimos años la demanda de productos de cacao orgánicos está creciendo a un ritmo acelerado, ya que los consumidores están cada vez más preocupados por la seguridad de su suministro de alimentos y por los problemas ambientales. Europa es el principal importador de cacao orgánico en el mundo y es también quien produce la mayor cantidad de chocolate y productos premium a base de cacao orgánico. Parte del chocolate y cacao orgánico producido en Europa se exporta, principalmente a los Estados Unidos. Barry Callebaut es considerado el principal procesador de productos orgánicos de cacao en el mundo.

Cacao de comercio justo

El cacao con el sello de comercio justo o *fairtrade* tiene por objetivo garantizar la mejora de las condiciones comerciales y asegurar los derechos de los pequeños productores. Existen varias organizaciones a nivel mundial que supervisan y controlan el mercado de comercio justo. Sus funciones consisten en establecer principios, procedimientos y requisitos de certificación específicos para el comercio justo del cacao, así como de otros cultivos como el café, el plátano y el té, entre otros, además de reunir a productores y compradores, y apoyar la inversión social en los procesos de desarrollo en las comunidades productoras. Las características principales de este mercado son las relaciones directas entre los compradores y proveedores, con un precio base fijo que protege a los productores cuando caen los precios mundiales. El precio ofrecido a los productores representa la cantidad "justa" o necesaria para cubrir los costos de producción, tomando en cuenta los requisitos impuestos por las organizaciones internacionales, así como las tarifas de certificación.

El mercado de comercio justo es bastante pequeño; corresponde al 0.1% del mercado total de cacao. En 2003, más del 90% de las ventas provenían de dos productores: Kuapa Kokoo Ltd., en Ghana y Conacado Inc., República Dominicana. Los productos de cacao y chocolate certificados como de comercio justo se venden principalmente en Europa —Reino Unido, Italia, Alemania, Suiza y Francia— otros mercados importantes son Japón, Australia, Nueva Zelanda y México.

El sabor y aroma
del chocolate

Actualmente, son muchos los fabricantes de chocolate que se enfocan en elaborar productos de calidad a partir del mejor cacao del mundo. De la misma manera, la demanda de estos productos por parte de los consumidores, incluidos panaderos, reposteros y chocolateros, va en aumento. Aquellos años en donde los grandes productores industriales reemplazaban la manteca de cacao por otras grasas para abaratar el producto se han terminado. Estos productos, denominados sucedáneos, se reservan exclusivamente a baños industriales y a la fabricación de golosinas de consumo masivo, ya que dan excelentes utilidades a las compañías. A principios de la década de los noventas, surgieron pequeños fabricantes de chocolate en toda Europa y Estados Unidos. Los valores ambientalistas, de conciencia social y comercio justo llevaron a estos emprendedores a buscar granos de cacao directamente en el origen; los agricultores les vendían el producto sin tener que pasar por intermediarios y de esta forma adquirían pequeños lotes de cacao de altísima calidad que llevaban a sus fábricas. Lo mismo sucedió con el azúcar y la leche, lo cual los convirtió en pioneros en el uso de ingredientes alternativos para la fabricación de productos alimentarios, como distintos tipos de edulcorantes y de leches provenientes de fuentes distintas a la de la vaca. La leche de cabra y oveja se volvieron más

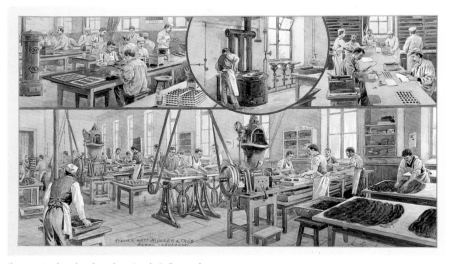

Ilustración de salas de trabajo Lindt & Sprüngli, 1900.

frecuentes en la producción de chocolate, así como aceites vegetales aromáticos como el de oliva.

Últimamente, la tendencia *bean to bar* representa un movimiento a nivel mundial. El término se refiere a un modelo comercial que generalmente indica que una marca o fabricante controla cada etapa del proceso de manufactura del chocolate, desde la compra de los granos hasta la creación de la barra. En la mayoría de los casos, los fabricantes que trabajan bajo el modelo de *bean to bar* buscan producir chocolate de calidad a partir de la mejor materia prima, y la mayoría de las veces se preocupan también por la sostenibilidad y el comercio justo.

Bean to Bar

Bean to Bar en español significa "del grano a la tableta". Es la tendencia que están siguiendo a nivel mundial los aficionados al chocolate y pequeños productores, quienes prefieren fabricar su propio chocolate antes que comprarlo a grandes fabricantes o corporaciones. Son entusiastas que quieren diferenciar sus productos de los fabricados de manera industrial.

Por lo general, un chocolatero se especializa en transformar chocolate que compra con distintos proveedores, chicos y grandes, para confeccionar bombones, tabletas, golosinas, pastelería, helados y todo tipo de productos para vender en boutiques, pastelerías y restaurantes. Aunque tienen el conocimiento para crear productos que satisfacen a sus afortunados consumidores, son muy pocos los que saben transformar la materia prima, es decir, no saben cómo trabajar el cacao con el propósito de convertirlo en chocolate de calidad. Por otro lado, se encuentran los técnicos especialistas en hacer chocolate, aquellos que tienen el conocimiento para seleccionar los mejores granos de cacao, tostarlos y refi-

narlos a la perfección para resaltar sus aromas y textura. Son fanáticos del sabor y alquimistas del gusto que saben crear sabores distintos a los encontrados en un chocolate industrial. Se concentran en respetar y exaltar las características de cada grano de cacao, así como de respetar su origen y su esencia. Su filosofía se basa en la calidad y no en el volumen.

¿Quién es entonces el verdadero chocolatero, el que lo fabrica o el que lo transforma? La respuesta es: ambos. Cada vez hay más chocolateros que se sumergen en el mundo de la fabricación del chocolate y por su parte, los técnicos aprenden cómo transformar su chocolate en deliciosas creaciones. El futuro del verdadero chocolatero consiste en hacer ambas cosas bien. Aunque aún hay un camino largo por recorrer, el comercio justo y la calidad que persigue este nicho va a crecer en manos de los entusiastas del *bean to bar* y su clientela siempre en expansión.

El cacao es un producto agrícola; esto quiere decir que sus características de sabor y aroma varían entre estaciones y dependiendo de su origen. Sin embargo, la industrialización ha logrado estandarizar estas características para adaptarlas al paladar de sus mayores consumidores en Europa y Norteamérica. Esto es un gran triunfo para la tecnología pero a su vez ha resultado en un desastre para aquellos que buscan sabores auténticos.

Afortunadamente, hoy los entusiastas convertidos en fabricantes de chocolate se dan a la tarea de viajar a las plantaciones y descubrir la verdadera esencia de cada grano de cacao, la cual depende de su origen. De esta manera,

Máquina refinadora o *mélangeur*

intentan transmitir a sus también entusiastas clientes estos sabores únicos y nuevos.

No existe gran diferencia entre el proceso para transformar los granos de cacao en chocolate siguiendo el método de *bean to bar* y el proceso industrial. Los pasos son los mismos. Lo que varía es la maquinaria utilizada, misma que afecta el producto final. Aunque muchos de los pasos se pueden realizar de forma casera con equipo relativamente básico, existen sitios, como *Chocolate Alchemy,* donde se vende maquinaria para la fabricación de chocolate a precios razonables. A continuación se explican las dificultades que pueden surgir en cada paso de la fabricación de chocolate siguiendo el método de *bean to bar.*

Obtener los granos de cacao

Para obtener granos de cacao que se adecuen al perfil de sabor y aroma deseados, se debe encontrar a uno o varios proveedores confiables. Esto es difícil dado que generalmente los agricultores tienen convenios con grandes fabricantes o cooperativas que condicionan la venta de su producto para ellos; esto significa que el cacao será utilizado para la extracción de manteca de cacao y cacao en polvo, por lo que normalmente no ponen mucho empeño en la correcta fermentación de sus granos.

Para encontrar a los proveedores adecuados, resulta de mucha ayuda ponerse en contacto con las asociaciones productoras de cacao en las diferentes regiones de cada país. En el caso de México, esta información se puede obtener a través de la Secretaría de Agricultura, Ganadería, Desarrollo Rural, Pesca y Alimentación (SAGARPA).

Tostado de cacao en plancha de metal

Clasificación de los granos

Como en el caso del proceso industrial, los granos deben clasificarse de acuerdo con su tamaño, al mismo tiempo que se desechan todos los objetos extraños que se encuentran con frecuencia en los costales de cacao, como semillas, trozos de tela y de metal. También es importante desechar los granos rotos o en mal estado. Esto habrá que tomarlo en cuenta al momento de calcular costos y determinar precios, ya que se calcula que entre el 3 y el 5% de los granos serán descartados.

Tostado

El tostado es uno de los pasos que más afecta el perfil de sabor del producto terminado. Incluso granos de cacao que provengan de la misma plantación o de regiones vecinas adquirirán un perfil diferente si se tuestan a distintas temperaturas. Por ejemplo, si se tuestan dos lotes de granos similares con una diferencia de 10 °C, es decir, unos a 120 °C y otros a 130 °C durante el mismo lapso de tiempo, los granos que se tostaron a temperatura más baja conservarán sus notas más sutiles, frutales y ácidas, mientras que los granos tostados a una temperatura más alta desarrollarán notas a madera y frutos secos tostados con mucho más cuerpo, sabores que normalmente se asocian a los de un chocolate común. Los tostados más pronunciados destruyen las notas sutiles y frágiles del cacao, sobre todo cuando se trata de cacao criollo.

Para lograr un buen tostado de los granos de cacao se pueden utilizar varios métodos, incluso un horno casero; sin embargo, debemos considerar que los termostatos de estos hornos no son muy precisos, por lo que será necesario comprar un termómetro para horno. La temperatura ideal es de entre 150 y 160 °C. Los granos de cacao deben estar bien extendidos en varias charolas, las cuales se deben rotar cada 5 minutos, es decir, pasar las de arriba a la parte más baja del horno y viceversa, además de que los granos se deben mover constantemente con una espátula para que se tuesten de manera uniforme. Si se tiene acceso a un horno de convección, este proceso es mucho más sencillo y no hay necesidad de mover tan frecuentemente los granos, ya que el aire generado logra una temperatura más estable.

También es posible encontrar a la venta en internet tostadores de café compactos y económicos, los cuales funcionan a la perfección para tostar granos de cacao. Normalmente tienen capacidad para 1 kilogramo y están programados para tostar café, no cacao, por lo que la temperatura de tostado es más alta de la deseada para tostar cacao. Es importante entonces revisar continuamente el proceso para evitar que los granos se quemen. El ciclo de tostado al utilizar una de estas máquinas es de 20 minutos aproximadamente.

Los granos tostados se deben dejar enfriar extendiéndolos sobre una superficie fría, como un mármol o granito, y de preferencia acelerar el proceso con un ventilador.

Troceado y descascarillado

Trocear los granos de cacao fríos facilita el proceso de descascarillado. El método más eficiente consiste en molerlos en un molino manual de café o de semillas. Otro método consiste en colocar los granos en una superficie plana, cubrirlos con un trozo de plástico (para evitar que salgan volando pequeños trozo de cacao) y pasarles por encima un rodillo aplicando la presión necesaria para romperlos en trozos pequeños. Posteriormente, estos *nibs* de cacao deben pasarse por una rejilla de metal con aperturas para separar los trozos grandes y volverlos a triturar. Una vez que los *nibs* estén calibrados, es decir, del mismo tamaño, se les quita la cascarilla que no se haya

Molino manual de cacao

desprendido durante el troceado. Esto puede hacerse manualmente soplando aire con una secadora de cabello directamente sobre los *nibs*; las cascarillas, al ser más ligeras, se separan y salen volando. Hay que tomar en cuenta que este proceso es bastante sucio, pues la cascarilla acaba volando por todos lados.

Refinado y conchado

En la industria chocolatera estas operaciones se realizan en dos máquinas distintas, pero a nivel artesanal, se llevan a cabo en una misma máquina: la trituradora de piedras o *mélangeur*. El funcionamiento de una trituradora de piedras es sencillo: mediante la fricción de dos superficies de piedra, las partículas del cacao y azúcar van fraccionándose y haciéndose cada vez más pequeñas. Además, esta fricción genera un aumento en la temperatura, la cual es indispensable para la evaporación de ácidos no deseados dentro de la pasta de cacao. Para usar esta técnica, es recomendable triturar los *nibs* y el azúcar utilizando un procesador de alimentos hasta obtener una pasta. A esta operación se le llama prerrefinado. Después, la pasta se transfiere a la trituradora y se deja trabajar entre 12 y 24 horas hasta obtener una

Descascarilladora antigua. Museu de la Xocolata, Barcelona, España.

Refinadora de cacao

textura suave. Las partículas tardan al menos 12 horas en alcanzar un tamaño adecuado e imperceptible al paladar. Si no se cuenta con procesador, lo primero que hay que hacer es añadir el azúcar a la refinadora hasta obtener un polvo similar al del azúcar glass, y después, agregar poco a poco los *nibs* para evitar sobrecargar la máquina.

El *conchado* es el proceso que permite suavizar el aroma, el sabor (los aromas astringentes y el sabor ácido desaparecen) y la textura del chocolate mediante la aplicación de fricción y temperatura. Las máquinas industriales que llevan a cabo esta operación son costosas y muy grandes, así que para efectos prácticos, una trituradora de piedras o *mélangeur* es la mejor opción para sustituirlo. Esta máquina se puede adquirir a través de la marca *Premier Chocolate Refiners*.

Tipos de chocolate y productos del cacao

Existen distintas nomenclaturas para describir los productos hechos a base de pasta de cacao en función de su contenido de azúcar, leche, manteca de cacao u otras grasas vegetales, además de otros ingredientes como especias, frutos y frutas secas, entre otros. La legislación en cada país es distinta, por lo que la nomenclatura o los estándares para los chocolates y los productos a base de pasta de cacao o cocoa difieren en cada país.

Nibs de cacao

Nibs o granillo de cacao

Los *nibs* son los granos de cacao fermentados, troceados y sin cascarilla. En los últimos años han cobrado importancia en el mercado de los superalimentos, pues se les atribuyen diversos beneficios nutricionales, así como en la cocina. Su textura es crujiente y su sabor amargo, pero agradable; se utilizan para preparaciones dulces, como helados, pasteles, galletas y bombones, y también en preparaciones saladas, en salsas o condimentos.

Pasta de cacao

Se trata de una pasta fina obtenida a partir del procesamiento de los granos de cacao tostados y descascarillados. Se usa como base para hacer chocolate.

Cocoa o cacao en polvo

La cocoa está hecha a base de sólidos de cacao que se obtienen a partir de la presión de la pasta de cacao. Puede contener hasta 24% de grasa. La cocoa natural tiene un pH de 5, un color café claro y textura terrosa; la cocoa alcalina tiene un pH de 8, su sabor es más sutil que la cocoa natural y su color más intenso, desde un rojo terracota hasta un marrón obscuro. En la industria de la chocolatería, la cocoa es el ingrediente más utilizado para la manufactura de productos con sabor a chocolate, como panes, pasteles, helados, bebidas, coberturas, entre otros.

Manteca de cacao

Ésta es la materia grasa del cacao que se obtiene a partir de la presión de la pasta de cacao. Puede ser natural o desodorizada. Se suele añadir en la elaboración del chocolate para otorgar una textura suave y brillo y para alargar la vida de anaquel del chocolate.

Chocolate obscuro

De la mezcla de pasta de cacao y azúcar se obtiene el chocolate obscuro, opcionalmente se puede añadir lecitina de soya y vainilla. Generalmente contiene entre 32 y 42% de manteca de cacao. También se le conoce como cobertura de chocolate. En algunos países existen también los denominados "chocolates de laboratorio" o "chocolates ganache", que tienen un bajo contenido de manteca de cacao y se usan en pastelería. Su contenido graso es tan bajo que los hace muy viscosos y resulta muy difícil trabajar con ellos para aplicaciones de chocolatería.

Chocolate con leche

A diferencia del chocolate obscuro, el chocolate con leche se obtiene de la mezcla de la pasta de cacao, azúcar y leche en polvo, descremada o entera. Opcionalmente se puede añadir lecitina de soya y vainilla. Tradicionalmente tienen entre 30 y 35% de sólidos de cacao, pero recientemente el porcentaje se ha elevado en algunos casos hasta un 50%. La leche puede ser de vaca, oveja y cabra.

Chocolate blanco

Para obtener chocolate blanco, se mezcla manteca de cacao, azúcar y leche en polvo. Generalmente contiene lecitina de soya y vainilla. Normalmente se usa manteca de cacao desodorizada para resaltar sus aromas lácteos, de lo contrario, la manteca de cacao natural opacaría el sabor lácteo tan característico del chocolate blanco. Por otro lado, el uso de la manteca de cacao natural alarga la vida del chocolate blanco, ya que es más resistente a la oxidación por contener vitamina E. En este tipo de chocolate, el porcentaje de cacao que indica el contenido en sólidos de cacao (manteca y cocoa) de un chocolate, representa únicamente su contenido de manteca de cacao.

Chocolate rubio

Este chocolate es una mezcla de manteca de cacao, azúcar y leche en polvo. También suele contener lecitina de soya y vainilla. El chocolate rubio es un chocolate blanco cuyos sólidos de leche y azúcar han sido sometidos, bajo condiciones de estricto vacío, a una reacción de Maillard. Este procedimiento genera aromas y sabores que recuerdan a una galleta tostada. Es incorrecto llamarlo chocolate blanco caramelizado, pues en ningún momento pasa por este proceso.

Chocolate Ruby o rosa

Se trata de un tipo de chocolate elaborado con granos de cacao rubí. Esta variedad de cacao fue desarrollada por la compañía suiza Barry Callebaut y se lanzó a la venta en el 2018. Actualmente es cultivada en Costa de Marfil, Ecuador y Brasil. El color rosa característico del chocolate *Ruby* es natural y proviene del color de los granos de cacao rubí; su sabor es suave, dulce y con notas a frutos rojos.

Gianduja

A esta mezcla de pasta de cacao, azúcar y pasta pura de avellanas se le puede añadir leche en polvo. Habitualmente se compone de entre 30 y 40% de pasta de avellanas, 20 y 30% de sólidos de cacao y 30 y 40% de azúcar. Se considera una delicadeza y es un producto muy popular en Italia, donde fue creado en el siglo XIX.

Baño de chocolate o sucedáneo

El baño de chocolate se obtiene de la mezcla de cocoa desgrasada, azúcar y grasa vegetal, normalmente de palma o de coco, que reemplaza a la manteca de cacao. Estos productos no requieren de precristalización pues tienen una cantidad escasa de manteca de cacao. Se componen de alrededor de 40% de grasa vegetal y entre 18

Granos y pasta de cacao

Chocolate blanco

Gianduja obscura

Chocolate de metate

y 20% de sólidos de cacao, desgrasados. Se utilizan frecuentemente en la industria de la panificación masiva, pues son productos mucho más económicos que el chocolate. Se les conoce también como pastas para glasear.

Chocolate de metate o de mesa

Esta es una pasta de chocolate que se obtiene moliendo en un metate los granos de cacao con distintos ingredientes, como almendras, piloncillo, canela, anís estrella y vainilla. La pasta obtenida es gruesa y poco refinada. Se usa para preparar bebidas.

Chocolate vegano

Este tipo de chocolate no contiene productos animales dentro de su confección. Estrictamente, todos los chocolates obscuros son veganos. Los chocolates con leche, blanco y rubio no califican como veganos, pues contienen leche de vaca u otros productos lácteos. Existen versiones hechas a partir de leches vegetales o pasta de avellanas, las cuales son buenas opciones veganas.

Chocolate crudo o raw

Este chocolate se elabora a partir de materias primas crudas. El cacao no se tuesta y la manteca de cacao no se somete a altas temperaturas. Los azúcares que se utilizan para su fabricación son de coco, jarabes de agave o maple o estevia. Tampoco se usan productos lácteos ni de soya; por lo tanto, suele ser vegano.

El sabor y aroma del chocolate

Existen varios factores naturales que afectan el perfil aromático y de sabor del cacao y, por ende, del chocolate que se elabora con ellos. Éstos suceden en tres niveles:

- Los aromas intrínsecos a la planta que están presentes desde que el fruto ha madurado, determinados por la variedad a la que pertenece el cacao (criollo, forastero, trinitario, nacional, o algún híbrido), es decir su genética, así como su terruño de origen (suelo, flora, fauna, clima).

- Los aromas posteriores a la cosecha, que dependen del tipo de procesamiento que se les dé a los granos. La fermentación provoca la aparición de compuestos precursores de aroma que se desarrollan por completo durante el tostado. Estos aromas varían en función del árbol, tanto como de la microflora (levaduras, bacterias) y las condiciones (temperatura, humedad) presentes durante la fermentación. Asimismo, la fermentación elimina una parte de los compuestos amargos (teobromina y cafeína) y astringentes (taninos), a la vez que desarrolla una fuerte acidez que se elimina en parte durante el secado.

- Los aromas térmicos son los que se generan durante el tostado. Este tratamiento provoca una reacción de Maillard que genera los aromas precursores responsables de los aromas tostados y dulces del cacao.

Aunado a estos factores naturales, el sabor y aroma de los chocolates también está condicionado por los ingredientes que se le adicionen a la pasta de cacao.

A grandes rasgos, el cacao se cultiva en cuatro regiones, cuyas variantes climatológicas y de suelo, así como de prácticas agrícolas, acentúan sabores específicos en los granos de cacao.

Además de los sabores básicos, amargo, ácido, dulce, salado y picante que se perciben en un grano de cacao, se encuentran los de la tabla en la página siguiente:

Terrosos y vegetales	ahumado, madera, sal, tabaco, tierra
Especiados y a nueces	almendra, avellana, café, clavo, jengibre, menta, pimienta, vainilla
Afrutados	azahar, cítricos, frutas rojas, frutas deshidratadas
Acaramelados	azúcar mascabado, azúcar tostada, caramelo, miel
Lácteos	crema, leche, mantequilla

Cómo conservar chocolate

El chocolate se debe conservar en un ambiente con una temperatura que oscile entre los 16 y 18 °C, con una humedad relativa del 60% y alejado de la luz solar. Estas condiciones de clima, tan controladas a veces, sólo son posibles en talleres de chocolatería o en restaurantes u hoteles que cuenten con un espacio específico para trabajar y conservar el chocolate. En una casa se pueden replicar condiciones similares en una cava de vinos o en un armario ubicado en una parte fresca de la casa.

El chocolate se debe guardar en contenedores herméticos y lejos de olores fuertes que lo puedan contaminar, como especias, hierbas aromáticas, ajos o chiles.

Normalmente un chocolate recién manufacturado tiene una vida de anaquel de 1 año para el que tiene leche y de hasta 2 años para el obscuro. De cualquier manera, no se recomienda guardar el chocolate tanto tiempo, pues al ser un producto que nace del procesamiento de un fruto, entre más fresco, es mejor y más rico.

Por último, no se recomienda guardar o conservar ningún tipo de chocolate en refrigeración, ya sean tabletas, bombones o grageas. La humedad del refrigerador afectará la composición química del azúcar en el chocolate, además de que los olores presentes en el refrigerador se impregnarán en el chocolate.

Uno de los defectos más comunes relacionado con la mala conservación es el *sugar bloom* o blanqueamiento del azúcar; cuando el chocolate se moja o salpica con algún líquido, o está expuesto a un ambiente muy húmedo, como el refrigerador, el líquido disuelve los cristales de azúcar en el chocolate. Cuando el líquido se evapora el azúcar se cristaliza nuevamente y estos cristales se precipitan a la superficie del chocolate, formando una película blanca que afecta la vida útil del chocolate y, en ocasiones, su sabor. Otro defecto que se puede confundir con el *sugar bloom* es el *fat bloom,* que también genera una película blanca en la superficie del chocolate. Sucede cuando el proceso de precristalizado o temperado no se realizó adecuadamente debido a la presencia de grasas no compatibles con la manteca de cacao (por ejemplo, grasas de algunos frutos secos) o si el chocolate se almacena a temperaturas altas. El *fat bloom* ocurre cuando la manteca de cacao se derrite y causa una desestabilización de sus cristales, los cuales migran hacia la superficie del chocolate.

Fat bloom

Cómo catar chocolate

Probar chocolate es una de las experiencias más agradables que he tenido en mi vida. Muchos expertos de la industria insisten en imponer a las personas a qué les debe saber cada chocolate o qué notas aromáticas deben percibir. Sin embargo, para mí lo más importante siempre ha sido si me gusta o no el chocolate. Así de sencillo. Con frecuencia me preguntan ¿cuál es el mejor chocolate? Y mi respuesta siempre es la misma: el que más te guste y el que más disfrutes.

Es cierto que después de haber probado chocolate, casi todos los días desde hace 20 años, he desarrollado cierta sensibilidad sensorial para identificar sabores y aromas en el chocolate que casi nadie más logra. Sin embargo, esto no significa que identificar un chocolate de calidad sea difícil, ni mucho menos aprender a disfrutarlo.

Para catar un chocolate yo recomiendo que se prueben entre 4 y 5 chocolates en una misma sesión. La disponibilidad y variedad de sabores, que van desde lo dulce hasta lo muy intenso y amargo, es muy alta, y si intentamos probarlos todos, saturaríamos nuestro sentido del gusto. Asimismo, la variedad de opciones que hay en el mercado a veces dificulta encontrar el chocolate adecuado. Uno de los principales indicadores para saber si vale la pena probar un chocolate es identificar si se trata de un producto 100% manteca de cacao; para ello, hay que identificar en la etiqueta si contiene ingredientes como grasa de palma o coco; si es así, hay que descartarlos. Asimismo, los chocolates demasiado azucarados no permiten apreciar ni disfrutar el verdadero sabor del cacao con el que se elaboró el chocolate, por lo que desde mi punto de vista tampoco vale la pena probarlos. Una vez más, si en la etiqueta del producto aparece el azúcar como el primer ingrediente en la lista, es mejor descartarlo.

Una vez que se hayan elegido las 4 o 5 opciones de tabletas de chocolate, éstas se deben clasificar por porcentaje de cacao en orden ascendente. De esta manera tendremos un punto de referencia y podremos comparar sus similitudes y contrastes. Para que se puedan percibir bien los aromas y sabores del chocolate, éstos deberán estar a

4. Apariencia brillante y tersa: fundamental para que el producto resulte agradable a la vista y luzca apetitoso.

Técnica y temperaturas de precristalización

La técnica de precristalización o temperado se divide en cuatro pasos generales:

1. Derretir el chocolate a baño maría o en el microondas hasta que tenga la temperatura adecuada en función del tipo de chocolate que se esté utilizando. (Ver Temperaturas de precristalización, abajo.) Al finalizar este paso, se habrán derretido todas las moléculas de grasa y la consistencia del chocolate será fluida.

2. Enfriar lentamente el chocolate derretido, mezclándolo constantemente en un mármol o en un tazón hasta que tenga la temperatura adecuada. (Ver Temperaturas de precristalización, abajo) En este punto comienza la cristalización de las moléculas de grasa y el chocolate adquiere una consistencia espesa.

3. Recalentar el chocolate hasta que tenga la temperatura adecuada. (Ver Temperaturas de precristalización, abajo.) Después de enfriar el chocolate, en el segundo paso del proceso, su consistencia es demasiado espesa como para recubrir un bombón o para moldearlo; es por ello que debe recalentarse para que adquiera de nuevo una consistencia fluida. Es importante que el recalentado se haga lentamente, de preferencia a baño maría o calentándolo a intervalos en el horno de microondas, para que la temperatura no se eleve bruscamente ni la

sobrepase; de lo contrario, se derretirán muchos cristales y el chocolate perderá su temperado.

4. Comprobar la temperatura final del chocolate y hacer una prueba para asegurar el resultado óptimo del proceso. Para ello, sumerja en el chocolate un trozo pequeño de papel siliconado o la punta de un cuchillo y deje que el chocolate se endurezca a temperatura ambiente durante 5 minutos; después, desprenda el chocolate endurecido del papel o del cuchillo. Si el chocolate se queda pegado o no se desprende fácilmente, significa que la precristalización no se logró correctamente. Deberá repetir todo el proceso.

Temperaturas de precristalización

Las temperaturas del proceso de precristalización dependen del tipo de chocolate que utilice y del porcentaje de manteca de cacao que éste contenga. En ese sentido, cada chocolate es diferente; por ejemplo, dos chocolates 70% cacao, pero de marca distinta, no tendrán necesariamente los mismos ingredientes en proporciones idénticas. Por ello, se recomienda seguir las temperaturas de precristalización indicadas por el fabricante, habitualmente impresas en el empaque; en caso de que éste no las indique, probablemente podrá acceder a la información en su sitio web. Asimismo, puede utilizar la siguiente tabla como una guía general de temperaturas de temperado o precristalización de tres distintos tipos de chocolate. Mida las temperaturas con un termómetro para chocolate o un termómetro digital.

Tipo de chocolate	Derretido	Enfriamiento	Recalentado
Chocolate obscuro	50-55 °C	28-29 °C	31-32 °C
Chocolate con leche	45-50 °C	27-28 °C	29-30 °C
Chocolate blanco y *giandujas*	40-45 °C	25-27 °C	28-29 °C

Métodos de precristalización

Siembra de chocolate

Este método consiste en agregar chocolate sólido, picado o en botones, a una mezcla de chocolate derretido. El chocolate sólido aporta una cantidad suficiente de cristales estables β (beta) de manteca de cacao, lo que da como resultado un chocolate perfectamente precristalizado o temperado.

1. Pese la cantidad de chocolate, en botones o picado, que indique la receta y reserve en un recipiente una cuarta parte.
2. Derrita las tres cuartas partes restantes de chocolate a baño maría o en el horno de microondas hasta que tenga la temperatura adecuada en función del tipo de chocolate que utilice (ver Temperaturas de precristalización, pág. 73). Reserve una cuarta parte del chocolate derretido a baño maría para que se conserve a la misma temperatura. [Foto 1.]
3. Añádale el chocolate que reservó a la porción más grande de chocolate derretido y mézclelos con una espátula de plástico hasta que todo el chocolate esté derretido y la mezcla sea tersa y homogénea. Este paso puede tardar un par de minutos. Rectifique la temperatura de enfriamiento (ver Temperaturas de precristalización, pág. 73). [Fotos 2 y 3.]
4. Incorpore poco a poco a la preparación el chocolate derretido que reservó. La adición de este chocolate servirá para elevar la temperatura del chocolate a su temperatura de trabajo ideal (ver Temperaturas de precristalización, pág. 73).
5. Realice una prueba para asegurar el resultado óptimo del proceso (ver Técnica de precristalización, pág. 73).

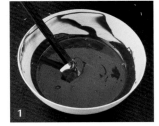

Baño maría inverso

El baño maría inverso sirve para disminuir rápidamente la temperatura de una preparación o ingrediente. Para realizarlo, se coloca en un recipiente grande agua fría, a 10 °C aproximadamente, y dentro de éste se pone un tazón más pequeño con el ingrediente o preparación que se desee enfriar.

Realizar esta técnica de forma adecuada requiere de práctica, pues no es sencillo controlar la temperatura durante el proceso de enfriamiento. En este paso es importante que la temperatura del chocolate disminuya lentamente y que no baje del límite inferior de temperatura, de lo contrario, se formarían demasiados cristales inestables y el chocolate se espesaría rápidamente.

1. Pese la cantidad de chocolate, en botones o picado, que indique la receta, y derrítalo en el baño maría o en el microondas hasta que tenga la temperatura adecuada en función del tipo de chocolate que utilice (ver Temperaturas de precristalización, pág. 73).
2. Coloque el chocolate derretido en un baño maría inverso. Remueva el chocolate con una espátula hasta que tenga una temperatura de 30 °C. (Si nota que el chocolate se enfría demasiado rápido o que comienza a endurecerse en las paredes del tazón, retírelo del agua fría y caliente las paredes externas del tazón con una pistola decapadora.) Retire el tazón del baño inverso y séquelo con un trapo; continúe removiendo el chocolate con una espátula hasta que alcance la temperatura de enfriamiento adecuada (ver Temperaturas de precristalización, pág. 73).
3. Para elevar gradualmente la temperatura del chocolate a su temperatura de trabajo ideal (ver Temperaturas de precristalización, pág. 73), sople aire caliente sobre el chocolate utilizando una pistola decapadora durante unos segundos.
4. Realice una prueba para asegurar el resultado óptimo del proceso (ver Técnica de precristalización, pág. 73).

Sobre una mesa de granito

Este método es uno de los más utilizados por los chocolateros. Para obtener buenos resultados se requiere practicar para adquirir habilidad con el uso de las paletas y espátulas; además, es indispensable contar con una mesa o superficie con cubierta de granito ya que otras superficies, como el acero inoxidable, no son tan eficaces.

1. Pese la cantidad de chocolate que indique la receta, en botones o picado, y derrítalo a baño maría o en el horno de microondas hasta que tenga la temperatura adecuada en función del tipo de chocolate que utilice (ver Temperaturas de precristalización, pág. 73). Reserve una cuarta parte del chocolate derretido en un tazón a baño maría. [Foto 1.]

2. Vierta las tres cuartas partes del chocolate derretido sobre la superficie de granito. Extiéndalo con una paleta o raspa hasta obtener una capa rectangular; después, vaya recogiendo el chocolate de las orillas con la misma paleta, y llevándolo al centro del rectángulo. Repita este paso hasta que el chocolate tenga la temperatura de enfriamiento adecuada (ver Temperaturas de precristalización, pág. 73). La clave para enfriar correctamente el chocolate es mantenerlo en movimiento continuo. [Fotos 2, 3 y 4.]

3. Recupere todo el chocolate de la mesa de granito con ayuda de la paleta o con una espátula y agréguelo al tazón donde reservó el chocolate derretido. Mézclelos hasta obtener una consistencia homogénea y rectifique que el chocolate haya alcanzando la temperatura de recalentado adecuada (ver Temperaturas de precristalización, pág. 73). [Foto 5.]

4. Realice una prueba para asegurar el resultado óptimo del proceso (ver Técnica de precristalización, pág. 73).

Siembra de cristales estables de manteca de cacao

Este método es similar al de siembra de chocolate, pero en este caso, al chocolate derretido se le añade únicamente manteca de cacao que aporta los cristales β (beta) estables. Para seguir este método se puede utilizar manteca de cacao en polvo, o bien, recurrir a una máquina temperadora de manteca de cacao, como Magic Temper® o EZTemper®. Las máquinas temperadoras de manteca de cacao fueron introducidas al mercado hace varios años como una alternativa a las técnicas de precristalizado de chocolate tradicionales. Algunos de los beneficios que ofrecen son limpieza, rapidez, eficacia, facilidad y precisión. Funcionan de la siguiente manera: se introduce en la máquina la manteca de cacao sólida en trozos pequeños, donde es transformada, con una temperatura controlada de 33.1 °C, en una pasta con la cantidad adecuada de cristales β estables. Para precristalizar chocolate, se le debe incorporar sólo una pequeña porción de esta pasta de manteca de cacao.

Pasos para precristalizar con manteca de cacao en polvo

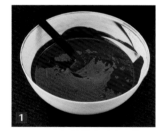

1. Pese la cantidad de chocolate que indique la receta, en botones o picado, y derrítalo a baño maría o en el horno de microondas hasta que tenga la temperatura adecuada en función del tipo de chocolate que utilice (ver Temperaturas de precristalización, pág. 73). [Foto 1.]
2. Deje enfriar el chocolate, mezclándolo ocasionalmente, hasta que tenga una temperatura de 35 °C para chocolate obscuro, 33 °C para chocolate con leche y 32 °C para chocolate blanco o *gianduja*.
3. Añada manteca de cacao en polvo en una proporción de 1% con respecto al peso total del chocolate, y mezcle hasta 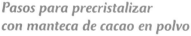 que éste se disuelva y obtenga una consistencia tersa y brillante. [Fotos 2 y 3.]
4. Realice una prueba para asegurar el resultado óptimo del proceso (ver Técnica de precristalización, pág. 73).

Con templadora o bañadora de chocolate

Las templadoras o bañadoras de chocolate son máquinas que controlan electrónicamente el proceso de precristalización del chocolate. Se utilizan en la industria chocolatera y en pastelerías para producciones grandes debido a su alta precisión y confiabilidad. Existen templadoras con capacidades distintas, que van desde los 5 hasta los 25 kilogramos. Su precio, aunque suele ser bastante elevado, depende de su capacidad y de la variedad de funciones que pueda realizar, entre las que están: precristalizar el chocolate, moldear, dosificar moldes y bañar productos, además de que pueden contar con ciclo nocturno, entre otros.

El proceso de precristalización dentro de una máquina templadora comienza derritiendo el chocolate en un tanque que se calienta por medio de resistencias eléctricas. Después, un sistema de bombeo hace pasar al chocolate por un conducto que se enfría mediante un sistema de refrigeración similar al de un aire acondicionado. Al mismo tiempo, el chocolate es bombeado a través de distintos tanques y es agitado por un brazo mezclador, generando así la cantidad suficiente de cristales estables necesarios para una perfecta cristalización.

Otros métodos

Existen otros métodos de precristalizado: por ejemplo, es posible mantener los cristales β ya existentes utilizando una estufa con temperatura controlada a 33 °C. En esta máquina, el chocolate se derrite parcialmente, pero la temperatura nunca llega a ser lo suficientemente elevada como para descristalizar el chocolate. Este método, aun-

Caramelo suave

El caramelo suave es uno de los rellenos para bombones preferidos debido a su consistencia suave, cremosa y masticable, además de su sabor lácteo caramelizado. Se compone de azúcar caramelizado que generalmente se disuelve con una base láctea, la cual se emulsiona con una materia grasa. A esta base se le pueden añadir otros elementos, como chocolate, extractos, ralladuras de cítricos, licores o frutos secos.

La técnica básica para elaborar un caramelo suave consiste en calentar el azúcar, solo o con algún jarabe añadido que ayude a regular la cristalización, hasta obtener una temperatura de 200 °C. Posteriormente, se incorpora al caramelo el elemento lácteo (leche, crema para batir) que ayuda a disolver los azúcares y aporta caseína (proteína), la cual ayuda a espesar el caramelo. La preparación se cuece hasta que alanza los 114 °C y, finalmente, se añade la materia grasa (mantequilla, manteca de cacao, manteca de coco), la cual ayuda a evitar la cristalización del azúcar y promueve la suave consistencia del caramelo; entre más cantidad de grasa tenga, mayor será su untuosidad.

La receta básica para preparar 650 gramos de **Caramelo suave** es la siguiente:

Ingredientes

~ 288 g de crema para batir
~ 2 g de flor de sal
~ 55 g de mantequilla
~ 290 g de azúcar
~ 30 g de glucosa DE 60
~ 2 vainas de vainilla abiertas por la mitad a lo largo
~ 12 g de manteca de cacao

Procedimiento

1. Ponga sobre el fuego una cacerola con la crema para batir, la flor de sal y la mantequilla. [Foto 1.]

2. Mientras la crema se calienta, ponga otra cacerola sobre el fuego con el azúcar y la glucosa y déjelas caramelizar hasta que tengan un color dorado obscuro. Agregue las vainas de vainilla. [Fotos 2 y 3.]

3. Cuando la crema tenga una temperatura de 60 °C, incorpórela poco a poco al caramelo, mezclando con la espátula hasta obtener una consistencia homogénea. Deje cocer el caramelo hasta que tenga una temperatura de entre 112 y 114 °C. Agregue la manteca de cacao, mezcle bien y retire del fuego. [Fotos 4 y 5.]

4. Retire las vainas de vainilla del caramelo. Coloque un marco de acrílico sobre una charola con un tapete de silicón y vierta dentro el caramelo. Déjelo cristalizar a temperatura ambiente durante 12 horas. [Foto 6.]

5. Retire el marco y corte el caramelo en porciones del tamaño que indique la receta. [Fotos 7 y 8.]

Nougat

El *nougat* es una preparación básica de la pastelería francesa. Es en un jarabe hecho con agua y azúcar, y opcionalmente jarabe de glucosa, que se emulsiona con una base de claras batidas con una miel caliente, para finalmente añadir frutos secos. A esta base se le pueden agregar otros ingredientes, como frutas deshidratadas, especias, semillas, extractos, entre otros. El *nougat* puede ser duro o suave, aunque para la fabricación de rellenos, el suave es el más recomendado, mientras que el duro suele consumirse como golosina. Su sabor es dulce y anuezado por la presencia de frutos secos, los cuales aportan, además, una textura crujiente.

La técnica básica para elaborar un *nougat* suave consiste en cocer miel de abeja has-

ta que alcanza una temperatura de 120 °C. Debido a que el jarabe de azúcar es el elemento principal de la receta, la miel sirve como regulador de la cristalización. Cuando la miel alcanza los 115 °C, se ponen a batir las claras con un poco de azúcar, y posteriormente se incorpora la miel a 120 °C. Las claras sirven para darle ligereza a la consistencia del *nougat* y para prevenir la cristalización. Posteriormente, a esta mezcla de claras se incorpora el jarabe a una temperatura de 155 °C, y después, los frutos secos. Finalmente, la preparación obtenida se extiende en un marco y se deja enfriar para después porcionarse. (Ver pág. 112).

Rellenos con base de grasa
Praliné

El praliné es un relleno con base de grasa que consiste en frutos secos caramelizados y triturados, mezclados con chocolate. Al praliné se le pueden incorporar otras grasas (mantequilla anhidra), además de otros ingredientes secos, como cereal inflado, frutas liofilizadas o galleta molida, entre otros. El praliné puede ser duro o suave, de acuerdo con la cantidad de grasa que contenga la receta final, tomando en cuenta la grasa de los frutos secos y de la grasa añadida, incluida la del chocolate; además, el tipo de procesado le puede otorgar una consistencia de pasta, más o menos crujiente. Normalmente el praliné suave es el que se usa como relleno de bombones que requieren cortarse y la pasta es útil como relleno de bombones de molde. La manteca de cacao del chocolate es responsable de la dureza y cremosidad del praliné.

La receta básica para preparar 550 gramos de **Praliné de almendras** es:

Ingredientes

~ 75 g de agua
~ 150 g de azúcar
~ 300 g de almendras
~ 80 g de chocolate en botones o picado
~ 45 g de manteca de cacao

Procedimiento

1. Prepare un jarabe, calentando el agua con el azúcar hasta que alcance una temperatura de 118 °C. [Foto 1.]
2. Agregue las almendras y mezcle enérgicamente con una espátula hasta que el azúcar se cristalice. Baje el fuego a media intensidad y continúe mezclando hasta que las almendras estén completamente caramelizadas y tostadas. Retire del fuego y distribuya la preparación sobre un tapete de silicón. Déjela enfriar a temperatura ambiente. A esta preparación de almendras caramelizadas se le conoce como *pralin*. [Fotos 2, 3, 4, y 5.]
3. Derrita el chocolate con la manteca de cacao a una temperatura de 45 °C.
4. Trocee el *pralin* de almendras y pulverícelo en un procesador de alimentos hasta

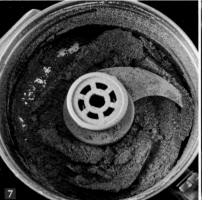

obtener una pasta homogénea y tersa. [Fotos 6, 7, y 8.]

5. Agregue a la pasta la mezcla de chocolate con manteca de cacao derretidos y procese nuevamente hasta obtener un praliné homogéneo y terso.

6. Vierta el praliné en un mármol y enfríelo, moviéndolo constantemente con una raspa hasta que tenga una temperatura de 21 °C. Posteriormente, cúbralo con plástico autoadherente y déjelo cristalizar a temperatura ambiente, de preferencia a 18 °C durante 6 horas como mínimo o hasta 12 horas.

Glaseados

Los productos de pastelería se pueden glasear con distintos tipos de preparaciones —a base de frutas, jarabes, mermeladas o productos derivados de cacao, entre otros— para perfeccionar su presentación y conservar su humedad, lo que evita que se resequen rápidamente. La mayoría de los glaseados que se utilizan en este libro se elaboran con base en chocolate, ya sea con crema o con gelatina.

La receta básica para preparar 700 gramos de **Glaseado de chocolate con crema** es la siguiente:

Ingredientes

~ 240 g de chocolate obscuro 70% cacao, en botones o picado

~ 150 g de leche condensada
~ 250 g de crema para batir
~ 35 g de leche
~ 40 g de jarabe de glucosa 40 DE

Procedimiento

1. Coloque en un tazón el chocolate obscuro.

2. Ponga sobre el fuego una cacerola con el resto de los ingredientes. Cuando la preparación tenga una temperatura de 70 °C, viértala sobre el chocolate y mezcle bien. Emulsione con la licuadora de inmersión hasta obtener un glaseado liso y brillante y déjelo enfriar.

3. Cubra el glaseado con plástico autoadherente y déjelo reposar en refrigeración durante 24 horas.

La receta básica para preparar 800 gramos de **Glaseado de chocolate con gelatina** es la siguiente:

Ingredientes

~ 165 g de chocolate con leche 38% cacao, en botones o picado
~ 108 g de masa de gelatina 200 Bloom
~ 61 g de brillo neutro
~ 83 g de agua
~ 145 g de azúcar
~ 145 g de jarabe de glucosa 40 DE
~ 105 g de leche condensada

Procedimiento

1. Coloque en un tazón el chocolate con leche, la masa de gelatina y el brillo neutro.

el chocolate con un cuchillo o una bicicleta, sin presionar demasiado para no cortar la hoja, haciendo tiras del grosor deseado. [Foto 5.]

4. Deje cristalizar el chocolate, idealmente a una temperatura de entre 16 y 18 °C o en refrigeración, hasta que las láminas de chocolate se endurezcan y se desprendan fácilmente de la hoja.

Puede omitir el marcado del chocolate y trocearlo con las manos cuando haya cristalizado. De esta forma puede obtener trozos de chocolate de formas y tamaños desiguales.

Discos de chocolate

1. Coloque el chocolate precristalizado en un tazón. Ponga sobre una superficie de trabajo plana una hoja de plástico para guitarra o una hoja transfer para chocolate.

2. Vierta un poco del chocolate sobre la hoja y cúbralo con otra. Extiéndalo con un rodillo y alise la superficie. [Fotos 1 y 2.]

3. Marque el chocolate con un aro del tamaño que indique la receta y déjelo cristalizar, idealmente a una temperatura de entre 15 y 18 °C, o en refrigeración. [Foto 3.]

4. Retire una de las hojas y desprenda los discos de chocolate de la otra.

Tiras delgadas de chocolate

1. Coloque el chocolate precristalizado en un tazón. Ponga sobre una superficie de trabajo plana una hoja de plástico para guitarra, un acetato o una hoja transfer para chocolate.

2. Vierta un poco del chocolate sobre la hoja y extiéndalo con una raspa dentada.

Marque el chocolate rayado formando bandas que tengan un grosor igual al largo deseado de las tiras. [Fotos 1, 2 y 3.]

3. Deje cristalizar el chocolate, idealmente a una temperatura de entre 15 y 18 °C, o en refrigeración, por no más de 5 minutos.

4. Coloque sobre la mesa de trabajo la hoja con el chocolate boca abajo. Levante la hoja lentamente para desprender poco a poco las tiras de chocolate. [Foto 4.]

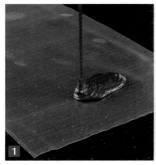   

Óvalos rayados de chocolate

1. Coloque el chocolate precristalizado en un tazón. Ponga sobre una superficie de trabajo plana una hoja de plástico para guitarra, un acetato o una hoja transfer para chocolate.
2. Vierta un poco del chocolate sobre la hoja y extiéndalo con una raspa dentada. Coloque un cortador ovalado, del tamaño que indique la receta, sobre el chocolate rayado, y marque con un palillo toda la circunferencia interna del óvalo. [Fotos 1, 2 y 3.]
3. Cubra el chocolate con otra hoja y déjelo cristalizar, idealmente a una temperatura de entre 15 y 18 °C, o en refrigeración.
4. Retire una de las hojas y desprenda los óvalos de chocolate de la otra. [Foto 4.]

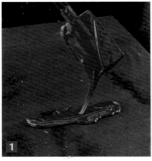 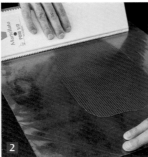  

Fondos para tarta con pasta sablée

Ingredientes

~ 1 receta de Pasta *sablée* (ver pág. 85)
~ cantidad suficiente de harina de trigo para enharinar

Procedimiento

1. Enharine ligeramente una mesa de trabajo y extienda con el rodillo la masa hasta que tenga un grosor de 3 milímetros. Corte una parte de la masa en la forma (discos, óvalos, rectángulos, cuadrados) y del tamaño del aro o molde con el que realizará los fondos. Corte el resto de la masa en tiras con un grosor igual a la altura del aro o el molde. [Foto 1.]
2. Cubra las paredes internas de los aros o moldes con tiras de tapete de silicón y colóquelos sobre charolas para hornear. Forre las paredes de los aros o moldes con las tiras de masa; presione la unión de las puntas y corte el excedente.

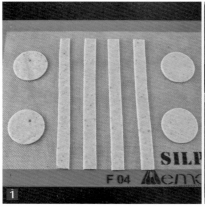  

Coloque en el fondo de cada aro o molde una de las figuras de masa y presione ligeramente las orillas para que se peguen a las tiras de masa. [Fotos 2, 3, 4 y 5.]

3. Hornéelos siguiendo el tiempo indicado en la receta, o bien consérvelos en refrigeración.

Conservación del chocolate y productos con chocolate

Sin importar de qué tipo de chocolate se trate, éste debe conservarse en recipientes herméticos o en su empaque original en un lugar fresco, seco y lejos de la luz del sol. ¡Nunca se debe refrigerar! Por su parte, los productos frescos de pastelería elaborados con chocolate son frágiles, por lo cual se debe poner sumo cuidado en su conservación y en evitar los cambios de temperatura. Los bombones, los pasteles y las tartas deben conservarse en refrigeración hasta por 5 días, o en congelación durante no más de tres meses. Las mousses y las cremas se conservan en refrigeración entre 3 y 5 días, y los helados en congelación. Las galletas, los *cakes* o panqués y los panes se conservan bien a temperatura ambiente por 5 días aproximadamente. Finalmente, la mayoría de las confecciones secas, como el *fudge* de chocolate, los malvaviscos, las grageas y las pastas de untar, se conservan bien a temperatura ambiente durante varios días.

El chocolate en la pastelería, técnicas y consejos

El chocolate es un ingrediente muy versátil que puede usarse de muy distintas formas en la gastronomía, como heladería, panadería o cocina salada. Sin embargo, es en la pastelería donde se utiliza con más frecuencia.

Cuando pensamos en pastelería, nos vienen a la mente distintas preparaciones, tales como bizcochos, trufas, mousses, cremas, glaseados, gelatinas o compotas. La incorporación del chocolate a estas preparaciones es similar a la elaboración de una ganache, es decir, el principio básico es el mismo: para emulsionar chocolate en un bizcocho o una mousse es necesario que la receta incluya la cantidad suficiente de líquido para lograr la emulsión con la grasa del chocolate. Una diferencia con la ganache puede ser que generalmente las preparaciones de pastelería contienen algún gelificante que ayuda a darles estructura. Por otro lado, las temperaturas de conservación en la pastelería son muy inferiores a las temperaturas de chocolatería. Por ejemplo, un pastel de chocolate debe conservarse a temperatura de refrigeración, es decir a menos de 4°C, mientras que una trufa se puede conservar a 18 °C sin necesidad de refrigerarla.

Añadir chocolate a las preparaciones de pastelería (bizcochos, mousses, glaseados, masas) afecta su estructura de distintas maneras de acuerdo con la naturaleza de la preparación. En general, éstas tienen una consistencia más firme que aquellas que no lo tienen. La manteca de cacao es el "cemento" de las preparaciones con chocolate, pues es la materia prima que se endurece dentro de ellas. Por ejemplo, en una mousse de chocolate que tiene como características ser ligera y aireada, la cantidad de manteca de cacao es menor que en una ganache de consistencia firme y densa.

A continuación, encontrará algunos consejos para obtener la mejor consistencia y sabor en cada preparación básica que elabore con chocolate.

Pasteles y bizcochos

La estructura de los pasteles y los bizcochos normalmente tiene muchas variables, pero una de las más importantes es la temperatura. Si bien la temperatura de conservación de un producto de pastelería debe ser inferior a 4 °C, se recomienda consumirlas a una temperatura aproximada de 14 °C para evitar la consistencia firme que brinda la manteca de cacao. Una solución para este problema sería sustituir una parte del chocolate por cocoa; este ingrediente tiene un contenido graso menor que el chocolate, pero aporta sabor a chocolate y una consistencia más suave.

Al momento de elaborar un bizcocho, todos los ingredientes deben estar a temperatura ambiente; de lo contrario, el chocolate se cristalizará rápidamente y afectará la consistencia del mismo. Además, la temperatura de cocción debe oscilar entre los 160 y 200 °C, pues una temperatura más alta podría ocasionar un sabor a quemado en el bizcocho.

Glaseados

Un glaseado se elabora casi de la misma forma que una ganache; el componente graso —puede ser chocolate, cocoa o una pasta para glasear— será dispersado en un componente líquido como leche, agua, crema o pulpa de fruta, entre otros. Además de estos dos elementos, los glaseados incluyen altas concentraciones de azúcar y agentes gelificantes, que son responsables de su atractivo brillo y de prolongar su vida de anaquel. Al momento de utilizar un glaseado de chocolate para cubrir alguna preparación, es importante que su temperatura sea de 35 °C para que la manteca de cacao esté completamente descristalizada.

Cremas o cremosos

Las cremas o cremosos con chocolate consisten en una ganache con huevo. El componente graso de la emulsión es el chocolate y el líquido, una crema inglesa; ésta consiste en una crema con base de leche, huevos y azúcar, cocida a 84 °C. La lecitina presente en la yema del huevo es uno de los componentes que permite emulsionar el chocolate con la crema.

Es posible elaborar una crema o cremoso sin huevo, que aun así conserve la consistencia suave y cremosa tradicional, sustituyendo los huevos o yemas por gomas o pectinas (goma xantana, pectinas o algunas gelatinas vegetales) que ayudan a espesar la preparación y a obtener una consistencia similar a la de una crema inglesa.

Mousses

Las mousses son, por mucho, las preparaciones más complejas en la pastelería. La base de una mousse puede ser una crema inglesa, una pasta bomba o *pâte à bombe*, crema para batir, leche o jugo de fruta. Básicamente son productos líquidos a los que se les incorpora una cantidad importante de aire y, después de un tiempo de reposo en refrigeración, se obtiene un producto con una consistencia espumosa debido a que el aire se ha quedado atrapado dentro. Como en todas las preparaciones con chocolate, el elemento que da estructura a las mousses de chocolate es la manteca de cacao; además, las mousses normalmente se valen de un gelificante como estabilizador. El gelificante, por lo general grenetina o gelatina vegetal, ayuda a encerrar el aire dentro de la mousse para que conserve su consistencia esponjosa y tersa.

Los ingredientes más comunes que sirven para incorporar aire a una mousse son crema para batir, huevo entero y claras; estas últimas pueden multiplicar su volumen hasta siete veces; por ello, son las que tienen la mayor capacidad de retener aire dentro de ellas. Le siguen los huevos enteros, que cuando se utilizan en una pasta

bomba o *pâte à bombe*, pueden multiplicar su volumen hasta cuatro veces. En último lugar está la crema para batir, que puede multiplicar su volumen una vez y media.

Las mousses de chocolate elaboradas con claras batidas o pasta bomba tienen una textura mucho más aireada que aquellas hechas con base de crema, cuya textura es más untuosa y a la vez ligera.

Los métodos para incorporar aire son básicamente los mismos para las claras, los huevos enteros y la crema para batir; puede hacerse con una batidora eléctrica, un batidor de globo o incorporando gas carbónico a presión por medio de un sifón. Para obtener una buena textura, sin importar el ingrediente, se deben tomar en cuenta algunos consejos básicos:

Las claras batidas tienen una consistencia más estable que la crema batida. Para montarlas, generalmente se les añade algún tipo de azúcar, como sacarosa, glucosa atomizada, dextrosa, azúcar invertido o miel de abeja. El mínimo de azúcar añadido es de 15% del peso total (para 100 gramos de claras, 15 gramos de azúcar). Sin embargo, las claras aceptan grandes cantidades de azúcar, incluso del doble de su peso, lo cual les ayuda a aumentar su volumen. Existen tres formas básicas para incorporar azúcar a las claras, con las que se obtienen consistencias distintas:

~ **Merengue francés o sencillo:** claras batidas con azúcar.
~ **Merengue italiano:** claras batidas con un jarabe cocido.
~ **Merengue suizo:** claras semibatidas con azúcar sobre un baño maría a 50 °C, y posteriormente batidas a velocidad media hasta que alcanzan la temperatura ambiente.

En el caso del merengue italiano y del suizo, el hecho de usar jarabe caliente y de calentar la preparación a baño maría

El líquido de la cocción de los garbanzos tiene una estructura proteica similar a las claras; por tanto, cuando se bate es posible obtener una preparación con una consistencia muy similar a las claras montadas. Esta técnica de incorporación de aire es ideal para confeccionar mousses veganas.

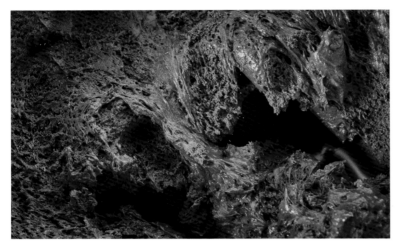

ayuda a tener mayor control de la inocuidad del merengue para que su consumo sea seguro.

La crema para batir debe tener 35% de grasa y es indispensable utilizarla fría, alrededor de 3 °C. Si se usa batidora eléctrica, tanto la crema para batir como las claras deben batirse a velocidad media para crear una espuma con burbujas de aire pequeñas y estables; de lo contario, si se bate a una velocidad más alta, las burbujas de aire serán más grandes y menos estables, por lo que al momento de incorporar la crema a la base de la mousse perderá volumen fácilmente. Además, como la crema es una emulsión natural, cuando se bate a alta velocidad la temperatura se incrementa, con lo cual ocurre una separación natural de la grasa y el suero, lo cual no es deseable para el trabajo en chocolatería.

Por último, la pasta bomba o *pâte à bombe* se consigue incorporando un jarabe de azúcar cocido y caliente a huevos o yemas, que después se baten hasta que la preparación se enfría y crece en volumen debido al aire incorporado. La pasta bomba es una preparación frágil que se debe incorporar al resto de los ingredientes de la mousse al momento de su elaboración; de lo contrario, se puede conservar en congelación hasta su siguiente uso.

Los tipos de mousse más comunes pueden estar hechos con base en:

~ crema inglesa
~ ganache
~ pasta bomba o *pâte à bombe*
~ crema pastelera.

Mousse con base de crema inglesa

Puede ser tradicional o *bavaroise*; este último tipo de mousse tiene una consistencia más cremosa y densa que la tradicional, pues se elabora con una gran cantidad de crema inglesa, aproximadamente el 55% de la composición total de la receta, mientras que una mousse tradicional contiene entre el 35 y 38%. Ambos tipos de mousse llevan gelatina para estabilizarlas.

Mousse con base de ganache

Este tipo de mousses son las más versátiles; con ellas se puede obtener un sabor limpio e intenso a chocolate debido a que en su elaboración no se usa huevo, a la vez que se puede jugar con las texturas y los sabores. Por ejemplo, se pueden incorporar gelatinas o aligerar la ganache utilizando agua y leche en vez de crema, y para dar más sabor, se pueden hacer infusiones dentro de los líquidos o utilizar pulpas de fruta.

Mousse con base de pasta bomba o pâte à bombe

En los últimos 20 años el uso de este método es cada vez menor. La mousse con base de pasta bomba o *pâte à bombe* se caracteriza por tener un pronunciado sabor a huevo y su consistencia, en general, es densa debido a su alto contenido de grasa. A esta preparación también se le conoce como *zabaglione* y se usa ampliamente en Italia.

Mousse con base de crema pastelera

También conocida como *chiboust*, se caracteriza por tener mucho aire incorporado, pues tradicionalmente en su elaboración se utilizan claras batidas y no crema. Las claras aportan mucho aire; sin embargo, su consistencia es densa y cremosa por la naturaleza de la crema pastelera y su contenido de almidón. Esta mousse necesita estabilizarse con gelatina, de lo contrario, no mantiene su forma dentro de un molde.

Consejos para el diseño y elaboración de productos de pastelería

La composición o montaje de un producto de pastelería se refiere a todos los elementos de sabor, textura, consistencia y decoración que lo componen. Es por ello que antes de comenzar a elaborar una preparación se tienen que considerar todas las posibilidades y opciones disponibles para su diseño.

Uno de los aspectos más importantes es el sabor; por ello, siempre es recomendable trabajar con materia prima de calidad y lo más fresca posible.

El primer paso para diseñar un producto de pastelería consiste en reflexionar sobre los sabores y las combinaciones que se desean obtener en el producto final. Es pertinente recordar que, en muchos casos, la simplicidad de los sabores y del montaje proporciona mejores resultados que cuando se elaboran productos complejos con una combinación de varios sabores que pueden resultar confusos al paladar. Lo ideal es combinar tres sabores como máximo; un sabor principal, que en el caso de las recetas de este libro es chocolate, combinado con dos ingredientes que lo complementen, ya sea de manera armónica o contrastante. El producto final será fácil para degustar y asimilar sus componentes, y difícil de olvidar.

En cuanto a la consistencia y textura del producto, existen muchas preparaciones con las que se pueden obtener consistencias y texturas diferentes: cremosas, crujientes, esponjosas o espumosas, entre otras. Encontrar la consistencia y la textura adecuadas para cada producto requiere de mucha reflexión y de varias pruebas. No todos los productos requieren de varias texturas, ni todos deben tener las mismas combinaciones; de lo contrario, todos serían iguales y resultarían monótonos.

Pensar en los diferentes grosores y en la colocación de cada uno de los componentes del postre le da un toque personal a cada producto y genera una experiencia única al momento de consumirlo.

En cuanto a las decoraciones y los acabados, aunque es un tema personal, lo mejor es mantener los productos limpios a la vista, es decir, no decorarlos de más ni llenarlos de adornos no comestibles. En general, un glaseado o un pulverizado bien realizados hablan más que una decoración mal hecha, por más vistosa que sea.

El mejor consejo para lograr exitosamente el diseño de un producto es probar. Probar una y otra vez. Nada puede reemplazar un paladar curioso, bien entrenado y, sobre todo, con muchos puntos de referencia y comparación.

Utensilios, equipo
e ingredientes

Utensilios

Aerógrafo para chocolate

Aparato que sirve para dispersar y rociar chocolate o manteca de cacao con colorantes liposolubles; su tamaño es pequeño y se adapta a la mano como un lápiz. Consiste en una manguera que suministra aire a presión, y un pequeño recipiente donde se coloca el chocolate o la manteca de cacao conectado a una boquilla. En pastelería y chocolatería se utiliza para otorgar acabados con efecto aterciopelado. Para cubrir una preparación con chocolate utilizando un aerógrafo, se recomienda hacer una mezcla de chocolate y manteca de cacao, con una proporción de 60/40, a fin de conseguir un líquido fluido y de fácil manejo. La mezcla de chocolate y manteca de cacao, o de manteca de cacao y colorante, debe calentarse a 50 °C antes de introducirla en el recipiente del aerógrafo; asimismo, el aerógrafo debe calentarse ligeramente; de lo contrario, la manteca de cacao

puede endurecerse y obstruir la boquilla. Finalmente, la mezcla se debe aplicar formando una capa fina en pasteles o productos congelados o muy fríos, pues el choque térmico resultante es necesario para crear el efecto aterciopelado.

Aros

Círculos de acero inoxidable de diámetros y alturas variables. Se usan para dar o mantener la forma de distintas preparaciones como flanes, mousses, tartas o bizcochos, o bien, como cortadores de masas. Debido a que carecen de una base, facilitan el desmoldado, tanto de preparaciones calientes como de las que se sirven frías. Los aros se pueden colocar directamente en la charola para hornear, sobre papel siliconado o tapete de silicón, garantizando así una óptima difusión del calor.

Batidor globo

Utensilio formado por alambres curvos, cruzados y sostenidos por un mango. Es posible encontrarlos hechos de hierro estañado o de acero inoxidable. Sirve para montar y batir cremas, claras, mousses o preparaciones que requieren de incorporación de aire.

Bicicleta

Utensilio cortador que consiste en varios discos de acero inoxidable unidos por un cuerpo ajustable que regula la separación entre cada disco cortador. Se utiliza para cortar de manera uniforme grandes cantidades de *fondant* o masas.

Brocha

Utensilio para pintar, engrasar o barnizar superficies con polvos matizadores o con una sustancia fluida. El uso de una brocha para barnizar una preparación o cubrir un molde con polvo matizador permite formar una capa delgada y distribuirla uniformemente, lo que resulta en un aca-

Batidor globo, coladores, dosificador, rejilla, sifón y termómetro.

bado delicado. Las cerdas de las brochas de pastelería pueden ser de distintos materiales: sintéticas, de silicón o de pelo natural; estas últimas son muy suaves y son ideales para barnizar superficies delicadas, como las de los bizcochos.

Cargas o cartuchos para sifón

Ampolletas pequeñas llenas de dióxido de carbono (CO_2) o de óxido de nitrógeno (N_2O) que, cuando se introducen en la cámara de un sifón, liberan gas dentro de él. Para hacer espumas o montar crema, se utilizan las cargas de N_2O, y para carbonatar bebidas, se usan las de CO_2. Dependiendo de la cantidad de líquido en el sifón, se pueden utilizar 1 o 2 cargas. Es recomendable utilizar siempre la misma marca, tanto para la carga como para el sifón.

Cortadores para galleta

Pueden ser de metal o de plástico; se utilizan para cortar masas o pastas con formas variadas, desde motivos geométricos hasta figuras muy específicas. También pueden utilizarse como moldes para dar forma a gelatinas, ganaches o caramelos y para hacer bases para tarta.

Aros, cortadores, marcos de acero inoxidable y de policarbonato, moldes, rodillo y tapete de silicón.

Cuchillos

Instrumentos cortantes compuestos de un mango y una hoja, generalmente de acero inoxidable. Existen diversas formas y tamaños de cuchillos, ideales para diferentes tareas en la cocina. En la repostería los esenciales son los siguientes:

~ **Cuchillo de chef:** cuchillo multiusos. Su hoja mide entre 20 y 28 centímetros; es útil para picar y rebanar todo tipo de alimentos.

~ **Cuchillo de sierra:** su hoja es larga y dentada. Se utiliza para cortar panes y bizcochos sin que se desmoronen; también es útil para trocear chocolate.

~ **Cuchillo mondador:** cuchillo pequeño cuya hoja mide entre 6 y 8 centímetros. Es útil para pelar o tornear frutas, y para elaborar decoraciones.

Dosificador

Utensilio de plástico o acero inoxidable en forma de embudo que sirve como dispensador de preparaciones líquidas, tales como chocolate derretido, glaseados, salsas, jaleas y cremas. Cuenta con un mango que permite distribuir el contenido en mol-des o bañar preparaciones con dosis precisas sin dejar residuos o escurrimientos.

Duyas

Boquillas cónicas de acero inoxidable, hojalata o plástico, que se colocan en la punta de una manga pastelera, esenciales para decoraciones. Hay de distintos tamaños y con múltiples formas para crear todo tipo de diseños, como líneas, puntos, espirales, rosetones, hojas o pétalos.

Espátula

Utensilio formado por una hoja, normalmente de acero inoxidable, plana, larga y flexible, con la punta redonda y un mango; las hay de distintos tamaños. La espátula escalonada es larga y está provista de un mango y un pequeño codo; este tipo de espátula es útil para emparejar cubiertas y para precristalizar chocolate; por su parte, la espátula plana es igual a la escalonada, pero sin codo; es útil para alisar superficies.

Espátula miserable o paleta

Utensilio formado por un mango y una hoja ancha de plástico muy flexible. Sirve para mezclar algunas preparaciones delicadas, así como para recoger las preparaciones (masas, cremas, pastas) de los recipientes que las contienen sin dejar muchos restos pegados a las paredes o al fondo de los mismos. Existen miserables de plástico y de silicón; estas últimas resisten altas temperaturas.

Guitarra

Guillotina para porcionar preparaciones grandes de un solo corte. El resultado son varios cuadros, rectángulos o diamantes del mismo tamaño. En repostería se usa para cortar ganaches, mantequilla, *gianduja*, mazapán, caramelo, masas gelatinosas, pasteles, entre otros.

Hoja de plástico para guitarra

Conocidas también como papel guitarra, son láminas transparentes de polietileno muy flexibles. Se utilizan en chocolatería porque el material con que están hechas mantiene ciertas propiedades del chocolate, como el brillo. Además, se despegan con facilidad del chocolate, por lo que son ideales para hacer decoraciones. Un buen sustituto del papel guitarra son los acetatos.

Manga pastelera

Instrumento de forma cónica utilizado para distribuir productos de consistencia pastosa; pueden ser de tela, nailon o plástico desechable. Se utilizan para rellenar, cubrir o glasear distintas preparaciones, para formar trufas o dibujar con chocolate. El producto se introduce en el cono por la parte más ancha y se empuja para que salga por la parte más estrecha, que generalmente tiene una duya, la cual le da forma al producto al salir.

Marcos de policarbonato

Cuadros dosificadores de policarbonato de distintos tamaños y grosores. Se utilizan para medir el tamaño y el grosor, así como para enfriar distintos rellenos para bombones elaborados con grenetina, chocolate o caramelo. Las medidas de los marcos suelen ser acordes con las medidas de una guitarra, de modo que se obtienen cortes perfectos. En este libro, las medidas indicadas corresponden a las medidas internas de los marcos.

Marcos para ganache

Cuadros dosificadores de acrílico o de acero inoxidable, fijos o desmontables, de distintos tamaños y grosores. Se utilizan, al igual que los moldes de policarbonato, para dosificar y cristalizar ganache. Las medidas de los marcos suelen ser acordes con las medidas de una guitarra; de esta forma, se obtienen cortes perfectos. En este libro, las medidas indicadas corresponden a las medidas internas de los marcos.

Molde

Recipiente hueco para realizar o cocer numerosas preparaciones, dentro del cual se vierte o agrega una pasta, masa, relleno, crema o chocolate que adoptará la forma del recipiente por medio del calor o el frío, y la conservará después del desmoldado. Existen moldes de distintas formas, tamaños y materiales.

Los moldes de metal son excelentes conductores de calor, pero corren el riesgo de oxidarse; los de acero inoxidable generalmente están recubiertos con material antiadherente; los moldes de silicón son flexibles, fáciles de desmoldar y de lavar; también existen de vidrio templado y de porcelana. Se comercializan en diferentes formas y para distintas preparaciones:

~ **Molde para *cake* o panqué:** largos, rectangulares y de distintos tamaños.
~ **Molde para bizcocho o genovesa:** pueden ser redondos o cuadrados; se utilizan para elaborar los panes que serán la base de un pastel.

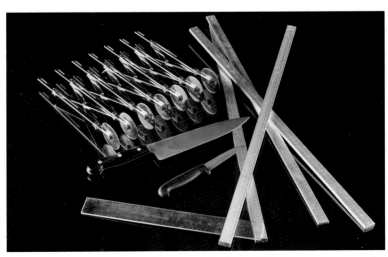

Bicicleta, cuchillos y marcos para ganache.

- **Molde para *cupcakes* y muffins:** placa con cavidades individuales que, en función de su tamaño, sirven para realizar *cupcakes*, muffins o panquecitos. Hay placas de distintos tamaños que sirven para hornear al mismo tiempo 6, 12, 24 o 48 panecillos.
- **Molde para *gugelhopf*:** molde circular, alto, con forma ligeramente cónica y con las paredes acanaladas.
- **Molde para tarta:** puede ser de orilla lisa o acanalada, de alturas varias y de diferentes diámetros, desde 3 (para bocadillos individuales) hasta 30 centímetros. Los moldes para tarta con base desmontable facilitan el desmolde de las tartas.
- **Molde para tartaleta:** molde para tarta individual. Generalmente es redondo y con el borde acanalado, pero puede encontrarse con otras formas.
- **Molde para madalena:** puede ser de metal o de silicón y contener hasta 24 cavidades en forma de concha marina.

Moldes para bombones

Moldes especiales para hacer bombones rellenos y chocolates macizos, entre otras piezas de chocolatería. Existen infinidad de formas, tamaños y motivos. Los moldes

de policarbonato o PVC son rígidos; algunos son transparentes, lo que permite ver si el chocolate ya se ha contraído antes de desmoldarlo. Son resistentes al calor y al frío, permiten conservar el brillo del chocolate, no requieren de mucho mantenimiento y se limpian fácilmente con agua caliente y jabón; nunca deben tallarse porque se rallan y pueden dejar

Espátulas y raspas.

marcas en los chocolates. En chocolatería también se usan moldes flexibles de silicón que, aunque no confieren tanto brillo a las piezas, hacen más fácil el desmoldado a condición de que la pieza de chocolate no sea muy delgada.

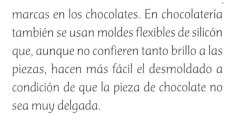

Rallador para cítricos

Utensilio de metal alargado que presenta pequeñas asperezas y orificios a todo lo largo. Se utiliza para rallar finamente las cáscaras de diversos cítricos, como el limón o la naranja. Posee un mango de plástico para su mejor manejo.

Raspa

Utensilio de metal o de plástico que puede ser flexible o rígido. Se utiliza para despegar y recoger pastas, cremas o salsas de una charola o recipiente, y para cortar porciones de masa o pasta. Se pueden encontrar lisos, redondeados o dentados.

Refractómetro

Instrumento que mide la concentración de azúcar en un líquido, la medición se presenta en grados Brix. En repostería, la medición en grados Brix es útil en la elaboración de preparaciones con una alta concentración de azúcares, como jarabes, confituras, jaleas y mermeladas. 1 grado Brix equivale a 1 gramo de sacarosa; así una solución de 30 °Bx contiene 30 gramos de sacarosa por 100 gramos de líquido. En algunas recetas en este libro se indica, ya sea la temperatura o los grados Brix que debe alcanzar una preparación. En caso de que cuente con un refractómetro deberá tomar en cuenta el valor indicado en grados Brix; de lo contrario, deberá fijarse en la temperatura en grados Centígrados y utilizar un termómetro para caramelo.

Rejilla

Generalmente es de aluminio y se usa para enfriar preparaciones, como galletas o pasteles. También puede ser utilizada como base para glasear, ya que permite que el glaseado o la cobertura escurra y pueda recuperarse; existen en diversos tamaños y formas.

Rodillo

Cilindro macizo y liso, de entre 20 y 25 centímetros de largo, y entre 5 y 6 centímetros de diámetro. Se utiliza para aplanar y extender pastas o masas mediante movimientos de vaivén sobre la superficie de trabajo. Existen rodillos con o sin mangos a los lados; suelen ser de madera, aunque también hay de silicón duro o de mármol. Existen otros rodillos de distintos tamaños, grosores y longitudes para usos específicos, como el trabajo con *fondant*.

Sifón

Aparato que sirve para convertir una preparación líquida en una espuma a través de inyección de gas. Está compuesto por un recipiente donde se deposita la preparación líquida, un cabezal con una boquilla lisa o dentada por donde sale el contenido en forma de espuma, y un depósito donde se introduce la carga de gas para que sea liberado dentro del aparato. Es necesario que la preparación líquida tenga un porcentaje de grasa o algún agente espesante, como gelatina, agar agar o féculas; de no ser así, es imposible que la espuma resulte como se desea. Por otro lado, la preparación debe ser muy fina o estar muy bien colada para evitar que la boquilla se obstruya.

Tapete de silicón

Tapete para hornear con función antiadherente, fabricado con tela recubierta con silicón. Los hay en varios tamaños, son reutilizables, fáciles de lavar y óptimos para enfriar u hornear preparaciones, ya que resisten tanto cocciones a altas temperaturas como temperaturas de congelación. La mayor ventaja de este utensilio es su gran

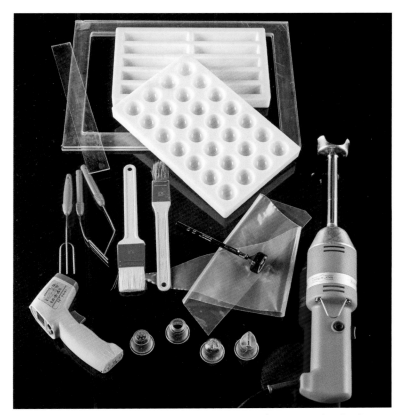

Brochas, duyas, licuadora de inmersión, manga pastelera, marcos de policarbonato, moldes para bombones, tenedores para chocolate, termómetros digital e infrarrojo.

capacidad antiadherente. Se recomienda su uso para cubrir charolas para hornear o para enfriar alguna preparación. Existen tapetes de silicón con textura en su superficie, la cual se transfiere a los productos que se hornean en él; su diseño sirve como decoración.

Termómetro

Instrumento para medir la temperatura de un sólido o un líquido. La graduación puede aparecer en grados Celsius o en grados Fahrenheit, aunque hay termómetros que utilizan ambas escalas.

Existen diferentes tipos de termómetros para repostería:

~ **Termómetro análogo:** consiste en una aguja con un panel de lectura en la parte superior. Este tipo de termómetro no puede permanecer en los alimentos durante la cocción u horneado, por lo que se utiliza principalmente para medir la temperatura del alimento un poco antes de terminar la cocción.

~ **Termómetro digital:** consiste en una aguja con una pantalla digital en la parte superior, donde la temperatura se lee numéricamente. Es un termómetro muy veloz y más preciso que uno análogo. No todos los termómetros digitales pueden introducirse en el horno.

~ **Termómetro para horno:** termómetro digital que se coloca dentro del horno para verificar temperatura ambiente dentro del mismo. Es redondo y pequeño.

~ **Termómetro infrarrojo:** mide la temperatura sin necesidad de entrar en contacto con el alimento y la muestran en una pantalla. Es muy útil para la elaboración de cremas, jarabes o mermeladas, o para medir la temperatura durante el precristalizado o temperado del chocolate.

~ **Termómetro para caramelo:** análogo o digital. Es útil en la elaboración de caramelos, mermeladas y jaleas, ya que pueden medir temperaturas de hasta 200 °C. (Ver Refractómetro.)

Tenedor para chocolate

Utensilio alargado de acero inoxidable provisto de un mango. Se utiliza para sumergir y cubrir frutas o bombones con chocolate derretido, glaseados u otras preparaciones, sin necesidad de utilizar las manos, para lograr una cobertura perfecta. Se pueden encontrar en diversas formas; entre los más comunes están los de trinche o con un pequeño círculo en la punta.

Equipo

Báscula

Aparato que sirve para pesar ingredientes y preparaciones. Las unidades de medida de la mayoría de las básculas son en gramos o kilogramos y mililitros o litros. En general, las recetas de repostería son fórmulas que requieren de una medición exacta de los ingredientes para obtener los mejores resultados. Por esta razón, es preferible pesar los ingredientes en lugar de medirlos por volumen. En las recetas de este libro todos los ingredientes, incluidos los líquidos, se solicitan en gramos o kilogramos; para pesarlos se recomienda utilizar una báscula digital sencilla que permita pesar a partir de 1 gramo y que cuente con la función de tara.

Batidora eléctrica

Aparato eléctrico que sirve para batir, mezclar o emulsionar. Permite elaborar preparaciones grandes de manera mecánica, por tanto más rápido, y generalmente con mejores resultados que si se hacen manualmente. Las batidoras profesionales funcionan a varias velocidades y vienen acompañadas de tres accesorios intercambiables, cada uno con diferentes cualidades; el batidor de globo es útil para montar huevo, cremas, merengues y batidos, ya que su función es incorporar aire; la pala se utiliza para batidos que no necesitan incorporación de aire, como masas para galleta, rellenos y coberturas cremosas; el gancho es esencial para amasar y mezclar masas con levadura.

Bombo confitero

Equipo que consiste en un pie de metal que genera calor, y un bombo o esfera que gira constantemente. Tradicionalmente el bombo es de cobre, aunque ahora también se hacen de acero inoxidable, pues este material permite una buena conducción del calor. Existen bombos de distintas capacidades, desde 3 hasta 55 kilos. Se utiliza para elaborar distintos tipos de confiterías recubiertas como frutos secos garapiñados, grageas de caramelo, pastillas y todo tipo de dulces.

Laminadora de masa

Equipo para panificación y pastelería diseñado para laminar o extender masas de diferentes espesores de forma mecánica. El resultado es una masa laminada uniforme. Cuenta con rodillos que estiran la masa y se ajustan de acuerdo con el grosor deseado. Existen laminadoras de varios tamaños, desde manuales para porciones pequeñas, hasta laminadoras industriales. Cuando no se cuenta con una laminadora, se recurre al uso de un rodillo y una superficie plana y enharinada.

Licuadora de inmersión

Provista de un mango y un accesorio con cuchillas, puede utilizarse para procesar ingredientes o preparaciones en cualquier recipiente. Es de fácil transporte y almacenamiento, ya que no ocupa mucho espacio. En chocolatería, esta licuadora eléctrica se usa para procesar diferentes alimentos y, sobre todo, para emulsionar cremas, salsas y ganaches.

Máquina para mantener chocolate derretido

Máquina equipada con termostato que sirve para mantener el chocolate derretido a la temperatura deseada sin riesgo de quemarse durante un cierto periodo de tiempo, breve o prolongando.

Máquina para temperar chocolate

Esta máquina tiene la capacidad de fundir y precristalizar o temperar el chocolate. Cuenta con un termostato que permite regular la temperatura del chocolate durante todo el proceso. Una vez que el chocolate se ha fundido, la máquina lo mezcla en un

Máquina para temperar chocolate

proceso parecido al precristalizado o temperado manual hasta llegar a la temperatura de trabajo ideal.

Pistola decapadora

Herramienta eléctrica que emite aire caliente, el cual puede alcanzar temperaturas muy altas. En chocolatería es útil para mantener el chocolate precristalizado a la temperatura ideal durante el bañado de bombones, o bien, para desmoldar preparaciones. Puede utilizar un secador de cabello con aire caliene como sustituto de esta herramienta.

Procesador de alimentos o robot de cocina

Máquina provista de cuchillas intercambiables que pueden picar, triturar o rallar todo tipo de alimentos. Existen dos tipos de procesadores de alimentos:

~ **Procesador:** de uso doméstico, cuenta con aditamentos de cuchillas y un disco para rallar. Suelen tener capacidad para 4 tazas.
~ **Robot:** procesador de tipo industrial, con capacidad de hasta 5 litros. Puede rallar, picar o moler. Algunos modelos incluyen aditamentos de extracción de jugos o coladores automáticos.

Ingredientes

Azúcar invertido

Edulcorante que se obtiene al mezclar el azúcar común (sacarosa), con algún ácido (limón, vinagre, ácido cítrico, jugo de fruta), bajo la acción constante del calor. La sacarosa sufre un proceso de hidrólisis, separándose en glucosa y fructosa, lo que da como resultado un azúcar en estado líquido. El azúcar invertido se caracteriza por tener mayor capacidad edulcorante (30% más que el azúcar común), conservar por más tiempo la humedad de los alimentos (y por tanto evitar que se resequen) y tener gran capacidad anticristalizante. Se le conoce también como *trimoline*.

Cremor tártaro

Polvo blanco sin sabor ni olor, resultante de la producción del vino. En repostería se usa en el batido de claras, pues ayuda a obtener un mayor volumen y a mantenerlas estables. Tiene gran capacidad anticristalizante y en ocasiones se usa en combinación con el bicarbonato de sodio para la confección de panqués o panes.

Colorantes liposolubles

Aditivo alimentario diseñado especialmente para colorear todo tipo de materias grasas como chocolate, manteca de cacao y coberturas con base de mantequilla y crema, sin romper la estructura de las emulsiones. Para obtener un color uniforme, se recomienda mezclar el colorante en polvo o líquido con una porción pequeña de la preparación o el ingrediente que se desee colorear para, posteriormente, incorporarla al resto.

Dextrosa

La dextrosa es una forma de glucosa derivada del almidón de cereales como maíz o el trigo. Se comercializa en forma de polvo cristalizado blanco y se utiliza en la elaboración de rellenos, mazapanes, confituras o *fondant*; es un ingrediente crucial en la fabricación de helados. Tiene poder edulcorante inferior a la sacarosa (azúcar de mesa), pero ayuda a potenciar aromas. Funge como agente de coloración y permite disminuir el punto de congelación, gracias a lo cual es posible crear helados cremosos y sedosos.

Gianduja

Confección originaria de la región de Turín, Italia. Consiste en una mezcla de chocolate

con avellanas, compuesta por un mínimo de 32% de pasta de cacao, 8% de cocoa y entre 20 y 40% de avellanas finamente molidas. La *gianduja* se utiliza principalmente en la preparación de bombones y bocados de chocolate, ya sea sola o en mezcla con pasta de praliné, ganaches, pastas de fruta o de almendras.

Glucosa

Es el más simple de los glúcidos o carbohidratos; está presente principalmente en frutas y en la miel de abeja. En repostería se utiliza para endulzar todo tipo de preparaciones. Ayuda a conservar la humedad en panes y pasteles, sirve como estabilizante de helados, y permite disminuir el punto de congelación; es muy utilizada en confitería debido a sus propiedades anticristalizantes. La glucosa se comercializa en forma de jarabe espeso e incoloro, o en polvo; la primera, tiene la ventaja de disolverse fácilmente en preparaciones líquidas o semilíquidas, mientras que la segunda es útil en preparaciones que no admiten líquidos añadidos.

Isomalt

Edulcorante hecho a partir de azúcar de betabel. Muy utilizado en repostería para realizar esculturas y decoraciones transparentes debido a sus propiedades, ya que a diferencia del azúcar común, no absorbe la humedad del ambiente, no se cristaliza y mantiene su color transparente incluso a una temperatura de 160 °C. Se puede moldear con las manos o ser soplado como vidrio, y las decoraciones hechas con él mantienen su forma por más tiempo.

Matizador para chocolatería

Producto en polvo que se usa para dar tonalidades de color a una pieza de chocolatería; a diferencia del colorante, un matizador sólo se utiliza en la superficie del producto. Puede utilizarse en polvo o diluirse en un poco de alcohol antes de aplicarlo.

Paillete feuilletine

Hojuelas de masa delgadas y crujientes. Se utiliza para añadir textura crocante a chocolates, pralinés o *giandujas*; también puede ser espolvoreado sobre helados o mousses.

Pectina amarilla

Sustancia gelificante de alto metoxilo (es decir, que requiere de altas concentraciones de azúcar y de un ambiente ácido para activar su proceso de gelificación), esencial en la elaboración de confituras y pastas de fruta. La pectina amarilla es térmicamente reversible, por lo que se puede calentar y volver a enfriar varias veces, cambiando su estado sin alterar la composición del producto.

Pectina nh

Sustancia gelificante de bajo metoxilo, es decir, que se requiere presencia de calcio para activar el proceso de gelificación. Naturalmente, las pectinas de bajo metoxilo no son térmicamente reversibles; pero la pectina nh ha sido modificada para poseer esta propiedad. Se utiliza en preparaciones con bajo porcentaje de azúcar, como jaleas, mermeladas, jarabes, brillos de pasteles y rellenos.

Polvo de caramelo

Azúcar caramelizado reducido a polvo. Para elaborar el polvo de caramelo, ponga sobre el fuego una olla de doble fondo con azúcar y déjelo caramelizar hasta que tenga un color dorado obscuro. Vierta el caramelo en un tapete de silicón y déjelo solidificar; trocéelo y muélalo en un procesador de alimentos hasta obtener un polvo.

Purés de fruta

Los purés de fruta especiales para repostería se elaboran con pulpa de fruta natural y, dependiendo de la marca o el producto, pueden tener o no azúcar añadido. La ventaja de utilizar este tipo de productos es que garantizan un sabor, color y textura uniformes en cada una de las preparaciones que se elaboren con ellos, además de que abren la posibilidad de utilizar frutas que no estén en temporada. Son ideales para elaborar ganaches, mousses, gelificados y pastas de fruta. Este tipo de productos pueden ser sustituidos por purés de fruta naturales; para ello, se deben elegir frutas maduras (para asegurar un buen sabor) los cuales han de procesarse y colarse hasta la obtención de un puré fino y sin grumos; sin embargo, se debe tomar en cuenta que el contenido de agua en los purés caseros es difícil de controlar y su uso puede llegar a alterar la consistencia final de las recetas de pastelería y chocolatería.

Solución de ácido cítrico

Preparación acuosa de ácido cítrico diluido. Pueden encontrarse en el mercado soluciones con distintos porcentajes de ácido. Se utiliza principalmente como conservador en la elaboración de conservas y encurtidos. Puede elaborar en casa una solución de ácido cítrico disolviendo en agua ácido cítrico en polvo, siguiendo la proporción que indique la receta.

Solución de ácido tartárico

Preparación acuosa de ácido tartárico diluido. Se utiliza principalmente como conservador, así como para acidificar alimentos, tales como bebidas, helados, gomitas y caramelos. Asimismo, en combinación con bicarbonato de sodio, se usa como leudante de panes y bizcochos. Puede elaborar en casa una solución de ácido tartárico disolviendo en agua ácido tartárico en polvo, siguiendo la proporción que indique la receta.

Sorbitol

Edulcorante, en jarabe o en polvo, empleado como sustituto de azúcar especialmente en alimentos dietéticos, ya que proporciona casi la mitad de calorías que la sacarosa y es de absorción lenta. En repostería se emplea como anticristalizante y anticongelante, para conservar la humedad de los alimentos, así como en la elaboración de preparaciones que deben mantener un color pálido después de ser horneadas, ya que a diferencia de otros azúcares, el sorbitol no produce reacción de Maillard.

Tabla
de temperaturas

Algunas preparaciones se elaboran utilizando como base un azúcar o jarabe cocido, por ejemplo, jaleas, mermeladas, caramelos y confituras. La consistencia final de la preparación depende del punto de cocción del azúcar o del jarabe, pues las características físicas de éstos varían en función de la temperatura que alcancen. Por esta razón, es recomendable tener a la mano un termómetro o un refractómetro cuando se trabaja con azúcar, caramelos o jarabes. Asimismo, es importante respetar las temperaturas de cocción que se indican en las recetas. En el caso específico de los jarabes, los diferentes puntos de cocción se logran una vez que éste ha superado su temperatura de ebullición, la cual al nivel del mar es de 100 °C.

En este libro, las temperaturas de cocción de jarabes que se indican corresponden a las temperaturas a nivel del mar. No obstante en altitudes diferentes , la temperatura de ebullición de los líquidos varía. Por tanto, la tabla que se presenta a continuación le servirá como guía para conocer el rango de temperatura de acuerdo con la altitud (en metros) del lugar donde se encuentre. Para utilizarla, ubique en la tabla el rango en el que se localice el valor que corresponda a donde usted se encuentre; identifique si está más cercano al rango superior o inferior, y en función de éstos utilice el límite más cercano como base de su operación. Posteriormente realice una regla de tres para conocer la temperatura de cocción adecuada para el lugar donde se encuentra. Si tomamos como ejemplo la altura de la Ciudad de México que es de 2 250 metros y la receta indica una temperatura de cocción de un jarabe a 120 °C, la operación a realizar es la siguiente: 120 × 92.4/100 = 110.88. Entonces, la temperatura de cocción del jarabe en la Ciudad de México debe ser de 110.88 °C.

Altura respecto al nivel del mar en metros	Temperatura en °C	Altura respecto al nivel del mar en metros	Temperatura en °C	Altura respecto al nivel del mar en metros	Temperatura en °C
0	100	1 067	96.3	2 134	92.6
76	99.7	1 143	96	2 210	92.4
152	99.5	1 219	95.7	2 286	92.1
229	99.2	1 295	95.5	2 362	91.8
305	98.9	1 372	95.2	2 438	91.6
381	98.6	1 448	94.9	2 515	91.3
457	98.4	1 524	94.7	2 591	91.1
533	98.1	1 600	94.4	2 667	90.8
610	97.8	1 676	94.2	2 743	90.6
686	97.6	1 753	93.9	2 819	90.3
762	97.3	1 829	93.6	2 896	90.1
838	97.1	1 905	93.4	2 972	89.8
914	96.8	1 981	93.1	3 048	89.6
991	96.5	2 057	92.9		

Recetas

Bombones y confitería 110

Helados, mousses y cremas 176

Galletas y panecillos individuales 210

Pasteles y tartas 242

Bombones y confitería

Barra con nougat de chocolate y caramelo suave de naranja 112

Barra crujiente con maracuyá y ganache de chocolate 115

Barra de malvavisco de vainilla y pasta de frutas rojas 118

Barra de praliné de almendra y gianduja 121

Bombón de caramelo de maracuyá y ganache de lúpulo amarillo 124

Bombón de caramelo suave con cítricos 126

Bombón de mazapán de pistache y cerezas negras 128

Bombón de mezcal, infusión de naranja y sal de gusano 131

Bombón de praliné de ajonjolí y ganache de limón 133

Bombón de praliné de almendra y cilantro con ganache de naranja 136

Bombón de praliné de cacahuate con ganache de miel 139

Bombón de praliné de chiles secos 142

Bombón de praliné de nuez con ganache de caramelo y ron añejo 144

Bombón de tequila y jalea de limón 147

Caramelo suave de chocolate y vainilla 150

Fudge de chocolate 152

Gragea de avellana tostada y chocolate 154

Gragea de cacahuate y chocolate con leche 155

Gragea de cereal y chocolate 158

Gragea de grano de café tostado y chocolate obscuro 159

Gragea de macadamia y chocolate obscuro 160

Gragea de mora azul y chocolate blanco 161

Macarrón de chocolate 162

Malvavisco de chocolate 165

Mendiant de avellanas 168

Roca crujiente con piña, coco y chocolate con leche 170

Trufa de chocolate con infusión de vainilla 172

Barra con nougat de chocolate
y caramelo suave de naranja

RENDIMIENTO: 85 barras
PREPARACIÓN: 40 min
COCCIÓN: 35-40 min
REPOSO: 36 h

EQUIPO Y UTENSILIOS: termómetro para caramelo, batidora eléctrica con batidor globo, 3 tapetes de silicón, hojas de plástico para guitarra, 2 marcos de acrílico de 24 × 34 cm, uno de 6 mm de alto y otro de 3 mm, rodillo, espátula de silicón, cuchillo con buen filo o guitarra, tenedores para chocolate

Nougat de chocolate

- ~ 120 g de pasta de cacao pura, troceada
- ~ 70 g de manteca de cacao, troceada
- ~ 300 g de miel de abeja
- ~ 400 g de azúcar + 15 g
- ~ 75 g de jarabe de glucosa
- ~ 125 g de agua
- ~ 70 g de claras

- ~ 1 g de cremor tártaro
- ~ 180 g de cáscara de naranja cristalizada, cortada en cubos pequeños

Caramelo suave de naranja

- ~ 600 g de crema para batir
- ~ 150 g de mantequilla
- ~ 6 g de ralladura de naranja
- ~ 150 g de jarabe de glucosa
- ~ 100 g de azúcar invertido

- ~ 2 g de sal
- ~ 200 g de azúcar
- ~ 2 g de bicarbonato de sodio
- ~ 50 g de manteca de cacao
- ~ 2 g de lecitina de soya

Terminado

- ~ 500-750 g de chocolate con leche 40% cacao, precristalizado

Nougat de chocolate

1. Derrita a baño maría la pasta con la manteca de cacao mezclando ocasionalmente, hasta que la preparación sea homogénea y tenga una temperatura de 45 °C. Reserve.

2. Ponga sobre el fuego dos cacerolas, una con la miel de abeja y otra con los 400 gramos de azúcar, la glucosa y el agua. Deje calentar ambas preparaciones y monitoree ocasionalmente la temperatura para que no sobrepase los 121 °C, en el caso de la miel ni los 155 °C, para la mezcla de azúcar y glucosa.

3. Mientras la miel y la mezcla de azúcar y glucosa se calientan, bata a velocidad media las claras con los 15 gramos restantes de azúcar y el cremor tártaro hasta que se esponjen ligeramente. Cuando la miel de abeja alcance una temperatura de 121 °C, retírela del fuego y viértala sobre las claras montadas, batiendo constantemente a velocidad media. Repita este paso con el jarabe de azúcar y glucosa, una vez que éste haya alcanzado los 155 °C, e incremente la velocidad del batido. Finalmente, vierta la mezcla de pasta y manteca de cacao derretida, y continúe batiendo hasta obtener una preparación homogénea, lisa y brillante.

4. Incorpore a la preparación los cubos de naranja confitada.

Barra de malvavisco de vainilla
y pasta de frutas rojas

RENDIMIENTO: 70 barras
PREPARACIÓN: 45 min
COCCIÓN: 1 h
REPOSO: 42 h

EQUIPO Y UTENSILIOS: termómetro para caramelo, licuadora de inmersión, batidor globo manual, refractómetro (opcional), 2 marcos de acrílico de 24 × 34 cm, uno de 6 mm de alto y otro de 3 mm, charola para hornear cubierta con tapete de silicón, tapete de silicón, espátula, batidora eléctrica con batidor globo, cuchillo con buen filo o guitarra, tenedores para chocolate, hojas de plástico para guitarra

Pasta de frutas rojas

~ 138 g de puré de fresa

~ 65 g de puré de frambuesa

~ 13 g de hojas de menta fresca

~ 25 g de azúcar + 225 g

~ 106 g de pectina amarilla

~ 12 g de jarabe de glucosa 60 DE

~ 4 g de solución de ácido cítrico al 50% (ver pág. 106)

Praliné crujiente

~ 15 g de chocolate con leche 38% cacao, en botones o picado

~ 15 g de manteca de cacao troceada

~ 150 g de praliné de avellanas

~ 25 g de *paillete feuilletine*

Malvavisco de vainilla

~ 58 g de agua + 54 g

~ 150 g de azúcar

~ 48 g de dextrosa en polvo

~ 50 g de glucosa en polvo

~ 1 vaina de vainilla abierta por la mitad a lo largo

~ 9 g de grenetina en polvo, 200 Bloom

Terminado

~ 500-750 g de chocolate obscuro 65% cacao, precristalizado

Pasta de frutas rojas

1 Mezcle en una cacerola sobre el fuego los purés de fruta con las hojas de menta. Caliente la preparación hasta que tenga una temperatura de 50 °C. Retírela del fuego y procésela con la licuadora de inmersión. Pásela a través de un colador de malla fina.

2 Mezcle los 25 gramos de azúcar con la pectina amarilla y agréguela en forma de lluvia sobe el puré de fruta; mézclela batiendo enérgicamente con el batidor globo manual para evitar que se formen grumos. Regrese la preparación al fuego y déjela hervir.

3 Añada el jarabe de glucosa lentamente para evitar que baje la temperatura e incorpore gradualmente los 225 gramos de azúcar restantes. (Es importante que la preparación continúe hirviendo durante todo este proceso.) Cuando la preparación alcance los 101 °C o 73 °Bx, agregue la solución de ácido cítrico y mezcle bien. Retire del fuego.

4 Coloque el marco de 6 milímetros sobre la charola con el tapete de silicón y distribuya dentro de él la pasta de frutas. Cúbrala con otro tapete de silicón para evitar que se forme una costra en su superficie y déjela cristalizar, idealmente

a una temperatura de 18 °C, durante 30 minutos o hasta que se enfríe completamente.

Praliné crujiente

1 Derrita el chocolate con la manteca de cacao a una temperatura de 45 °C. Incorpore el praliné de avellana y mezcle con un batidor globo manual hasta obtener una pasta homogénea.

2 Vierta la mezcla de chocolate con praliné en un tazón y enfríela en un baño maría inverso, moviéndola constantemente, hasta que tenga una temperatura de 21 °C. Incorpórele la *paillete feuilletine*.

3 Coloque el marco de 3 milímetros sobre el marco de 6 milímetros y vierta el chocolate con praliné sobre la pasta de frutas. Deje cristalizar el praliné, idealmente a una temperatura de 18 °C, entre 6 y 8 horas.

4 Retire los marcos de la preparación y dele la vuelta para que el praliné de avellana quede como base y la pasta de frutas en la superficie.

Malvavisco de vainilla

1 Mezcle sobre el fuego en una cacerola los 58 gramos de agua con el azúcar, la dextrosa y la glucosa en polvo. Caliente la preparación hasta que tenga una temperatura de 50 °C; retírela del fuego, añádale la vaina de vainilla y tape la cacerola. Deje reposar la preparación durante 30 minutos. Después, cuélela.

2 Mezcle en el tazón de la batidora la grenetina con los 54 gramos de agua restantes y déjela reposar hasta que la grenetina esponje.

3 Hierva la infusión de vainilla y viértala sobre la grenetina hidratada. Bata la preparación hasta que tenga una temperatura de 31 °C.

4 Coloque el marco de 6 milímetros sobre la pasta de frutas y distribuya encima el malvavisco. En caso de ser necesario, extiéndalo rápidamente y alise su superficie. Déjelo cristalizar a temperatura ambiente durante 24 horas. Corte la preparación, con cuchillo o con guitarra, en rectángulos de 2.5 × 3.5 centímetros.

Terminado

1 Bañe los rectángulos con el chocolate precristalizado siguiendo el procedimiento de la página 87 y déjelos cristalizar.

Barra de praliné de almendra
y gianduja

RENDIMIENTO: 95 barras
PREPARACIÓN: 50 min
COCCIÓN: 40 min
REPOSO: 22 h

EQUIPO Y UTENSILIOS: termómetro para caramelo, mármol, raspa, 2 marcos de acrílico de 24 × 34 cm, uno de 3 mm de alto y otro de 6 mm, charola cubierta con tapete de silicón, espátula de silicón, tapete de silicón, procesador de alimentos o robot, cuchillo con buen filo o guitarra, tenedores para chocolate, hojas de plástico para guitarra, licuadora o procesador de alimentos

Base de gianduja
~ 300 g de *gianduja* de leche
~ 25 g de manteca de cacao
~ 2 g de vainilla en polvo

Praliné de almendra
~ 20 g de agua
~ 138 g de azúcar
~ 5 g de sorbitol en polvo
~ 325 g de almendras con cáscara
~ 1 vaina de vainilla abierta por la mitad a lo largo
~ 50 g de botones de Ghana Cacao Barry ® o de chocolate con leche 40% cacao, picado
~ 45 g de manteca de cacao
~ 4 g de leche en polvo

Terminado
~ 100 g de chocolate con leche 40% cacao, en botones o picado
~ 500-750 g de chocolate obscuro 70% cacao, precristalizado

Base de gianduja

1 Derrita la *gianduja* de leche con la manteca de cacao hasta que la mezcla tenga una temperatura de 40 °C. Incorpórele la vainilla en polvo.

2 Vierta la *gianduja* sobre el mármol y enfríela, moviéndola constantemente con la raspa, hasta que alcance los 26 °C (alternativamente, puede enfriar la *gianduja* colocándola en un baño maría inverso, moviendo constantemente hasta que obtenga la temperatura deseada).

3 Coloque el marco de 3 milímetros sobre la charola con el tapete de silicón y distribuya dentro de él la preparación. Déjela cristalizar a temperatura ambiente durante 2 horas o hasta que esté completamente fría.

Praliné de almendra

1 Mezcle en una cacerola sobre el fuego el agua, el azúcar y el sorbitol en polvo. Caliente la preparación hasta que hierva y alcance una temperatura de 118 °C.

2 Agregue las almendras y mezcle enérgicamente con la espátula hasta que el azúcar se cristalice. Baje el fuego a media intensidad y continúe mezclando hasta que las almendras estén completamente caramelizadas y tostadas. Añada la vaina de vainilla y retire la preparación del fuego.

3 Distribuya la preparación sobre el tapete de silicón y déjela enfriar a temperatura ambiente hasta que el *pralin* se solidifique.

4 Derrita el chocolate con la manteca de cacao a una temperatura de 45 °C.

5 Trocee el *pralin* de almendras y pulverícelo en un procesador de alimentos hasta obtener una pasta. Agréguele la leche en polvo, así como la mezcla de chocolate y manteca derretidos. Procese nuevamente hasta obtener un praliné homogéneo y terso.

6 Vierta el praliné en el mármol y enfríelo hasta que tenga una temperatura de 21 °C (alternativamente, puede enfriar el praliné colocándolo en un baño maría inverso, moviendo constantemente hasta que obtenga la temperatura deseada). Coloque el marco de 6 milímetros sobre el de 3 milímetros con la *gianduja*, y distribuya el praliné sobre ésta. Deje cristalizar la preparación, idealmente a una temperatura de 18 °C, entre 6 y 8 horas.

Terminado

1 Procese los botones de chocolate con leche en la licuadora o en el procesador de alimentos hasta que obtenga una consistencia de granillo fino. Resérvelo.

2 Corte la preparación, con cuchillo o guitarra, en barras de 1.5 × 8 centímetros.

3 Bañe las barras con el chocolate precristalizado siguiendo el procedimiento de la página 87, decórelas con el granillo y déjelas cristalizar.

Barra de praliné de almendra y gianduja

Bombón de mazapán
de pistache y cerezas negras

RENDIMIENTO: 90 bombones
PREPARACIÓN: 50 min
COCCIÓN: 1 h
REPOSO: 22 h

EQUIPO Y UTENSILIOS: procesador de alimentos o robot, charola cubierta con tapete de silicón, 3 marcos de acrílico de 24 × 34 cm, uno de 6 mm de alto y dos de 3 mm, termómetro, batidor globo manual, refractómetro o termómetro para caramelo, espátula, licuadora de inmersión, cuchillo con buen filo o guitarra, tenedores para chocolate, hojas de plástico para guitarra, 90 cuadros de acetato de 4 cm, pincel, aire comprimido

Mazapán de pistache

~ 88 g de agua
~ 120 g de azúcar
~ 25 g de jarabe de glucosa 60 DE
~ 25 g de azúcar invertido
~ 230 g de pistaches sin sal, pelados y tostados
~ 50 g de pasta de pistache
~ 25 g de *kirsch* o licor de cereza

Confitura de cerezas negras

~ 4.5 g de pectina amarilla

~ 18 g de azúcar + 125 g
~ 175 g de puré de cerezas negras
~ 63 g de isomalt
~ 38 g de jarabe de glucosa 40 DE
~ 1.5 g de solución de ácido cítrico al 50% (ver pág. 106)

Ganache de cerezas negras

~ 175 g de chocolate con leche 38% cacao, picado
~ 8 g de manteca de cacao

~ 100 g de puré de cerezas negras
~ 25 g de azúcar invertido
~ 5 g de sorbitol en polvo

Terminado

~ 500-750 g de chocolate obscuro 65% cacao, precristalizado
~ 100 g de chocolate blanco precristalizado mezclado con 4 g de colorante liposoluble rojo

Mazapán de pistache

1 Ponga sobre el fuego una cacerola con el agua, el azúcar, el jarabe de glucosa y el azúcar invertido. Cuando hierva, retire la preparación del fuego.

2 Coloque en un procesador de alimentos los pistaches con la pasta de pistache y el jarabe caliente, y procéselos hasta obtener una pasta. Agregue el *kirsch* y procese nuevamente hasta obtener una consistencia tersa. Déjela enfriar.

3 Coloque el marco de 6 milímetros sobre la charola con el tapete de silicón y extienda dentro de él el mazapán de pistache.

Confitura de cerezas negras

1 Mezcle en un recipiente la pectina amarilla con los 18 gramos de azúcar.

2 Ponga sobre el fuego una cacerola con el puré de cerezas negras; cuando tenga una temperatura de 40 °C, agregue poco a poco la mezcla de pectina con azúcar mezclándola enérgicamente con el batidor globo manual para evitar que se

formen grumos. Deje hervir la preparación e incorpore gradualmente el resto del azúcar, el isomalt y el jarabe de glucosa. (Es importante que la preparación continúe hirviendo durante todo este proceso.) Cuando la preparación alcance los 101 °C o 73 °Bx, agregue la solución de ácido cítrico y mezcle bien. Retire del fuego.

3 Coloque uno de los marcos de 3 milímetros sobre el de 6 milímetros y distribuya la confitura de cerezas sobre el mazapán de pistache. Extiéndala con la espátula para cubrir bien todo el mazapán y alise la superficie. Déjela cristalizar a temperatura ambiente hasta que se enfríe completamente.

Ganache de cerezas negras

1 Derrita el chocolate con la manteca de cacao a una temperatura de 45 °C.

2 Ponga sobre el fuego una cacerola con el resto de los ingredientes. Cuando la preparación tenga una temperatura de 70 °C, retírela del fuego y viértala en el tazón con el chocolate derretido. Mezcle bien y emulsione la ganache con la licuadora de inmersión hasta obtener una consistencia lisa y brillante.

3 Vierta la ganache en un tazón y enfríela en un baño maría inverso, moviendo constantemente hasta que tenga una temperatura de 33 °C. Coloque el marco restante sobre el de 3 milímetros y distribuya la ganache sobre la confitura de cerezas negras. Extiéndala y alise la superficie. Deje cristalizar, idealmente a una temperatura de 18 °C, entre 6 y 8 horas.

Terminado

1 Corte la preparación, con cuchillo o con guitarra, en rectángulos de 2.5 × 3 centímetros.

2 Coloque el chocolate precristalizado en un tazón. Sumerja en él los rectángulos, uno por uno, hasta cubrirlos por completo. Sáquelos con ayuda de un tenedor para chocolate y escúrrales el exceso de chocolate.

3 Coloque los bombones sobre plástico para guitarra y cubra cada uno con un cuadro de acetato; presione suavemente con un tenedor para chocolate y déjelos cristalizar, idealmente a una temperatura entre 16 y 18 °C, durante 12 horas. Retire los cuadros de acetato, coloque sobre cada bombón con la ayuda del pincel un punto del chocolate rojo y écheles un poco de aire comprimido para lograr un efecto de soplado. Déjelos cristalizar durante 12 horas más.

Bombón de mezcal,
infusión de naranja y sal de gusano

RENDIMIENTO: 80 bombones
PREPARACIÓN: 1 h
COCCIÓN: 10 min
REPOSO: 16 h 20 min

EQUIPO Y UTENSILIOS: termómetro para caramelo, licuadora de inmersión, charola, espátula, manga pastelera, charola con tapete de silicón

Ganache de mezcal y naranja

- ~ 238 g de crema para batir
- ~ 2 g de ralladura de naranja
- ~ 1 g de sal de gusano
- ~ 40 g de dextrosa en polvo
- ~ 300 g de chocolate con leche 33% cacao, en botones o picado
- ~ 165 g de chocolate obscuro 65% cacao, en botones o picado
- ~ 10 g de manteca de cacao
- ~ 110 g de mantequilla en cubos
- ~ 75 g de mezcal blanco

Terminado

- ~ 500-750 g de chocolate obscuro 65% cacao, precristalizado
- ~ flor de sal para decorar

Ganache de mezcal y naranja

1. Mezcle en un recipiente la crema para batir con la ralladura de naranja y déjela reposar en refrigeración entre 6 y 8 horas..

2. Transfiera a una cacerola la crema con la ralladura de naranja e incorpórele la sal de gusano y la dextrosa en polvo. Póngala sobre el fuego y caliéntela hasta que tenga una temperatura de 70 °C. Retírela del fuego y cuélela.

3. Coloque en un tazón apto para microondas los chocolates y la manteca de cacao, y suavícelos calentándolos entre 1 y 2 minutos. Viértales la crema caliente, mezcle bien con una espátula y emulsione la ganache con la licuadora de inmersión hasta obtener una consistencia lisa y brillante. Déjela enfriar y, cuando tenga una temperatura de 35 °C, incorpórele la mantequilla y el mezcal. Emulsione nuevamente con la licuadora hasta obtener una consistencia homogénea.

4. Vierta la ganache en la charola y extiéndala con la espátula para que se enfríe. Cuando su temperatura sea de 31 °C, transfiérala a una manga pastelera.

5. Distribuya la ganache sobre el tapete de silicón, formando discos de 3 centímetros de diámetro aproximadamente. Déjelos cristalizar, idealmente a una temperatura de 18 °C, entre 6 y 8 horas.

Terminado

1. Dé forma de esfera a cada una de las porciones de ganache con las manos. Coloque un poco de chocolate precristalizado en la palma de su mano, ponga encima una de las esferas de ganache, y después, cúbrala con más chocolate, mientras afina la forma esférica haciéndola rodar entre sus manos. Repita este último paso con las esferas y el chocolate restante. Decórelas con un poco de flor de sal.

Bombón de mezcal, infusión de naranja y sal de gusano

Bombón de praliné de ajonjolí y ganache de limón

Bombón de praliné de ajonjolí
y ganache de limón

RENDIMIENTO: 48 bombones

PREPARACIÓN: 1 h 20 min

COCCIÓN: 30 min

REPOSO: 22 h

EQUIPO Y UTENSILIOS: aerógrafo para chocolate, moldes con cavidades de media esfera de 2 cm de diámetro, brocha, raspa, termómetro para caramelo, espátula de silicón, licuadora de inmersión, 2 mangas pasteleras, charolas para hornear, tapete de silicón, procesador de alimentos o robot, mármol, hojas de plástico para guitarra

Encamisado y sellado de moldes

- ~ 100 g de manteca de cacao derretida mezclada con 4 g de colorante liposoluble verde
- ~ 5 g de matizador cobre
- ~ 500 g de chocolate obscuro 65 % cacao, precristalizado

Ganache de limón

- ~ 500 g de botones de chocolate Cacao Barry Zephyr® o de

chocolate blanco 35% cacao, picado
- ~ 40 g de manteca de cacao
- ~ 100 g de crema para batir
- ~ 15 g de azúcar invertido
- ~ 50 g de sorbitol en polvo
- ~ 30 g de dextrosa en polvo
- ~ 30 g de jarabe de glucosa
- ~ 1 g de sal
- ~ 35 g de mantequilla
- ~ 160 g de jugo de limón

Praliné de almendra y ajonjolí

- ~ 200 g de almendras sin piel
- ~ 75 g de ajonjolí blanco
- ~ 15 g de ajonjolí negro
- ~ 240 g de azúcar
- ~ el interior de ½ vaina de vainilla
- ~ 50 g de de botones de chocolate con leche Callebaut Ghana® o de chocolate con leche 40% cacao, picado
- ~ 32 g de manteca de cacao

Encamisado de moldes

1 Decore y encamise los moldes con el matizador cobre y encamise los moldes siguiendo las instrucciones de la página 147.

Ganache de limón

1 Coloque en un tazón apto para microondas el chocolate con la manteca de cacao y suavícelos calentándolos entre 1 y 2 minutos.

2 Ponga sobre el fuego una cacerola con el resto de los ingredientes, excepto el jugo de limón, y caliente la preparación hasta que tenga una temperatura de 70 °C. Retírela del fuego, incorpórele el jugo de limón y viértala sobre la mezcla de chocolate y manteca derretidos. Mezcle y emulsione la ganache con la licuadora de inmersión hasta obtener una consistencia lisa y brillante. Déjela enfriar hasta que tenga una temperatura de 29 °C.

3 Vierta la ganache en una de las mangas pasteleras y distribúyala en los moldes encamisados hasta cubrir la mitad de las cavidades. Déjela cristalizar, idealmente a una temperatura de 18 °C, durante 12 horas.

Praliné de almendra y ajonjolí

1 Precaliente el horno a 150 °C. Distribuya por separado las almendras y los ajonjolíes en las charolas para hornear y hornéelos hasta que se doren ligeramente.

2 Coloque sobre el fuego una cacerola con el azúcar y déjelo que caramelice. Agregue las almendras y los ajonjolíes tostados, y mezcle enérgicamente con la espátula hasta que el azúcar se cristalice. Baje el fuego a media intensidad y continúe mezclando hasta que las almendras estén completamente caramelizadas. Añada la vainilla y retire del fuego.

3 Distribuya la preparación sobre el tapete de silicón y déjela enfriar a temperatura ambiente.

4 Derrita el chocolate con la manteca de cacao a una temperatura de 45 °C.

5 Trocee el *pralin* de almendra y ajonjolí, y pulverícelo en un procesador de alimentos hasta obtener una pasta con algunos trozos grandes. Agréguele la mezcla de chocolate y manteca derretidos, y procese nuevamente hasta obtener un praliné homogéneo y terso.

6 Vierta el praliné en un tazón y enfríelo en un baño maría inverso, moviéndolo constantemente hasta que tenga una temperatura de 21 °C. Transfiéralo a la manga pastelera restante y distribúyalo en los moldes sobre la ganache de limón, dejando libres 2 milímetros. Déjelos cristalizar, idealmente a una temperatura de 18 °C, entre 6 y 8 horas.

Terminado

1 Selle los bombones con una capa de chocolate precristalizado y déjelos cristalizar antes de desmoldarlos.

Bombón de praliné
de almendra y cilantro con ganache de naranja

RENDIMIENTO: 125 bombones
PREPARACIÓN: 1 h
COCCIÓN: 40 min
REPOSO: 30-32 h

EQUIPO Y UTENSILIOS: moldes para bombones cuadrados, pincel, termómetro para caramelo, espátula de silicón, tapete de silicón, mármol, procesador de alimentos o robot, charola cubierta con tapete de silicón, 2 marcos de acrílico de 24 × 34 cm y 5 mm de alto, espátula, licuadora de inmersión

Encamisado y sellado de moldes

~ 100 g de manteca de cacao derretida mezclada con 4 g de colorante liposoluble naranja

~ 100 g de manteca de cacao derretida mezclada con 4 g de colorante liposoluble blanco

~ 500 g de chocolate obscuro 65% cacao, precristalizado

Praliné de almendra y semilla de cilantro

~ 75 g de agua

~ 150 g de azúcar

~ 10 g de sorbitol en polvo

~ 300 g de almendras sin piel

~ 4 g de ralladura de naranja

~ 10 g de semillas de cilantro

~ 15 g de leche en polvo

~ 80 g de chocolate con leche 38% cacao, en botones o picado

~ 45 g de manteca de cacao

Ganache de naranja

~ 100 g de jugo de naranja

~ 9 g de ralladura de naranja

~ 100 g de crema para batir

~ 20 g de sorbitol en polvo

~ 20 g de jarabe de glucosa

~ 50 g de mantequilla

~ 200 g de chocolate con leche 38% cacao, en botones o picado

~ 80 g de chocolate obscuro 70% cacao, en botones o picado

Encamisado de moldes

1 Salpique con ayuda del pincel los moldes para bombones con la mezcla de manteca de cacao y colorante naranja. Limpie los bordes de los moldes con un trapo seco y refrigérelos hasta que la manteca se endurezca. Después, pinte las cavidades de los moldes con la mezcla de manteca de cacao y colorante blanco; limpie los bordes de los moldes y refrigere 5 minutos.

2 Encamise los moldes con el chocolate obscuro precristalizado y colorante blanco siguiendo las instrucciones de la página 86.

Praliné de almendra y semilla de cilantro

1 Mezcle en una cacerola sobre el fuego el agua, el azúcar y el sorbitol en polvo. Caliente la preparación hasta que hierva y alcance una temperatura de 118 °C.

2 Agregue las almendras y mezcle enérgicamente con la espátula hasta que el azúcar se cristalice. Baje el fuego a media intensidad y continúe mezclando hasta que las almendras estén completamente caramelizadas y tostadas. Añada la ralladura de naranja y las semillas de cilantro, y retire del fuego.

3 Distribuya la preparación sobre el tapete de silicón y déjela enfriar a temperatura ambiente hasta que el *pralin* se solidifique.

4 Derrita el chocolate con la manteca de cacao a una temperatura de 45 °C.

5 Trocee el *pralin* de almendra y pulverícelo en un procesador de alimentos con la leche en polvo hasta obtener una pasta con algunos trozos grandes. Agréguele la mezcla de chocolate con manteca de cacao derretidos, y procese nuevamente hasta obtener un praliné homogéneo y terso.

6 Vierta el praliné en un tazón y enfríelo en un baño maría inverso, moviéndolo constantemente hasta que tenga una temperatura de 22 °C. Coloque uno de los marcos sobre la charola con el tapete de silicón y distribuya el praliné de almendra. Extiéndalo y alise su superficie con la espátula. Déjelo cristalizar, idealmente a una temperatura de 18 °C, entre 6 y 8 horas.

Ganache de naranja

1 Mezcle en un recipiente el jugo con la ralladura de naranja. Déjelo reposar en refrigeración durante 30 minutos y cuélelo.

2 Ponga sobre el fuego una cacerola con la crema para batir, el sorbitol en polvo, el jarabe de glucosa y la mantequilla. Caliente la preparación hasta que alcance una temperatura de 70 °C.

3 Coloque en un tazón apto para microondas los chocolates y suavícelos calentándolos entre 1 y 2 minutos. Viértales la preparación de crema caliente, mezcle bien con una espátula y emulsione la ganache con la licuadora de inmersión hasta obtener una consistencia lisa y brillante. Incorpore el jugo de naranja con la licuadora. Deje enfriar la ganache hasta que tenga una temperatura de 29 °C.

4 Coloque el marco restante sobre el otro y distribuya la ganache de naranja sobre el praliné de almendra y cilantro. Extiéndala y alise su superficie con la espátula. Déjela cristalizar, idealmente a una temperatura de 18 °C, durante 12 horas.

Terminado

1 Selle los bombones con una capa de mezcla de chocolate blanco precristalizado con colorante blanco y déjelos cristalizar antes de desmoldarlos.

Bombón de praliné
de cacahuate con ganache de miel

RENDIMIENTO: 65 bombones
PREPARACIÓN: 1 h 20 min
COCCIÓN: 30 min
REPOSO: 42 h

EQUIPO Y UTENSILIOS: termómetro para caramelo, espátula de silicón, tapete de silicón, procesador de alimentos o robot, 2 marcos de acrílico de 24 × 34 cm y 5 mm de alto, charola con tape de silicón, batidor globo manual, licuadora de inmersión, cuchillo con buen filo o guitarra, tenedores para chocolate, hojas de plástico para guitarra, cucurucho de papel siliconado

Praliné de cacahuate

~ 30 g de agua
~ 95 g de azúcar
~ 7 g de sorbitol en polvo
~ 20 g de jarabe de glucosa
~ 175 g de cacahuates sin sal
~ el interior de ½ vaina de vainilla

~ 33 g de chocolate con leche 33% cacao, en botones o picado
~ 17 g de manteca de cacao

Ganache de miel

~ 30 g de miel de abeja de lavanda
~ 120 g de crema para batir

~ 200 g de chocolate con leche 40% cacao, en botones o picado

Terminado

~ 500-750 g de chocolate con leche 65% cacao, precristalizado

Praliné de cacahuate

1 Precaliente el horno a 150 °C.

2 Mezcle en una cacerola sobre el fuego el agua, el azúcar, el sorbitol en polvo y el jarabe de glucosa.

3 Mientras el jarabe se cuece, hornee los cacahuates durante 12 minutos o hasta que tengan un tostado ligero y uniforme.

4 Cuando el jarabe alcance una temperatura de 118 °C, incorpórele los cacahuates y mezcle enérgicamente con la espátula hasta que el azúcar se cristalice. Baje el fuego a media intensidad y continúe mezclando hasta que los cacahuates estén completamente caramelizados. Añada la vainilla y retire del fuego.

5 Distribuya la preparación sobre el tapete de silicón y déjela enfriar a temperatura ambiente hasta que el *pralin* se solidifique.

6 Derrita el chocolate con la manteca de cacao a una temperatura de 45 °C.

7 Trocee el *pralin* de cacahuate y pulverícelo en un procesador de alimentos hasta obtener una pasta. Agréguele la mezcla de chocolate y manteca derretidos, y procese nuevamente hasta obtener un praliné homogéneo y terso.

8 Vierta el praliné en el mármol y enfríelo hasta que tenga una temperatura de 23 °C (alternativamente, puede enfriar el praliné colocándolo en un baño maría inverso, moviendo constantemente hasta que obtenga la temperatura deseada). Coloque uno de los marcos sobre la charola con el tapete de silicón y distribuya el praliné dentro del marco. Extiéndalo y alise su superficie. Déjelo cristalizar, idealmente a una temperatura de 18 °C, entre 6 y 8 horas.

Ganache de miel

1 Coloque el chocolate en un tazón y resérvelo.

2 Ponga sobre el fuego una cacerola con la miel de abeja y caliéntela hasta que tenga un color dorado intenso. Vierta poco a poco la crema y mézclela con el batidor globo manual hasta obtener un caramelo homogéneo. Retírelo del fuego, viértalo sobre el chocolate y mezcle.

3 Emulsione la ganache de miel con una licuadora de inmersión hasta obtener una consistencia tersa y brillante.

4 Vierta la ganache en un tazón y enfríela en un baño maría inverso, moviéndola constantemente hasta que tenga una temperatura de 31 °C. Coloque el marco restante encima del otro y distribuya la ganache sobre el praliné de cacahuate. Extiéndala y alise su superficie. Déjela cristalizar, idealmente a una temperatura de 18 °C, durante 24 horas. Corte la preparación, con cuchillo o guitarra, en rectángulos de 1.5 × 2 centímetros.

Terminado

1 Introduzca 100 gramos del chocolate con leche precristalizado en el cucurucho de papel siliconado.

2 Bañe los rectángulos con el resto chocolate precristalizado siguiendo el procedimiento de la página 87. Decórelos dibujando, con ayuda del cucurucho, una línea diagonal de chocolate con leche en la superficie de cada bombón y déjelos cristalizar.

Bombón de praliné
de chiles secos

RENDIMIENTO: 90 bombones
PREPARACIÓN: 1 h
COCCIÓN: 30 min
REPOSO: 30 h

EQUIPO Y UTENSILIOS: 3 charolas para hornear, tapete de silicón, procesador de alimentos o robot, termómetro, mármol, marco de acrílico de 24 × 34 cm y 10 mm de alto, charola con tapete de silicón, cuchillo con buen filo o guitarra, tenedores para chocolate, hojas de plástico para guitarra

Praliné de chiles secos

- ~ 280 g de almendras
- ~ 40 g de avellanas
- ~ 15 g de chiles pasilla sin semillas ni venas
- ~ 7 g de chiles chipotle secos sin semillas ni venas
- ~ 20 g de chiles ancho sin semillas ni venas
- ~ 40 g de cacahuates
- ~ 30 g de ajonjolí blanco
- ~ 10 g de ajonjolí negro
- ~ 280 g de azúcar
- ~ 20 g de sorbitol en polvo
- ~ 80 g de chocolate obscuro 70% cacao, en botones o picado
- ~ 60 g de manteca de cacao troceada
- ~ 3 g de sal

Terminado

- ~ 100 g de de chocolate obscuro 65% cacao
- ~ 2 g de matizador rojo o rubí
- ~ 500-750 g de chocolate obscuro 65% cacao, precristalizado

Praliné de chiles secos

1 Precaliente el horno a 150 °C.

2 Distribuya en una de las charolas para hornear las almendras y las avellanas, en otra los chiles, y en la restante los cacahuates y las semillas de ajonjolí. Hornee los ingredientes hasta que se doren uniformemente: las almendras y las avellanas durante 10 minutos, los chiles durante 12 minutos, y los cacahuates y el ajonjolí durante 15 minutos. Retírelos del horno y resérvelos.

3 Ponga sobre el fuego una cacerola con el azúcar y el sorbitol en polvo, y deje cocer la preparación hasta que se caramelice.

4 Coloque los chiles tostados en el tapete de silicón y viértales encima el caramelo. Deje enfriar la preparación a temperatura ambiente hasta que se solidifique.

5 Derrita el chocolate con la manteca de cacao a una temperatura de 45 °C.

6 Trocee los chiles caramelizados y pulverícelos en un procesador de alimentos junto con las semillas tostadas hasta obtener una pasta. Agréguele la sal y la mezcla de chocolate y manteca derretidos. Procese nuevamente hasta obtener un praliné homogéneo y terso.

7 Vierta el praliné de chiles en el mármol y enfríelo hasta que tenga una temperatura de 23 °C (alternativamente, puede enfriar el praliné colocándolo en un baño maría inverso, moviendo constantemente hasta que obtenga la temperatura deseada). Coloque el marco sobre la charola con tapete de silicón y distribuya dentro de él el praliné de chiles. Deje cristalizar, idealmente a una temperatura de 18 °C, entre 6 y 8 horas.

Terminado

1 Procese los 100 gramos de chocolate en el procesador de alimentos, accionándolo por periodos intermitentes de 3 segundos, hasta obtener trozos pequeños. Añádales el matizador rojo o rubí y accione nuevamente el procesador algunos segundos hasta que los trozos de chocolate adquieran un color uniforme.

2 Corte la preparación, con cuchillo o guitarra, en cuadros de 2 centímetros por lado. Bañe los cuadros con el chocolate precristalizado siguiendo el procedimiento de la página 87. Decórelos con los trozos de chocolate rojos, antes de dejarlos cristalizar.

Bombón de praliné de nuez
con ganache de caramelo y ron añejo

RENDIMIENTO: 120 bombones
PREPARACIÓN: 1 h
COCCIÓN: 30 min
REPOSO: 30 h

EQUIPO Y UTENSILIOS: charola para hornear, tapete de silicón, termómetro para caramelo, procesador de alimentos o robot, 2 marcos de acrílico de 24 × 34 cm y 5 mm de alto, charola cubierta con tapete de silicón, espátula, licuadora de inmersión, cuchillo con buen filo o guitarra, tenedores para chocolate, hojas de plástico para guitarra

Praliné de nuez

~ 500 g de leche
~ 315 g de nueces pecanas
~ 50 g de agua
~ 170 g de azúcar
~ 40 g de glucosa en polvo
~ 10 g de sorbitol en polvo
~ el interior de ½ vaina de vainilla
~ 75 g de chocolate con leche 40% cacao, en botones o picado
~ 75 g de manteca de cacao
~ 7 g de leche en polvo, sin grasa
~ 2 g de sal

Ganache de caramelo y ron añejo

~ 60 g de chocolate obscuro 75% cacao, en botones o picado
~ 240 g de chocolate con leche 40% cacao, en botones o picado
~ 85 g de manteca de cacao
~ 100 g de leche semidescremada
~ 15 g de jarabe de glucosa 40 DE
~ 120 g de polvo de caramelo (ver pág. 106)
~ 1 g de sal
~ 25 g de mantequilla
~ 15 g de ron añejo

Terminado

~ 500-750 g de chocolate obscuro 75% cacao, precristalizado
~ 250 g nueces pecanas

Praliné de nuez

1 Hierva en una olla la leche con las nueces; escúrralas y reserve la leche para otras preparaciones. Enjuague las nueces con agua fría y déjelas escurrir.

2 Precaliente el horno a 50 °C. Distribuya las nueces en la charola para hornear e introdúzcalas en el horno hasta que se sequen y estén ligeramente tostadas y crujientes. Retírelas del horno y resérvelas.

3 Ponga sobre el fuego una cacerola con el agua, el azúcar, la glucosa y el sorbitol en polvo. Caliente la preparación hasta obtener un caramelo dorado. Agregue las nueces y mezcle hasta que estén bien cubiertas de caramelo; incorpore el interior de la vaina de vainilla.

4 Distribuya la preparación sobre el tapete de silicón y déjela enfriar a temperatura ambiente hasta que el *pralin* se solidifique.

5 Derrita el chocolate con la manteca de cacao a una temperatura de 45 °C.

Caramelo suave
de chocolate y vainilla

RENDIMIENTO: 35 bombones
PREPARACIÓN: 45 min
COCCIÓN: 30 min
REPOSO: 24 h

EQUIPO Y UTENSILIOS: termómetro para caramelo, espátula de silicón, marco de acrílico de 24 × 34 cm y 10 mm de alto, charola cubierta con tapete de silicón, cuchillo con buen filo o guitarra, tenedores para chocolate, hojas de plástico para guitarra

Caramelo de vainilla

~ 192 g de crema para batir
~ 1 g de flor de sal
~ 37 g de mantequilla
~ 190 g de azúcar
~ 30 g de jarabe de glucosa 60 DE
~ 2 vainas de vainilla abiertas
  por la mitad a lo largo
~ 8 g de manteca de cacao

Terminado

~ 500-750 g de chocolate obscuro
  75% cacao, precristalizado

Caramelo de vainilla

1 Ponga sobre el fuego una cacerola con la crema para batir, la flor de sal y la mantequilla.

2 Mientras la crema se calienta, ponga una cacerola de doble fondo sobre el fuego con el azúcar y la glucosa, y déjelas caramelizar hasta que tengan un color dorado obscuro. Agregue las vainas de vainilla.

3 Cuando la crema tenga una temperatura de 60 °C, incorpórela poco a poco al caramelo, mezclando con la espátula hasta obtener una consistencia homogénea. Deje cocer el caramelo hasta que tenga una temperatura de 118 °C. Agregue la manteca de cacao, mezcle bien y retire del fuego.

4 Retire las vainas de vainilla del caramelo. Coloque el marco de acrílico sobre la charola con el tapete de silicón y vierta dentro de él el caramelo. Déjelo cristalizar a temperatura ambiente durante 12 horas.

Terminado

1 Retire el marco y corte el caramelo, con cuchillo o con guitarra, en rectángulos de 1.5 × 3.5 centímetros.

2 Bañe los rectángulos de caramelo con el chocolate precristalizado siguiendo el procedimiento de la página 87.

Fudge de chocolate

RENDIMIENTO: 55 piezas
PREPARACIÓN: 60 min
COCCIÓN: 20 min
REPOSO: 12 h

EQUIPO Y UTENSILIOS: termómetro para caramelo, espátula de silicón, batidor globo manual, marco de acrílico de 24 × 34 cm y 10 mm de alto, charola cubierta con tapete de silicón, cuchillo con buen filo o guitarra

- ~ 250 g de azúcar
- ~ 90 g de jarabe de glucosa 40 DE
- ~ 50 g de agua
- ~ 345 g de crema para batir
- ~ 35 g de azúcar invertido
- ~ 225 g de mantequilla
- ~ 3 g de sal
- ~ 1 g de bicarbonato de sodio
- ~ 110 g de chocolate con leche 58% cacao, en botones o picado

1 Ponga sobre el fuego una cacerola de doble fondo con el azúcar, el jarabe de glucosa y el agua.

2 Mientras se cuece el jarabe, caliente en otra cacerola la crema para batir, el azúcar invertido y la mantequilla. Cuando el caramelo tenga una temperatura de 145 °C, incorpórele poco a poco la crema caliente, mezclando con la espátula hasta obtener una consistencia homogénea. Agregue la sal y el bicarbonato de sodio.

3 Deje cocer la preparación hasta que tenga una temperatura de 116 °C. Incorpórele el chocolate con leche picado, mezcle enérgicamente con el batidor globo manual hasta obtener una preparación homogénea y retírela del fuego.

4 Coloque el marco de acrílico sobre la charola con el tapete de silicón y vierta dentro de él el caramelo. Déjelo cristalizar a temperatura ambiente durante 12 horas.

5 Retire el marco y corte el *fudge*, con cuchillo o guitarra, en rectángulos de 2.5 × 3.5 centímetros.

Gragea de avellana tostada
y chocolate

RENDIMIENTO: 1.7 kilos
PREPARACIÓN: 30 min
COCCIÓN: 20 min
REPOSO: 3 h

EQUIPO Y UTENSILIOS: charola para hornear, bombo confitero, cucharón pequeño, tamiz

- ~ 370 de avellanas enteras (lo más frescas posible)
- ~ 1.330 kg chocolate obscuro 65% cacao, en botones o picado
- ~ 3 g de sal
- ~ 60 g de cocoa alcalina

1 Precaliente el horno a 150 °C, coloque las avellanas en la charola para hornear y tuéstelas durante 20 minutos, moviéndolas ocasionalmente, para obtener un tostado uniforme. Retírelas del horno, déjelas enfriar y retíreles la piel con ayuda de un trapo seco, friccionándolas entre las manos.

2 Derrita el chocolate obscuro a una temperatura de 40 °C. Agréguele la sal y mezcle bien.

3 Coloque las avellanas en el bombo e inicie la rotación a 30 rpm. Agregue poco a poco, con ayuda del cucharón, el chocolate obscuro derretido. Mantenga encendido el aire frío por intervalos de 30 segundos para promover la cristalización del chocolate. Cuando haya incorporado todo el chocolate, deje rotar el bombo durante 10 minutos, con el aire frío apagado.

4 Agregue la cocoa al bombo y déjelo rotar durante 5 minutos, con el aire frío apagado.

5 Deje reposar las grageas en el bombo apagado durante 3 horas a temperatura ambiente, idealmente a una temperatura de 18 °C. Retírelas y páselas a través de un tamiz para eliminar el exceso de cocoa.

6 Consúmalas o guárdelas en recipientes herméticos.

Gragea de cacahuate
y chocolate con leche

RENDIMIENTO: 1.7 kilos
PREPARACIÓN: 1 h 25 min
REPOSO: 3 h

EQUIPO Y UTENSILIOS: bombo confitero, cucharón pequeño

~ 1.1 kg de chocolate con leche 40% cacao, en botones o picado

~ 4 g de sal

~ 380 g de cacahuates sin tostar, sin cáscara ni sal

~ 220 g de chocolate blanco 31% cacao, en botones o picado

~ 12 g de manteca de cacao líquida color amarillo

~ 17 g de Capol 254N®

~ 17 g de Capol 425M®

1 Derrita el chocolate con leche a una temperatura de 40 °C. Agréguele la sal y mezcle bien.

2 Coloque los cacahuates en el bombo e inicie la rotación a 30 rpm. Agregue poco a poco, con ayuda del cucharón, el chocolate con leche derretido. Mantenga encendido el aire frío por intervalos de 30 segundos para promover la cristalización del chocolate. Cuando haya incorporado todo el chocolate, deje rotar el bombo durante 10 minutos, con el aire frío apagado.

3 Derrita el chocolate blanco con la manteca de cacao amarilla y mézclelos bien. Agregue poco a poco esta mezcla al bombo, manteniendo encendido el aire frío por intervalos. Cuando haya incorporado todo el chocolate, deje rotar el bombo durante 10 minutos, con el aire frío apagado.

4 Retire las grageas del bombo y déjelas reposar durante 3 horas a temperatura ambiente, idealmente a 18 °C.

5 Pese las grageas y asegúrese de haber obtenido 1.700 kilos, de lo contrario deberá ajustar la cantidad de Capol (abrillantador y sellador) para que ésta corresponda al 1% del peso total del producto.

6 Coloque nuevamente las grageas en el bombo y enciéndalo a 25 rpm. Agregue una tercera parte del Capol 254N® y deje rotar el bombo durante 3 minutos; añada otra tercera parte del producto y deje rotar el bombo por 3 minutos más; finalmente, agregue el resto del producto y deje rotar durante 3 minutos más. Encienda el aire frío y deje rotar el bombo durante 5 minutos para que el producto seque bien.

7 Repita el paso anterior con el Capol 425M®. Asegúrese de que las grageas estén completamente secas antes de consumirlas o de guardarlas en un recipiente hermético.

Gragea de cacahuate y chocolate con leche

Gragea de avellana tostada y chocolate

Gragea de cereal y chocolate

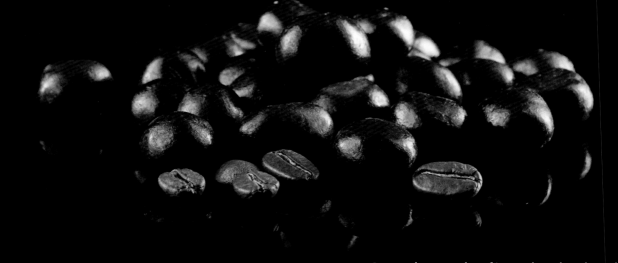

Gragea de grano de café tostado y chocolate obscuro

Gragea de macadamia y chocolate obscuro

Gragea de mora azul y chocolate blanco

Gragea de cereal
y chocolate

RENDIMIENTO: 1.7 kilos
PREPARACIÓN: 1 h 25 min
REPOSO: 3 h

EQUIPO Y UTENSILIOS: bombo confitero, cucharón pequeño

~ 1.150 g de chocolate obscuro 65% cacao, en botones o picado

~ 2 g de sal

~ 330 g de bolitas de cereal de arroz y trigo

~ 220 g de chocolate blanco 31% cacao, en botones o picado

~ 12 g de manteca de cacao líquida color marrón

~ 17 g de Capol 254N®

~ 17 g de Capol 425M®

1 Derrita el chocolate obscuro a una temperatura de 40 °C. Agréguele la sal y mezcle bien.

2 Coloque el cereal en el bombo e inicie la rotación a 30 rpm. Agregue poco a poco, con ayuda del cucharón, el chocolate obscuro derretido. Mantenga encendido el aire frío por intervalos de 30 segundos para promover la cristalización del chocolate. Cuando haya incorporado todo el chocolate, deje rotar el bombo durante 10 minutos, con el aire frío apagado.

3 Derrita el chocolate blanco con la manteca de cacao marrón y mézclelos bien. Agregue poco a poco esta mezcla al bombo, manteniendo encendido el aire frío por intervalos. Cuando haya incorporado todo el chocolate, deje rotar el bombo durante 10 minutos, con el aire frío apagado.

4 Retire las grageas del bombo y déjelas reposar durante 3 horas a temperatura ambiente, idealmente a una temperatura de 18 °C.

5 Pese las grageas y asegúrese de haber obtenido 1.700 kilos, de lo contrario deberá ajustar la cantidad de Capol (abrillantador y sellador) para que ésta corresponda al 1% del peso total del producto.

6 Coloque nuevamente las grageas en el bombo y enciéndalo a 25 rpm. Agregue una tercera parte del Capol 254N® y deje rotar el bombo durante 3 minutos; añada otra tercera parte del producto y deje rotar el bombo por 3 minutos más; finalmente, agregue el resto del producto y deje rotar durante 3 minutos más. Encienda el aire frío y deje rotar el bombo durante 5 minutos para que el producto seque bien.

7 Repita el paso anterior con el Capol 425M®. Asegúrese de que las grageas estén completamente secas antes de consumirlas o de guardarlas en un recipiente hermético.

Gragea de grano de café
tostado y chocolate obscuro

RENDIMIENTO: 1.7 kilos
PREPARACIÓN: 50 min
COCCIÓN: 8 min
REPOSO: 3 h

EQUIPO Y UTENSILIOS: charola para hornear, bombo confitero, cucharón pequeño

~ 350 g de granos de café (lo más fresco posible)
~ 1.350 kg de chocolate obscuro 61% cacao, en botones o picado
~ 17 g de Capol 254N®
~ 17 g de Capol 425M®

1 Precaliente el horno a 140 °C, coloque los granos de café en la charola para hornear y tuéstelos durante 8 minutos, moviéndolos ocasionalmente, para obtener un tostado uniforme. Retírelos del horno y déjelos enfriar.

2 Derrita el chocolate obscuro a una temperatura de 40 °C.

3 Coloque los granos de café en el bombo e inicie la rotación a 30 rpm. Agregue poco a poco, con ayuda del cucharón, el chocolate obscuro derretido. Mantenga encendido el aire frío por intervalos de 30 segundos para promover la cristalización del chocolate. Cuando haya incorporado todo el chocolate, deje rotar el bombo durante 10 minutos, con el aire frío apagado.

4 Retire las grageas del bombo y déjelas reposar durante 3 horas a temperatura ambiente, idealmente a una temperatura de 18 °C.

5 Pese las grageas y asegúrese de haber obtenido 1.700 kilos, de lo contrario deberá ajustar la cantidad de Capol (abrillantador y sellador) para que ésta corresponda al 1% del peso total del producto.

6 Coloque nuevamente las grageas en el bombo y enciéndalo a 25 rpm. Agregue una tercera parte del Capol 254N® y deje rotar el bombo durante 3 minutos; añada otra tercera parte del producto y deje rotar el bombo por 3 minutos más; finalmente, agregue el resto del producto y deje rotar durante 3 minutos más. Encienda el aire frío y deje rotar el bombo durante 5 minutos para que el producto seque bien.

7 Repita el paso anterior con el Capol 425M®. Asegúrese de que las grageas estén completamente secas antes de consumirlas o de guardarlas en un recipiente hermético.

Gragea de macadamia
y chocolate obscuro

RENDIMIENTO: 1.7 kilos
PREPARACIÓN: 30 min
COCCIÓN: 20 min
REPOSO: 3 h

EQUIPO Y UTENSILIOS: charola para hornear con tapete de silicón, bombo confitero, cucharón pequeño, tamiz

- ~ 120 g de azúcar
- ~ 90 g de agua
- ~ 370 g de macadamias enteras (lo más frescas posible)
- ~ 1.330 kg de chocolate obscuro 70% cacao, en botones o picado
- ~ 2 g de sal
- ~ 65 g de azúcar glass

1 Precaliente el horno a 150 °C.

2 Ponga sobre el fuego una cacerola con el azúcar y el agua. Deje que la preparación hierva hasta obtener un jarabe ligeramente espeso.

3 Coloque las macadamias en un tazón y báñelas con el jarabe; mezcle hasta cubrirlas bien. Distribúyalas en la charola con el tapete de silicón y hornéelas durante 20 minutos, moviéndolas ocasionalmente para obtener un tostado uniforme. Retírelas del horno y déjelas enfriar a temperatura ambiente.

4 Derrita el chocolate obscuro a una temperatura de 40 °C. Agréguele la sal y mezcle bien.

5 Coloque las macadamias en el bombo e inicie la rotación a 30 rpm. Agregue poco a poco, con ayuda del cucharón, el chocolate obscuro derretido. Mantenga encendido el aire frío por intervalos de 30 segundos para promover la cristalización del chocolate. Cuando haya incorporado todo el chocolate, deje rotar el bombo durante 10 minutos, con el aire frío apagado.

6 Agregue el azúcar glass al bombo y déjelo rotar durante 5 minutos, con el aire frío apagado.

7 Deje reposar las grageas en el bombo apagado durante 3 horas a temperatura ambiente, idealmente a una temperatura de 18 °C. Retírelas y páselas a través de un tamiz para eliminar el exceso de azúcar glass.

8 Consúmalas o guárdelas en recipientes herméticos.

Gragea de mora azul
y chocolate blanco

RENDIMIENTO: 1.7 kilos
PREPARACIÓN: 1 h
REPOSO: 3 h

EQUIPO Y UTENSILIOS: bombo confitero, cucharón pequeño

~ 1.3 kg de chocolate blanco 35% cacao, en botones o picado
~ 12 g de manteca de cacao líquida color azul
~ 2 g de ácido cítrico en polvo
~ 380 g de moras azules deshidratadas
~ 17 g de Capol 254N®
~ 17 g de Capol 425M®

1 Derrita el chocolate blanco con la manteca de cacao azul y mézclelos. Agréguele el ácido cítrico y mezcle bien.

2 Coloque las moras azules deshidratadas en el bombo e inicie la rotación a 30 rpm. Agregue poco a poco, con ayuda del cucharón, la mezcla de chocolate blanco con manteca de cacao azul. Mantenga encendido el aire frío por intervalos de 30 segundos para promover la cristalización del chocolate. Cuando haya incorporado todo el chocolate, deje rotar el bombo durante 20 minutos, los primeros 10 minutos con el aire frío encendido y los 10 restantes con el aire apagado.

3 Retire las grageas del bombo y déjelas reposar durante 3 horas a temperatura ambiente, idealmente a una temperatura de 18 °C.

4 Pese las grageas y asegúrese de haber obtenido 1.700 kilos, de lo contrario deberá ajustar la cantidad de Capol (abrillantador y sellador) para que ésta corresponda al 1% del peso total del producto.

5 Coloque nuevamente las grageas en el bombo y enciéndalo a 25 rpm. Agregue una tercera parte del Capol 254N® y deje rotar el bombo durante 3 minutos; añada otra tercera parte del producto y deje rotar el bombo por 3 minutos más; finalmente, agregue el resto del producto y deje rotar durante 3 minutos más. Encienda el aire frío y deje rotar el bombo durante 5 minutos para que el producto seque bien.

6 Repita el paso anterior con el Capol 425M®. Asegúrese de que las grageas estén completamente secas antes de consumirlas o de guardarlas en un recipiente hermético.

Macarrón de chocolate

RENDIMIENTO: 45 macarrones
PREPARACIÓN: 1 h
COCCIÓN: 15 min
REPOSO: 18-20 h

EQUIPO Y UTENSILIOS: licuadora de inmersión, espátula de silicón, batidora eléctrica con batidor globo, manga pastelera con duya de 10 mm, charolas para hornear con tapetes de silicón

Ganache de chocolate 75% cacao

- ~ 200 g de chocolate obscuro 75% cacao, en botones o picado
- ~ 165 g de crema para batir
- ~ 40 g de jarabe de glucosa
- ~ 60 g de mantequilla

Macarrones

- ~ 265 g de almendra en polvo
- ~ 240 g de azúcar glass
- ~ 180 g de claras a temperatura ambiente
- ~ 1 g de cremor tártaro
- ~ 240 g de azúcar
- ~ 70 g de agua
- ~ 20 g de cocoa

Ganache de chocolate 75% cacao

1 Coloque el chocolate obscuro en un tazón.

2 Ponga sobre el fuego una cacerola con el resto de los ingredientes. Cuando la preparación tenga una temperatura de 70 °C, retírela del fuego y viértala sobre el chocolate.

3 Mezcle y emulsione la preparación con la licuadora de inmersión hasta obtener una ganache lisa y brillante. Déjela cristalizar, idealmente a una temperatura de entre 16 y 18 °C, entre 6 y 8 horas.

Macarrones

1 Mezcle y cierna la almendra en polvo con el azúcar glass. Agregue la mitad de las claras y mezcle bien con la espátula. [Foto 1.]

2 Bata el resto de las claras con el cremor tártaro en la batidora eléctrica a velocidad media hasta que duplique su volumen.

3 Mientras las claras se baten, coloque sobre el fuego una cacerola con el azúcar y el agua. Cuando el jarabe tenga una temperatura de 118 °C, viértalo poco a poco sobre las claras, con la batidora encendida y continúe batiendo hasta que el merengue se haya enfriado por completo. [Fotos 2 y 3.]

4 Incorpore el merengue a la mezcla de almendra en polvo con claras, mezclando con la espátula de silicón hasta obtener una pasta lisa y brillante. Introdúzcala en la manga pastelera y distribúyala sobre los tapetes de silicón formando discos de 3 centímetros de diámetro, ligeramente separados entre ellos. [Fotos 4, 5 y 6.]

5 Espolvoree los discos con un poco de cocoa y déjelos secar a temperatura ambiente durante 30 minutos o hasta que se les forme una costra en la superficie. [Foto 7.]

6 Precaliente el horno a 150 °C

7 Hornee los macarrones durante 15 minutos. Retírelos del horno, déjelos enfriar y despéguelos del tapete de silicón.

Terminado

1 Distribuya la ganache sobre la parte plana de la mitad de los macarrones y tápelos con el resto, presionando ligeramente con los dedos. Cúbralos con plástico autoadherente y refrigérelos durante 12 horas antes de consumirlos, o bien, consérvelos en congelación hasta por 3 meses.

Macarrón de chocolate

Malvavisco de chocolate

Malvavisco de chocolate

RENDIMIENTO: 35 malvaviscos
PREPARACIÓN: 1 h 30 min
COCCIÓN: 15-20 min
REPOSO: 24 h

EQUIPO Y UTENSILIOS: batidora eléctrica con batidor globo, termómetro para caramelo, espátula de silicón, marco de acrílico de 24 × 34 cm y 3 cm de alto, charola con tapete de silicón, cuchillo con buen filo o guitarra

Malvavisco de chocolate

~ 30 g de grenetina en polvo o en láminas, 200 Bloom

~ 150 g de agua + 115 g

~ 110 g de azúcar invertido + 160 g

~ 350 g de azúcar

~ 180 g de chocolate obscuro 75% cacao, en botones o picado

Terminado

~ 500 g de cocoa

~ 500 g de azúcar

Malvavisco de chocolate

1 Mezcle la grenetina en polvo con los 150 gramos de agua, o bien, sumerja en ésta las láminas, déjela reposar durante 5 minutos y derrítala en el microondas.

2 Ponga sobre el fuego una cacerola con los 110 gramos de azúcar invertido, el agua restante y el azúcar.

3 Coloque los 160 gramos de azúcar invertido restantes en la batidora eléctrica y bata a velocidad media.

4 Cuando el jarabe tenga una temperatura de 108 °C, incorpórele la grenetina. Viértalo, poco a poco y sin dejar de batir, sobre el azúcar invertido. Bata durante 5 minutos o hasta que el malvavisco se blanquee, sea brillante y haya triplicado su volumen. [Fotos 1, 2 y 3.]

5 Derrita el chocolate obscuro a una temperatura de 50 °C.

6 Incorpore un poco del malvavisco al chocolate derretido, mezclando enérgicamente con una espátula. [Foto 4.]

7 Añada la mezcla de chocolate a la batidora con el malvavisco restante e incorpore ambas preparaciones, batiéndolas a la velocidad más baja, hasta que obtenga una preparación homogénea. [Foto 5.]

8 Coloque el marco sobre la charola con el tapete de silicón. Distribuya el malvavisco de chocolate dentro del marco y alise la superficie con una espátula. Déjelo cristalizar a temperatura ambiente, idealmente a 18 °C, durante 24 horas. [Foto 6.]

Terminado

1 Corte el malvavisco, con cuchillo o guitarra, en cubos de 3 centímetros. [Foto 7.]

2 Mezcle en un recipiente de paredes altas la cocoa con el azúcar y revuelque los cubos de malvavisco en esta mezcla hasta cubrirlos por completo. [Foto 8.]

Mendiant de avellanas

RENDIMIENTO: 90 mendiants

PREPARACIÓN: 1 h 30 min

COCCIÓN: 10 min

REPOSO: 48 h

EQUIPO Y UTENSILIOS: termómetro para caramelo, procesador de alimentos o robot, mármol, espátula, manga pastelera, moldes para bombones con cavidades rectangulares de 1 × 3 cm, tenedores para chocolate, tapete de silicón

Mendiants

- ~ 385 g de chocolate con leche 40% cacao
- ~ 300 g de *gianduja* obscura
- ~ 345 g de avellanas tostadas
- ~ 170 g de azúcar glass
- ~ 135 g de pasta de avellanas

Terminado

- ~ 500-750 g de chocolate obscuro 40% cacao, precristalizado
- ~ 100 g de nueces troceadas
- ~ 100 g de cacahuates sin cáscara ni sal
- ~ 100 g de pistaches sin cáscara ni sal
- ~ 100 g de cáscara de naranja cristalizada, cortada en trozos pequeños
- ~ 100 g de jengibre cristalizado, cortado en trozos pequeños

Mendiants

1. Derrita, por separado, el chocolate con leche y la *gianduja* obscura a una temperatura de 40 °C.

2. Muela las avellanas con el azúcar glass en un procesador de alimentos, moviendo ocasionalmente hasta obtener una pasta fina. Añádale el chocolate con leche derretido y procese nuevamente hasta incorporar bien ambas preparaciones. Después, agregue la *gianduja* derretida y la pasta de avellanas, y procese hasta obtener una preparación homogénea.

3. Vierta la preparación en el mármol y enfríela moviéndola constantemente con la espátula hasta que tenga una temperatura entre 24 y 26 °C (alternativamente, puede enfriar la mezcla colocándola en un baño maría inverso, moviendo constantemente hasta que obtenga la temperatura deseada). Transfiérala a un tazón y viértala en la manga pastelera.

Terminado

1. Distribuya la preparación en los moldes y déjela cristalizar a temperatura ambiente durante 24 horas.

2. Desmolde los *mendiants*. Coloque el chocolate precristalizado en un tazón y sumerja en él los *mendiants*, uno por uno hasta cubrirlos por completo. Sáquelos con ayuda de un tenedor para chocolate y escúrrales el exceso.

3. Coloque los *mendiants* sobre un tapete de silicón y decórelos con los frutos secos, la cáscara de naranja y el jengibre cristalizados. Déjelos cristalizar, idealmente a una temperatura de entre 16 y 18 °C, durante 24 horas.

Roca crujiente con piña,
coco y chocolate con leche

RENDIMIENTO: 40 rocas
PREPARACIÓN: 1 h min
COCCIÓN: 15 min
REPOSO: 12 h

EQUIPO Y UTENSILIOS: 2 charolas para hornear, charola con tapete de silicón

Jarabe simple

~ 100 g de agua
~ 125 g de azúcar

Rocas

~ 400 g de almendras en astillas
~ 20 g de coco rallado
~ 70 g de arroz inflado
~ 10 g de piña liofilizada
~ 2 g de sal
~ 260 g de chocolate con leche 38% cacao, precristalizado

Jarabe simple

1 Ponga sobre el fuego una cacerola con el agua y el azúcar; cuando el jarabe hierva, retírelo del fuego y déjelo enfriar hasta que tenga una temperatura de 30 °C.

Rocas

1 Pese 50 gramos del jarabe simple a 30 °C y colóquelo en un tazón junto con las almendras.

2 Precaliente el horno a 160 °C.

3 Extienda en las charolas, por separado, el coco rallado y las almendras. Hornee el coco durante 12 minutos y las almendras durante 14 minutos.

4 Mezcle en un tazón el coco y las almendras tostadas con el arroz inflado, la piña liofilizada y la sal. Añada poco a poco el chocolate precristalizado y mezcle bien.

5 Tome porciones de la mezcla con una cuchara y colóquelas sobre el tapete de silicón. Afine con las manos la forma de cada porción para obtener esferas y déjalas cristalizar, idealmente a una temperatura entre 16 y 18 °C, durante 12 horas. Consérvelas en recipientes herméticos.

Trufa de chocolate
con infusión de vainilla

RENDIMIENTO: 60 trufas
PREPARACIÓN: 1 h 15 min
COCCIÓN: 5 min
REPOSO: 7 h 15 min

EQUIPO Y UTENSILIOS: termómetro, colador, licuadora de inmersión, manga pastelera, hoja de plástico para guitarra, tenedores para chocolate, tamiz

Trufas

~ 240 g de crema para batir
~ 2 vainas de vainilla abiertas por la mitad a lo largo
~ 50 g de azúcar invertido
~ 12 g de sorbitol en polvo
~ 85 g de mantequilla en cubos
~ 315 g de chocolate obscuro 70% cacao, en botones o picado

Terminado

~ 500-750 g de chocolate obscuro 70% cacao, precristalizado
~ 500 g de cocoa

Trufas

1 Ponga sobre el fuego una cacerola con la crema para batir y las vainas de vainilla. Caliente hasta que la crema tenga una temperatura de 70 °C. Retírela del fuego, tápela y déjela reposar durante 5 minutos.

2 Añada a la crema el azúcar invertido, el sorbitol en polvo y la mantequilla.

3 Coloque el chocolate obscuro en un tazón y viértale encima la crema caliente, pasándola a través del colador. Mezcle y emulsione la preparación con la licuadora de inmersión hasta obtener una ganache lisa y brillante. Déjela cristalizar a temperatura ambiente durante 1 hora. [Fotos 1, 2, 3 y 4.]

4 Introduzca la ganache en la manga pastelera y distribúyala sobre el plástico para guitarra, formando esferas de 2 centímetros de diámetro aproximadamente. Déjelas cristalizar, idealmente a una temperatura de 18 °C, durante 6 horas. [Foto 5.]

Terminado

1 Coloque en un tazón el chocolate precristalizado y distribuya la cocoa en un recipiente de paredes altas.

2 Afine la forma de cada esfera con las manos y sumérjalas, una por una, en el chocolate precristalizado. Sáquelas del chocolate con un tenedor para chocolate y escurra el exceso de chocolate. [Fotos 6 y 7.]

3 Coloque las trufas cubiertas en el recipiente con cocoa y ruédelas con ayuda del tenedor para chocolate para cubrirlas bien. Déjelas cristalizar unos minutos, sáquelas de la cocoa y colóquelas sobre un tamiz para quitarles el exceso de cocoa. Consérvelas en un recipiente hermético. [Foto 8.]

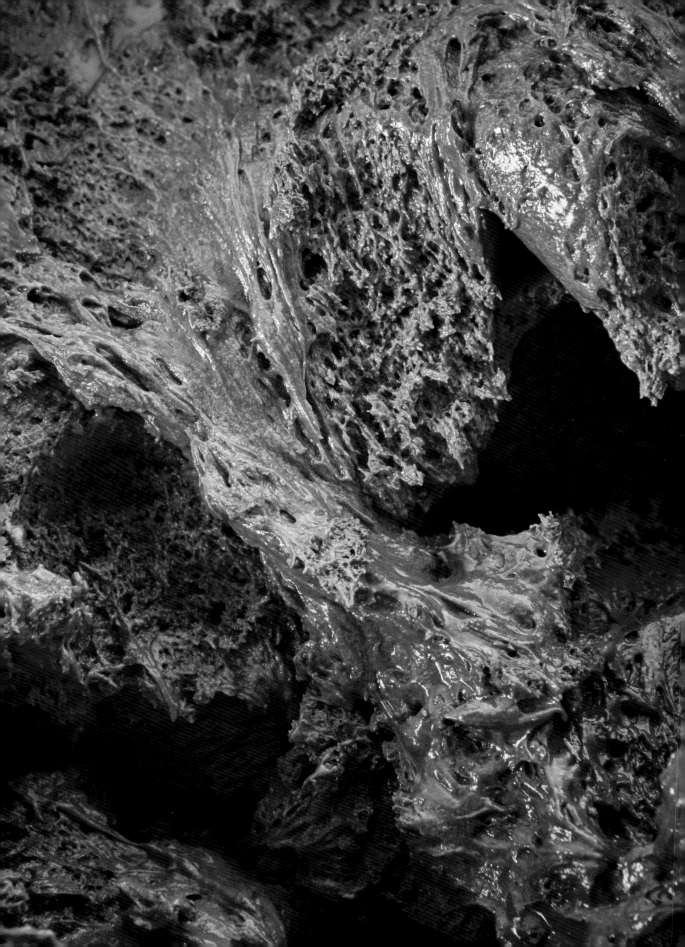

Helados, mousses y cremas

Crema de chocolate ahumado y helado de cerveza stout 178

Crema de chocolate y gianduja con sablés de cacao 180

Ganache montada con sablés de praliné de avellanas 182

Gelatina de chocolate 184

Helado de chocolate con infusión de semilla de mamey 186

Los tres chocolates 188

Mascarpone, chocolate y café 191

Mil hojas de chocolate 194

Mousse de chocolate con claras 198

Mousse de chocolate sin huevo 200

Mousse intensa de chocolate 204

Mousse ligera de chocolate 206

Pastas para untar 208

Crema de chocolate ahumado
y helado de cerveza stout

RENDIMIENTO: 15 postres
PREPARACIÓN: 1 h
COCCIÓN: 45 min
REPOSO: 8 h 15 min
CONGELACIÓN: 4-8 h

EQUIPO Y UTENSILIOS: termómetro, batidor globo manual, licuadora de inmersión, colador de malla fina máquina para helado, 15 platos para postre, batidora eléctrica con pala, charola para hornear con tapete de silicón

Helado de cerveza stout

~ 40 g de azúcar

~ 8 g de estabilizante para helado

~ 470 g de crema para batir

~ 450 g de leche

~ 25 g de dextrosa en polvo

~ 20 g de azúcar invertido

~ 100 g de yemas

~ 360 g de cerveza *stout*

Crema de chocolate ahumado

~ 185 g de chocolate obscuro 75% cacao

~ 220 g de crema para batir

~ 30 g de azúcar invertido

~ 70 g de mantequilla

~ 4 gotas de humo líquido de mezquite

Crumble de azúcar mascabado

~ 100 g de azúcar mascabado

~ 100 g de avellana en polvo

~ 100 g de cubos pequeños de mantequilla, fría

~ 110 g de harina de trigo

Helado de cerveza stout

1   Mezcle el azúcar con el estabilizante para helado y reserve.

2   Ponga sobre el fuego una cacerola con la crema para batir, la leche, la dextrosa en polvo y el azúcar invertido. Cuando la preparación tenga una temperatura de 35 °C, incorpore con el batidor globo manual la mezcla de azúcar con estabilizante, batiendo enérgicamente para evitar que se formen grumos. Después, incorpore de la misma forma las yemas. Deje que la preparación alcance los 85 °C y agregue finalmente la cerveza *stout*.

3   Retire la preparación del fuego, procésela con la licuadora de inmersión y pásela a través del colador de malla fina. Déjala enfriar, transfiérala a un recipiente con tapa y refrigérela durante 6 horas como mínimo.

4   Vierta la preparación en la máquina para helado y turbínela siguiendo el tiempo indicado en las instrucciones del fabricante. Congele el helado en un recipiente con tapa entre 4 y 8 horas.

Crema de chocolate ahumado

1   Coloque el chocolate obscuro en un tazón y resérvelo.

2   Ponga sobre el fuego una cacerola con el resto de los ingredientes y caliéntelos, mezclándolos ocasionalmente, hasta que la mezcla tenga una temperatura de 60 °C. Retírela del fuego y viértala sobre el chocolate.

3   Mezcle bien y emulsione la crema de chocolate con la licuadora de inmersión. Déjala enfriar y, cuando alcance una temperatura de 30 °C, distribúyala en los platos para postre. Refrigere la crema durante 2 horas.

Crumble de azúcar mascabado

1   Precaliente el horno a 160 °C.

2   Bata todos los ingredientes a velocidad media hasta obtener una masa de consistencia arenosa.

3   Rompa con las manos la masa, sobre el tapete de silicón, en trozos de 2 centímetros y hornéelos durante 14 minutos. Retírelos del horno y déjelos enfriar.

Montaje

1   Saque el helado del congelador 10 minutos antes de que lo vaya a servir. Tome porciones con una cuchara para helado, o bien, forme *quenelles* con una cuchara sopera y sírvalas en los platos para postre sobre la crema de chocolate ahumado. Acompañe con el *crumble* de azúcar mascabado.

Crema de chocolate

y gianduja con sablés de cacao

RENDIMIENTO: 3 tazas

PREPARACIÓN: 1 h

COCCIÓN: 40 min

REPOSO: 24 h 30 min

EQUIPO Y UTENSILIOS: termómetro, batidor globo manual, espátula de silicón, licuadora de inmersión, 6 frascos de vidrio con cierre hermético y con capacidad para ½ taza, procesador de alimentos, tapete de silicón, brocha, charola para hornear, rejilla

Crema de chocolate y gianduja

- ~ 500 g de crema para batir
- ~ 30 g de azúcar invertido
- ~ 20 g de mantequilla
- ~ 2 vainas de vainilla abiertas por la mitad a lo largo
- ~ 200 g de azúcar
- ~ 150 g de isomalt
- ~ 150 g de jarabe de glucosa
- ~ 150 g de *gianduja* obscura, picada
- ~ 50 g de pasta de cacao pura, picada
- ~ 110 g de chocolate obscuro 65% cacao, en botones o picado

Sablés de cacao

- ~ 25 g de chocolate obscuro 65% cacao, derretido
- ~ 78 g de mantequilla
- ~ 200 g de azúcar mascabado
- ~ 100 g de almendra en polvo
- ~ 75 g de harina de trigo
- ~ 25 g de cocoa
- ~ 20 g de yema batida

Crema de chocolate y gianduja

1. Ponga sobre el fuego una cacerola con la crema para batir, el azúcar invertido, la mantequilla y las vainas de vainilla.

2. Mientras la crema se calienta, caramelice en una cacerola de doble fondo el azúcar, el isomalt y el jarabe de glucosa. Cuando el caramelo tenga un color dorado intenso y la crema tenga una temperatura de 35 °C, vierta esta última sobre el caramelo, mezclando enérgicamente con el batidor globo manual para evitar que se formen grumos. Retire del fuego.

3. Coloque en un tazón la *gianduja* obscura, la pasta de cacao y el chocolate obscuro. Agregue la preparación de caramelo con crema, aún caliente, y mezcle con la espátula hasta que se derritan y obtenga una preparación homogénea. Emulsione la crema con la licuadora de inmersión.

4. Distribuya la crema de chocolate y *gianduja* en los frascos, ciérrelos y voltéelos. Deje que reposen durante 30 minutos, voltéelos nuevamente y deje que se enfríen por completo.

Sablés de cacao

1. Derrita el chocolate obscuro a 45 °C.

2. Procese la mantequilla, la mitad del azúcar mascabado, la almendra en polvo, la harina de trigo y la cocoa en el procesador de alimentos hasta obtener una consistencia arenosa. Agregue el chocolate derretido y procese nuevamente hasta obtener una masa quebradiza.

3. Divida la masa en dos porciones y compáctelas con las manos para formar dos esferas. Colóquelas sobre el tapete de silicón y deles forma de cilindros con diámetro de 2.5 centímetros. Barnícelos con un poco de yema y revuélquelos en un recipiente con el azúcar mascabado restante. Envuélvalos en plástico autoadherente y refrigérelos durante 30 minutos.

4. Precaliente el horno a 160 °C.

5. Coloque los cilindros de masa sobre una superficie de trabajo y córtelos en discos de 1 centímetro de ancho. Colóquelos sobre el tapete de silicón y hornéelos durante 12 minutos. Retire las galletas de cacao del horno y déjelas enfriar sobre la rejilla antes de servirlas con la crema de chocolate y *gianduja*.

Ganache montada
con sablés de praliné de avellanas

RENDIMIENTO: 6 postres
PREPARACIÓN: 1 h
COCCIÓN: 25-30 min
REPOSO: 18 h

EQUIPO Y UTENSILIOS: termómetro, espátula de silicón, batidora eléctrica con pala y con batidor globo, charola para hornear con tapete de silicón, rodillo, licuadora de inmersión, manga pastelera, 6 vasos para postre

Sablés con praliné de avellanas

~ 120 g de praliné de avellanas

~ 75 g de leche

~ 290 g de mantequilla a temperatura ambiente

~ 100 g de azúcar mascabado

~ 390 g de harina de trigo cernida

Ganache montada de chocolate con leche y vainilla

~ 150 g de chocolate con leche 33% cacao, en botones o picado

~ 100 g de crema para batir + 250 g

~ 1 vaina de vainilla

~ 20 g de jarabe de glucosa 40 DE

~ 25 g de azúcar invertido

Montaje

~ chocolate rallado, al gusto

Sablés con praliné de avellanas

1 Coloque el praliné de avellanas en un tazón. Caliente la leche a una temperatura de 50 °C y viértala poco a poco sobre el praliné, mezclando enérgicamente con una espátula, hasta obtener una preparación lisa, elástica y brillante.

2 Acreme con el aditamento de pala a velocidad media la mantequilla con el azúcar mascabado hasta obtener una consistencia cremosa. Aún batiendo, agregue gradualmente la mezcla de praliné; raspe ocasionalmente la mezcla que se haya quedado pegada al fondo y las paredes del tazón. Finalmente, incorpore la harina de trigo y bata hasta obtener una masa homogénea, pero sin trabajarla demasiado.

3 Forme una esfera con la masa y extiéndala con las manos sobre la charola con el tapete de silicón. Cubra la masa con plástico autoadherente y refrigérela durante 2 horas como mínimo.

4 Precaliente el horno a 160 °C.

5 Enharine ligeramente una mesa de trabajo. Extienda con el rodillo la masa hasta que tenga un grosor de 3 milímetros y córtela en rectángulos de 2 × 10 centímetros. Colóquelos en la charola con el tapete de silicón y hornéelos durante 14 minutos. Retire los *sablés* del horno y déjelos enfriar.

Ganache montada de chocolate con leche y vainilla

1 Coloque el chocolate con leche en un tazón apto para microondas y suavícelo calentándolo entre 1 y 2 minutos.

2 Mezcle en un recipiente los 100 gramos crema para batir con el interior de la vaina de vainilla. Reserve en refrigeración durante una noche.

3 Ponga sobre el fuego una cacerola con la crema para batir aromatizada con vainilla, el jarabe de glucosa y el azúcar invertido; cuando la preparación tenga una temperatura de 50 °C, retírela del fuego y viértala sobre el chocolate con leche. Mezcle bien y emulsione la ganache con la licuadora de inmersión. Agregue gradualmente los 250 gramos de crema restantes. Cubra la ganache y refrigérela durante una noche.

4 Monte la ganache de vainilla en la batidora con el batidor globo a velocidad baja hasta obtener una consistencia cremosa y untable; introdúzcala en la manga pastelera.

Montaje

1 Distribuya la ganache montada en los vasos para postre, decórelos con el chocolate rallado y sirva con los *sablés* de praliné de avellanas.

Gelatina de chocolate

RENDIMIENTO: 50 cubos de gelatina
PREPARACIÓN: 30 min
COCCIÓN: 10 min
REPOSO: 1 h

EQUIPO Y UTENSILIOS: termómetro, batidor globo manual, licuadora de inmersión, molde rectangular de 10 × 20 cm y de 2 cm de alto

~ 75 g de azúcar

~ 3 g de agar agar

~ 90 g de chocolate obscuro 65% cacao, en botones o picado

~ 12 g de masa de gelatina 200 Bloom (ver pág. 85)

~ 350 g de leche

1   Mezcle en un recipiente el azúcar con el agar agar. Coloque en un tazón el chocolate obscuro con la masa de gelatina. Reserve.

2   Ponga sobre el fuego una cacerola con la leche; cuando tenga una temperatura de 40 °C, añada en forma de lluvia el azúcar con el agar agar, mezclando enérgicamente con el batidor de globo manual para evitar que se formen grumos.

3   Vierta la leche caliente en el tazón con el chocolate y la masa de gelatina; mezcle bien y emulsione con la licuadora de inmersión.

4   Distribuya la preparación en el molde y déjela enfriar. Refrigere la gelatina durante 1 hora o hasta que esté firme. Desmóldela, colóquela en una tabla y córtela en cubos de 2 centímetros. Sirva inmediatamente o reserve en refrigeración.

Helado de chocolate
con infusión de semilla de mamey

RENDIMIENTO: 3 litros
PREPARACIÓN: 30 min
COCCIÓN: 25 min
REPOSO: 30 h
CONGELACIÓN: 4-8 h

EQUIPO Y UTENSILIOS: licuadora, termómetro, batidor globo manual, licuadora de inmersión, máquina para helado

~ 3 semillas de mamey
~ 1.5 kg de leche
~ 6 g de estabilizante para helado
~ 20 g de azúcar + 230 g
~ 250 g de crema para batir
~ 110 g de azúcar invertido
~ 45 g de leche en polvo, sin grasa
~ 280 g de chocolate obscuro 65% cacao, en botones o picado

1 Extraiga el interior de las semillas de mamey y córtelas en trozos pequeños con ayuda de un cuchillo. Colóquelos junto con la leche en un recipiente con tapa y déjelos reposar en refrigeración durante 24 horas. Licue la preparación y pásela a través de un colador fino.

2 Mezcle el estabilizante para helado con los 20 gramos de azúcar y reserve.

3 Pese 1.035 kilos de la infusión de semilla de mamey y añádalos junto con la crema para batir a una cacerola; póngala sobre el fuego. Cuando la prepración tenga una temperatura de 40 °C, añádale el azúcar invertido, los 230 gramos de azúcar restantes y la leche en polvo; mezcle con el batidor globo manual hasta que los ingredientes estén bien incorporados. Agregue la mezcla de estabilizante y azúcar, y continúe la cocción, mezclando ocasionalmente hasta que la preparación tenga una temperatura de 85 °C. Añádale poco a poco el chocolate y mezcle hasta que se derrita.

4 Transfiera la preparación a un tazón y emulsiónela con la licuadora de inmersión durante 1 minuto. Cúbrala con plástico autoadherente, déjela enfriar y refrigérela durante 6 horas.

5 Emulsione la preparación una vez más con la licuadora de inmersión. Viértala en la máquina para helado y turbínela siguiendo el tiempo indicado en las instrucciones del fabricante.

6 Congele el helado entre 4 y 8 horas. Antes de servirlo, deje que se tempere fuera del congelador durante 10 minutos.

Los tres chocolates

RENDIMIENTO: 15 postres
PREPARACIÓN: 1 h 50 min
COCCIÓN: 1 h
REPOSO: 1 h

EQUIPO Y UTENSILIOS: charolas para hornear, procesador de alimentos o robot, batidora eléctrica con batidor globo, 3 mangas pasteleras, duya lisa de ½ cm de diámetro, termómetro, 15 vasos para postre, batidor globo manual, dosificador

Dacquoise de avellanas

- ~ 100 g de de avellanas
- ~ 100 g de de azúcar glass + cantidad suficiente para espolvorear
- ~ 12.5 g de harina de trigo
- ~ 125 g de claras
- ~ 28 g de azúcar
- ~ ½ g de cremor tártaro

Crema de chocolate obscuro

- ~ 105 g de crema para batir

- ~ 112 g de leche
- ~ 40 g de yemas
- ~ 12 g de azúcar
- ~ 120 g de chocolate obscuro 65% cacao, en botones o picado

Mousse ligera de chocolate con leche

- ~ 125 g de crema para batir
- ~ 68 g de agua
- ~ 9 g de masa de gelatina (ver pág. 85)

- ~ 95 g de chocolate con leche 40% cacao, en botones o picado

Mousse de cacao

- ~ 40 g de *nibs* de cacao
- ~ 175 g de leche
- ~ 150 g de crema para batir + 340 g
- ~ 40 g de yemas
- ~ 40 g de azúcar
- ~ 50 g de masa de gelatina 200 Bloom (ver pág. 85)

Dacquoise de avellanas

1 Dibuje 30 círculos de 6 centímetros de diámetro sobre el lado opaco de una hoja de papel siliconado. Colóquela en una charola para hornear con los círculos hacia abajo. Precaliente el horno a 180 °C.

2 Muela las avellanas, el azúcar glass y la harina de trigo en el procesador de alimentos hasta que obtenga un polvo fino. Ciérnalo y resérvelo.

3 Bata las claras con el azúcar y el cremor tártaro hasta obtener un merengue brillante que forme picos firmes. Incorpórelo con movimientos envolventes al polvo de avellana y azúcar. Coloque la duya a una de las mangas pasteleras e introduzca en ella la preparación.

4 Forme con la preparación espirales de merengue sobre el papel siliconado guiándose por los círculos que dibujó. Espolvoree las espirales con un poco de azúcar glass y hornéelas durante 14 minutos. Retírelas del horno y déjelas enfriar.

Crema de chocolate obscuro

1 Ponga sobre el fuego una cacerola con la crema para batir, la leche, las yemas y el azúcar. Mézclelos constantemente, y cuando la preparación tenga una temperatura de 85 °C, retírela del fuego.

2 Coloque en un tazón el chocolate obscuro, viértale encima la mezcla de crema caliente e incorpore ambas preparaciones con una espátula hasta que obtenga una textura lisa y brillante. Introdúzcala en una manga pastelera.

3 Coloque en el fondo de los vasos para postre una espiral de *dacquoise* de avellanas. Vierta la cantidad necesaria de crema de chocolate obscuro para cubrir 1 centímetro de altura de cada uno de los vasos. Coloque encima otra espiral de *dacquoise* y refrigere los vasos durante 15 minutos.

Mousse ligera de chocolate con leche

1 Bata la crema hasta que forme picos muy suaves.

2 Caliente el agua hasta que tenga una temperatura de 60 °C, agréguele la masa de gelatina y mezcle hasta que se disuelva.

3 Derrita el chocolate con leche a una temperatura de 45 °C y añádalo al agua con gelatina; mezcle con el batidor globo manual hasta obtener una preparación homogénea.

4 Incorpore con movimientos envolventes la mezcla de chocolate a la crema batida; deberá obtener una mezcla homogénea.

5 Con ayuda del dosificador, distribuya en los vasos la mousse ligera sobre la crema de chocolate obscuro, formando una segunda capa de 1 centímetro de altura. Refrigere nuevamente durante 15 minutos.

Mousse de cacao

1 Distribuya los *nibs* de cacao en una charola para hornear y tuéstelos en el horno a 160 °C durante 12 minutos. Mézclelos en un tazón con la leche y los 150 gramos de crema para batir. Cubra la mezcla con plástico autoadherente y déjela reposar durante 10 minutos. Licúela y cuélela sobre una cacerola.

2 Ponga la cacerola sobre el fuego y caliente la preparación hasta que tenga una temperatura de 50 °C. Incorpore las yemas y el azúcar y mezcle constantemente hasta que la preparación tenga una temperatura de 85 °C.

3 Retire la crema de cacao del fuego, añádale la masa de gelatina y mezcle hasta que ésta se disuelva. Déjela enfriar hasta que tenga una temperatura de 33 °C. Cuélela y resérvela.

4 Bata la crema para batir restante hasta que forme picos muy suaves e incorpórela con movimientos envolventes a la crema de cacao.

5 Con ayuda del dosificador, distribuya la mousse de cacao sobre la mousse ligera de chocolate con leche, formando una tercera capa de 1 centímetro de altura. Refrigere los postres nuevamente durante 15 minutos antes de servir.

Mascarpone,
chocolate y café

RENDIMIENTO: 10 postres
PREPARACIÓN: 1 h 20 min
COCCIÓN: 35 min
REPOSO: 5-6 h

EQUIPO Y UTENSILIOS: licuadora de inmersión, sifón de ½ litro de capacidad, 2 cargas de N_2O, 2 vasos desechables, 10 vasos para postre, termómetro, charola, 2 mangas pasteleras, una con duya lisa de 3 milímetros de diámetro, batidor globo manual

Bizcocho de almendra en microondas

~ 80 g pasta de almendra
~ 125 g de claras
~ 80 g de yemas
~ 80 g de azúcar
~ 30 g de harina de trigo

Gelatina de café

~ 100 g de café exprés, caliente
~ 20 g de jarabe de glucosa
~ 8 g de masa de gelatina (ver pág. 85)

Crema de chocolate con leche y café

~ 160 g de leche caliente
~ 8 g de café molido
~ 150 g de crema para batir
~ 60 g de yemas
~ 30 g de azúcar
~ 16 g de masa de gelatina (ver pág. 85)
~ 250 g de chocolate con leche 40% cacao, en botones o picado

Crema ligera de mascarpone y vainilla

~ 300 g de crema para batir
~ 50 g de azúcar
~ 1½ vainas de vainilla abiertas por la mitad a lo largo
~ 30 g de masa de gelatina (ver pág. 85)
~ 200 g de mascarpone

Bizcocho de almendra en microondas

1 Procese todos los ingredientes con la licuadora de inmersión hasta obtener una mezcla homogénea. Cuélela y viértala en el sifón; agréguele las 2 cargas de N_2O y agítelo.

2 Haga un pequeño corte en forma de cruz en la base de los vasos desechables y llénelos hasta la mitad con la preparación. Introduzca uno de los vasos en el microondas durante 40 segundos a máxima potencia. Rectifique la cocción del bizcocho: la superficie debe verse bien cocida, sin espuma líquida; de lo contrario, continúe la cocción durante 10 segundos más. Deje enfriar el bizcocho antes de desmoldarlo. Repita este paso con el vaso restante.

Gelatina de café

1 Mezcle todos los ingredientes hasta que la gelatina se disuelva. Cuele la preparación y distribúyala en los vasos para postre. Refrigérelos durante 2 horas o hasta que la gelatina esté firme.

Crema de chocolate con leche y café

1 Mezcle la leche caliente con el café molido. Déjala reposar durante 3 minutos, cuélela y mézclala con la crema para batir. Vierta esta mezcla en una cacerola y colóquela sobre el fuego.

2 Bata las yemas con el azúcar hasta que éste se disuelva. Incorpórele un poco de la crema de café caliente, mezcle bien y vierta esta mezcla en la cacerola con el resto de la crema. Caliente la preparación, mezclándola constantemente hasta que tenga una temperatura de 84 °C. Agregue la masa de gelatina, mezcle hasta que se disuelva y retire del fuego.

3 Coloque el chocolate en un tazón, viértele encima la crema caliente y mezcle bien. Emulsione la crema de chocolate con la licuadora de inmersión.

4 Extienda la crema en la charola, cúbrala con plástico autoadherente de manera que éste haga contacto con su superficie y déjela entibiar. Introdúzcala en la de manga sin duya y distribúyala en los vasos para postre, sobre la gelatina de café. Refrigere nuevamente entre 1 y 2 horas.

Crema ligera de mascarpone y vainilla

1 Ponga sobre el fuego una cacerola con todos los ingredientes, excepto el mascarpone. Mezcle hasta que se disuelvan el azúcar y la gelatina, y cuele la preparación.

2 Ponga el mascarpone en un tazón y mézclelo con la crema de vainilla con el batidor globo manual hasta que se deshagan todos los grumos. Refrigere la crema durante un par de horas y, después, bátala con el batidor globo hasta que tenga una consistencia cremosa. Introdúzcala en la manga con duya y distribúyala en los vasos sobre la crema de chocolate.

3 Trocee con las manos el bizcocho de almendra y decore con él los postres.

Mil hojas de chocolate

RENDIMIENTO: 15 postres
PREPARACIÓN: 2 h
COCCIÓN: 45 min
REPOSO: 10 h

EQUIPO Y UTENSILIOS: batidora eléctrica con pala, rodillo, charola para hornear con tapete de silicón, cuchillo de sierra, termómetro, licuadora de inmersión, sifón de ½ litro de capacidad, 2 cargas de N$_2$O, 15 vasos para postre

Masa

- ~ 110 g de mantequilla derretida
- ~ 340 g de harina de trigo + cantidad suficiente para enharinar
- ~ 12 g de sal
- ~ 140 g de agua

Empaste

- ~ 365 g de mantequilla a temperatura ambiente, suavizada

- ~ 145 g de harina de trigo + cantidad suficiente para enharinar

Pasta hojaldre invertida

- ~ harina de trigo para enharinar
- ~ 1 receta de jarabe simple a 30 °C (ver pág. 170)

Mousse de chocolate con sifón

- ~ 420 g de leche

- ~ 100 g de crema para batir
- ~ 30 g de azúcar invertido
- ~ 50 g de yemas
- ~ 250 g de chocolate obscuro 65% cacao, en botones o picado
- ~ 50 g de chocolate con leche 35% cacao, en botones o picado
- ~ 7 g de masa de gelatina (ver pág. 85)

Masa

1 Mezcle todos los ingredientes en la batidora a velocidad baja hasta obtener una masa lisa.

2 Extienda la masa sobre una superficie ligeramente enharinada hasta obtener un rectángulo de 20 × 30 centímetros. Cubra la masa con plástico autoadherente y refrigérela durante 1 hora.

Empaste

1 Acreme la mantequilla con la harina de trigo hasta obtener una pasta lisa y homogénea. Extienda la mantequilla entre dos trozos de papel encerado y forme con ella un rectángulo de 20 × 30 centímetros. Cúbralo con plástico autoadherente y refrigérelo durante 1 hora.

2 Coloque sobre una superficie de trabajo una hoja de papel siliconado y enharínela; coloque encima el rectángulo de mantequilla. Ponga sobre éste el rectángulo de masa y extiéndalos con un rodillo, enharinando ocasionalmente el papel siliconado para evitar que la masa de mantequilla se pegue, hasta obtener un rectángulo alargado con un grosor uniforme de ½ centímetro.

Pasta hojaldre invertida

1 Realice en el rectángulo un doblez doble; para ello, rectifique que la superficie de trabajo esté bien enharinada y acomode el rectángulo de masa frente a usted

verticalmente. Doble la orilla superior hacia abajo de manera que cubra dos terceras partes de la masa, después, doble hacia arriba la orilla inferior sin que se encime sobre el primer doblez. Finalmente, doble el rectángulo de masa a la mitad sobre sí mismo. Cubra la masa con plástico autoadherente y déjela reposar en refrigeración durante 2 horas como mínimo.

2 Saque la masa del refrigerador y extiéndala nuevamente sobre la superficie enharinada hasta que tenga un grosor de ½ centímetro. Colóquela verticalmente frente a usted.

3 Realice un doblez sencillo; para ello, divida la masa imaginariamente en tres partes horizontales iguales. Doble la parte superior hacia abajo cubriendo por completo la parte central; luego, doble la parte inferior hacia arriba encima del primer doblez. Cubra la masa con plástico autoadherente y déjela reposar en refrigeración durante 2 horas como mínimo.

4 Enharine nuevamente la superficie de trabajo y realice otro doblez o vuelta doble. Refrigere la masa durante otras 2 horas.

5 Precaliente el horno a 160 °C.

6 Enharine nuevamente la superficie de trabajo. Coloque encima la masa y extiéndala con un rodillo hasta que tenga un grosor de 3 milímetros. Colóquela sobre la charola y hornéela durante 5 minutos. Sáquela del horno, barnícela con el jarabe y continúe la cocción durante 25 minutos más o hasta que esté bien dorada. Déjela enfriar y córtela con el cuchillo de sierra en rectángulos de 2 × 8 centímetros.

Mousse de chocolate con sifón

1 Ponga sobre el fuego una cacerola con la leche, la crema para batir, el azúcar invertido y las yemas. Mezcle constantemente la preparación hasta que tenga una temperatura de 85 °C. [Foto 1.]

2 Coloque en un tazón los chocolates y la masa de gelatina; viérteles encima la crema caliente y mezcle bien. Emulsione la preparación con la licuadora de inmersión hasta obtener una crema homogénea y brillante. Cuélela y vierta 350 gramos en el sifón; agréguele las 2 cargas de N_2O y refrigérelo durante 2 horas como mínimo. [Fotos 2, 3, 4, 5 y 6]

3 Distribuya la mousse de chocolate en los vasos para postre y agregue a cada uno 1 rectángulo de hojaldre. [Foto 7.]

Mousse de chocolate
con claras

RENDIMIENTO: 30 mousses
PREPARACIÓN: 2 h
COCCIÓN: 10 min
REPOSO: 26 h

EQUIPO Y UTENSILIOS: molde para bombones con forma cónica, raspa, hojas de plástico para guitarra, termómetro, batidora eléctrica con batidor globo, manga pastelera con duya rizada de 3 mm

Copitas de chocolate

~ 500 g de chocolate con leche 40% cacao, precristalizado

Mousse de chocolate con claras

~ 300 g de chocolate obscuro 70% cacao, en botones o picado
~ 165 g de crema para batir
~ 70 g de yemas
~ 20 g de ron añejo
~ 180 g de claras
~ 55 g de azúcar
~ 1 g de cremor tártaro

Copitas de chocolate

1 Encamise el molde con el chocolate precristalizado siguiendo las instrucciones de la página 86. Una vez que las copitas hayan cristalizado, desmóldelas y resérvelas en refrigeración.

Mousse de chocolate con claras

1 Derrita el chocolate obscuro a una temperatura de 45 °C. Aparte, caliente la crema para batir a la misma temperatura. Mezcle ambos ingredientes hasta obtener una ganache homogénea y tersa.

2 Bata con un batidor globo manual en un recipiente las yemas con el ron añejo e incorpórelas a la ganache de chocolate.

3 Bata, en la batidora eléctrica a velocidad media, las claras con el azúcar y el cremor tártaro hasta que formen picos firmes.

4 Mezcle con el batidor globo manual una tercera parte de las claras montadas con la ganache hasta que obtenga una preparación homogénea. Después, incorpore con movimientos envolventes las claras restantes.

5 Introduzca la mousse en la manga pastelera y distribúyala en las copitas de chocolate. Refrigérelas durante 2 horas como mínimo.

Mousse de chocolate
sin huevo

RENDIMIENTO: 12 mousses
PREPARACIÓN: 45 min
COCCIÓN: 30 min
REPOSO: 24 h

EQUIPO Y UTENSILIOS: termómetro, licuadora de inmersión, batidora eléctrica con batidor globo, espátula de silicón charola para hornear con tapete de silicón, espátula escalonada, aro de 5 cm de diámetro, batidor globo manual, dosificador, moldes de silicón con 12 cavidades de media esfera de 5 cm de base

Glaseado de chocolate

~ 302 g de chocolate obscuro 65% cacao, en botones o picado
~ 196 g de masa de gelatina 200 Bloom (ver pág. 85)
~ 110 g de brillo neutro
~ 150 g de agua
~ 270 g de azúcar
~ 270 de jarabe de glucosa 40 DE
~ 192 g de leche condensada

Biscuit Joconde de almendra

~ 150 g de almendra en polvo
~ 50 g de harina de trigo
~ 3 g de polvo para hornear
~ 250 g de huevo
~ 75 g de praliné de almendras
~ 150 g de azúcar glass
~ 165 g de claras
~ 45 g de azúcar
~ 1 g de cremor tártaro

Mousse de chocolate sin huevo

~ 125 g de leche
~ 21 g de masa de gelatina 200 Bloom (ver pág. 85)
~ 160 g de chocolate obscuro 65% cacao, en botones o picado
~ 255 g de crema para batir

Terminado

~ 100 g de *nibs* de cacao

Glaseado de chocolate

1 Elabore el glaseado siguiendo el procedimiento del Glaseado de chocolate con gelatina de la página 84.

Biscuit Joconde de almendra

1 Precaliente el horno a 220 °C. Cierna la harina de trigo con el polvo para hornear. Reserve.

2 Bata, en la batidora eléctrica a velocidad media, el huevo con el praliné de almendra, el azúcar glass y la almendra en polvo hasta obtener una mezcla homogénea y tersa.

3 Aparte, bata las claras hasta que tengan una consistencia espumosa. Sin dejar de batir, añada poco a poco el azúcar y el cremor tártaro. Continúe batiendo hasta que formen picos firmes. Incorpórelas con ayuda de la espátula de silicón, realizando movimientos envolventes, al batido de huevo y praliné, y después incorpore de la misma manera la mezcla de harina.

4 Extienda la preparación en una charola con tapete de silicón y alise la superficie con la espátula. Hornee el *biscuit Joconde* durante 6 minutos y retírelo del horno.

5 Dele la vuelta al *biscuit Joconde* sobre un trozo de papel siliconado y despéguele el tapete de silicón. Corte con el aro 12 discos y resérvelos.

Mousse de chocolate sin huevo

1 Caliente la leche a una temperatura de 70 °C. Incorpórele la masa de gelatina y mezcle hasta que se disuelva. [Fotos 1 y 2.]

2 Coloque el chocolate obscuro en un tazón, viértale encima poco a poco la mezcla de leche, aún caliente, y mezcle con el batidor globo manual hasta obtener una preparación homogénea. Emulsiónela con la licuadora de inmersión durante 1 minuto y déjela enfriar. [Fotos 3.]

3 Monte la crema para batir hasta que forme picos suaves. Cuando la mezcla de chocolate tenga una temperatura de 40 °C, incorpórela con movimientos envolventes a la crema montada hasta obtener una preparación homogénea. [Fotos 4 y 5.]

4 Con ayuda del dosificador, distribuya la mousse en las cavidades de los moldes y congélelos durante 4 horas. [Fotos 6 y 7.]

Terminado

1 Caliente el glaseado de chocolate hasta que tenga una temperatura entre 33 y 35 °C.

2 Desmolde las medias esferas de mousse de chocolate, colóquelas en una rejilla y báñelas con el glaseado permitiendo que escurra por los lados. Cuando el glaseado deje de gotear, retire las mousses de la rejilla y colóquelas sobre los discos de *biscuit Joconde*. Decore con los *nibs* de cacao. [Foto 8.]

Mousse intensa
de chocolate

RENDIMIENTO: 1.3 kg de mousse
PREPARACIÓN: 30 min
COCCIÓN: 10-15 min
REPOSO: 2 h

EQUIPO Y UTENSILIOS: licuadora, termómetro, licuadora de inmersión, batidora eléctrica con batidor globo

~ 350 g de leche
~ 130 g de crema para batir + 900 g
~ 90 g de yemas
~ 40 g de azúcar
~ 680 g de chocolate obscuro 70% cacao, en botones o picado

1. Licue todos los ingredientes, excepto el chocolate. Transfiera la mezcla a una cacerola y colóquela sobre el fuego. Caliente la preparación hasta que tenga una temperatura de 84 °C y retírela del fuego.

2. Coloque el chocolate obscuro en un tazón, viértale encima la crema caliente y mezcle bien. Emulsione la crema de chocolate con la licuadora de inmersión y déjela enfriar.

3. Bata en la batidora eléctrica los 900 gramos de crema restante hasta que forme picos suaves. Cuando la crema de chocolate tenga una temperatura de 40 °C, incorpórele con movimientos envolventes la crema montada; deberá obtener una mezcla homogénea.

4. Refrigere la mousse durante 2 horas. Sírvala con ayuda de una cuchara para helado o formando *quenelles* con una cuchara.

Si lo desea, puede distribuir la mousse en vasos para postre antes de refrigerarla.

Mousse ligera
de chocolate

RENDIMIENTO: 24 mousses

PREPARACIÓN: 1 h 20 min

COCCIÓN: 20 min

REPOSO: 30 min-1 h

CONGELACIÓN: 2 h

EQUIPO Y UTENSILIOS: termómetro, espátula de silicón, licuadora de inmersión, batidor globo manual, batidora eléctrica con batidor globo, dosificador, 2 moldes de silicón con 12 cavidades en forma de rosca, aerógrafo para chocolate, rejilla

Ganache de chocolate
61% cacao

- ~ 260 g de chocolate obscuro 61% cacao, en botones o troceado
- ~ 200 g de crema para batir
- ~ 45 g de jarabe de glucosa
- ~ 20 g de mantequilla

Mousse ligera de chocolate

- ~ 155 g de agua
- ~ 35 g de masa de gelatina 200 Bloom (ver pág. 85)
- ~ 260 g de chocolate obscuro 65% cacao, en botones o troceado
- ~ 780 g de crema para batir

Terminado

- ~ 500 g de chocolate obscuro 65% cacao, en botones o picado
- ~ 150 g de manteca de cacao

Ganache de chocolate 61% cacao

1. Coloque el chocolate en un tazón.

2. Ponga sobre el fuego una cacerola con el resto de los ingredientes. Cuando la preparación tenga una temperatura de 65 °C, viértala sobre el chocolate y mezcle bien con la espátula de silicón. Emulsione con la licuadora de inmersión hasta obtener una ganache lisa y brillante. Resérvela.

Mousse ligera de chocolate

1. Caliente el agua a una temperatura de 60 °C. Incorpórele la masa de gelatina y mezcle hasta que se disuelva.

2. Coloque el chocolate obscuro en un tazón, viértale encima poco a poco la mezcla de agua con grenetina, aún caliente, y mezcle con el batidor globo manual hasta obtener una preparación homogénea. Emulsiónela con la licuadora de inmersión durante 1 minuto y déjela enfriar.

3. Bata en la batidora eléctrica la crema para batir hasta que forme picos suaves. Cuando la mezcla de chocolate tenga una temperatura de 40 °C, incorpórela con movimientos envolventes a la crema montada hasta obtener una preparación homogénea.

4. Distribuya la mousse en las cavidades de los moldes y congélelos durante 2 horas.

Terminado

1. Derrita el chocolate obscuro con la manteca de cacao a 45 °C e introduzca la mezcla en el aerógrafo para chocolate. Rectifique la temperatura de la ganache, la cual deberá de ser de 30 °C; en caso de ser necesario, caliéntela en el microondas o enfríela en un baño maría inverso.

2. Desmolde las mousses y colóquelas sobre la rejilla. Rocíelas con una capa delgada de la mezcla de chocolate y manteca de cacao asegurándose de cubrirlas por todos lados. Distribuya la ganache en las cavidades de las mousses y refrigérelas hasta que la capa externa se endurezca.

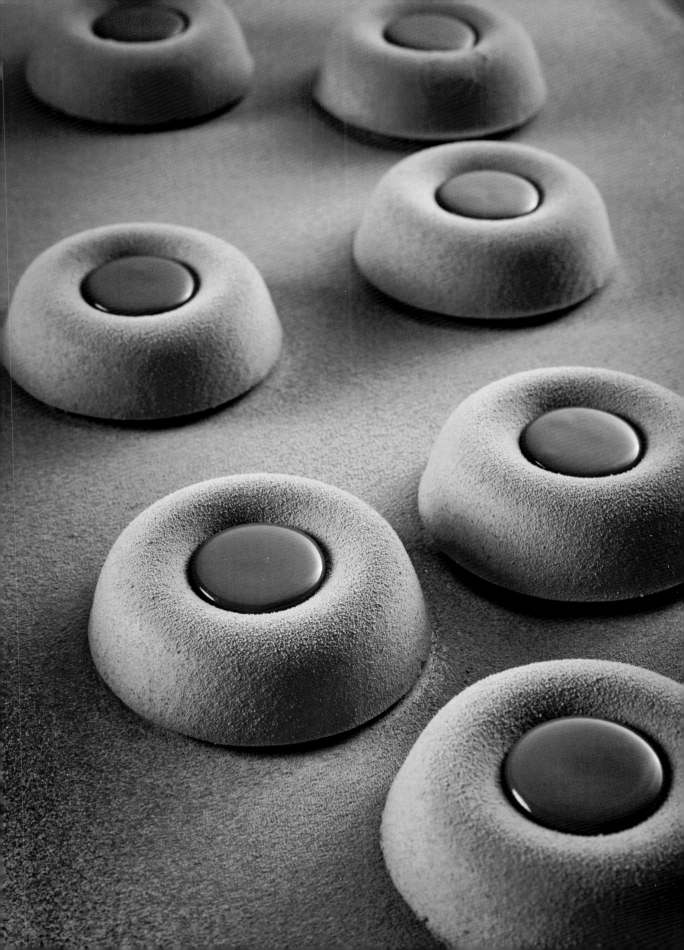

Pastas para untar

RENDIMIENTO: 7 frascos de cada tipo de pasta

PREPARACIÓN: 30 min

COCCIÓN: 15 min

REPOSO: 1 h

EQUIPO Y UTENSILIOS: termómetro, licuadora de inmersión, 14 frascos de vidrio con cierre hermético y con capacidad para ½ taza

Pasta para untar de avellanas con chocolate

~ 160 g de azúcar

~ 130 g de jarabe de glucosa

~ 55 g de agua

~ 490 g de crema para batir

~ 1 vaina de vainilla abierta por la mitad a lo largo

~ 40 g de aceite de coco

~ 75 g de azúcar invertido

~ 600 g de *gianduja* obscura, picada

~ 65 g de chocolate obscuro 65% cacao, en botones o picado

~ 80 g de pasta de avellanas

~ 20 g de manteca de cacao

Pasta para untar de caramelo con sal

~ 450 g de crema para batir

~ 180 g de isomalt

~ 320 g de jarabe de glucosa 40 DE

~ 1 vaina de vainilla abierta por la mitad a lo largo

~ 3 g de sal

~ 105 g de mantequilla

~ 2 g de lecitina de soya

~ 320 g de azúcar

~ 120 g de manteca de cacao

Pasta para untar de avellanas con chocolate

1 Ponga sobre el fuego una cacerola de doble fondo con el azúcar, el jarabe de glucosa y el agua.

2 Mientras el azúcar se carameliza, caliente la crema para batir a una temperatura de 70 °C. Cuando el caramelo tenga un color dorado intenso, agréguele la vaina de vainilla e incorpore poco a poco la crema caliente, batiendo enérgicamente con un batidor globo manual para evitar que se formen grumos. Finalmente, incorpore el aceite de coco y el azúcar invertido. Retire del fuego.

3 Coloque en un tazón la *gianduja* obscura, el chocolate obscuro, la pasta de avellana y la manteca de cacao. Viértale encima el caramelo caliente y mezcle hasta obtener una preparación homogénea. Emulsiónela con la licuadora de inmersión.

4 Distribuya la pasta en los frascos de vidrio, ciérrelos y déjelos enfriar. Consérvela en refrigeración.

Pasta para untar de caramelo con sal

1 Ponga sobre el fuego una cacerola con la crema para batir, el isomalt, el jarabe de glucosa, la vaina de vainilla, la sal, la mantequilla y la lecitina de soya.

2 Caramelice el azúcar en una cacerola de doble fondo hasta que tenga un color dorado intenso. Cuando la crema tenga una temperatura de 50 °C, añádala poco a poco al caramelo, batiendo enérgicamente con un batidor globo manual para evitar que se formen grumos. Finalmente, incorpore la manteca de cacao y retire del fuego.

3 Emulsione la pasta con la licuadora de inmersión. Distribúyala en los frascos de vidrio, ciérrelos y déjelos enfriar. Consérvela en refrigeración.

Galletas y panecillos individuales

Alfajor de chocolate con crema de gianduja de avellana 212

Bostock de almendras y chocolate 215

Brioche con chispas de chocolate 218

Choux con confitura de cerezas y ganache montada de vainilla 221

Cupcake de plátano con ganache montada de vainilla y café 224

Financier de chocolate y frambuesa 226

Galleta de triple chocolate 228

Madeleine de chocolate glaseada con nibs de cacao 230

Pan de chocolate 232

Pan francés con avellanas caramelizadas y ganache 234

Sándwich de té verde, mango y albahaca 236

Sándwich helado con nibs de cacao 240

Alfajor de chocolate
con crema de gianduja de avellana

RENDIMIENTO: 25 alfajores
PREPARACIÓN: 1 h 30 min
COCCIÓN: 25 min
REPOSO: 30-32 h

EQUIPO Y UTENSILIOS: batidora eléctrica con pala, rodillo, aro o cortador para galletas circular de 5 cm de diámetro, charolas para hornear con tapete de silicón, rejilla, termómetro, licuadora de inmersión, manga pastelera

Galleta de chocolate para alfajor

~ 185 g de harina de trigo
~ 13 g de cocoa
~ 10 g de polvo para hornear
~ 25 g de fécula de maíz
~ 150 g de mantequilla a temperatura ambiente
~ 75 g de azúcar glass
~ 35 g de crema para batir
~ 30 g de yemas

~ la ralladura de ½ limón
~ 1 g de extracto de vainilla
~ 1 g de sal

Crema de gianduja

~ 120 g de crema para batir
~ 20 g de mantequilla
~ 1 vaina de vainilla abierta por la mitad a lo largo
~ 200 g de *gianduja* obscura, picada

~ 40 g de chocolate con leche 40% cacao, en botones o picado
~ 10 g de manteca de cacao

Armado

~ 500 g de dulce de leche
~ hojas transfer para chocolate con el diseño de su preferencia
~ 500-750 g de chocolate obscuro 65% cacao, precristalizado

Galleta de chocolate para alfajor

1 Mezcle en un tazón la harina de trigo, la cocoa, el polvo para hornear y la fécula de maíz. Cierna la mezcla y resérvela.

2 Acreme en la batidora eléctrica la mantequilla con el azúcar glass. Agregue la crema para batir y bata hasta obtener una mezcla homogénea. Aún batiendo, añada las yemas. Cuando se hayan incorporado bien a la mezcla, agregue la ralladura de limón, el extracto de vainilla y la sal.

3 Disminuya la velocidad de la batidora e incorpore poco a poco la mezcla de harina y cocoa. Continúe batiendo hasta obtener una masa homogénea y sin grumos. Transfiérala a un tazón, cúbrala con plástico autoadherente y refrigérela durante 1 hora como mínimo.

4 Precaliente el horno a 160 °C.

5 Saque la masa del refrigerador y colóquela entre dos trozos de papel siliconado. Extiéndala con el rodillo hasta que tenga un grosor uniforme de 4 milímetros y córtela con el aro o con el cortador. Amase los recortes, refrigere la masa obtenida durante 20 minutos, extiéndala y córtela para obtener más discos.

6 Coloque los discos de masa en las charolas y hornéelos durante 16 minutos. Retírelos del horno y déjelos enfriar sobre la rejilla.

Crema de gianduja

1 Ponga sobre el fuego una cacerola con la crema para batir, la mantequilla y la vaina de vainilla.

2 Coloque en un tazón apto para microondas la *gianduja* obscura, el chocolate con leche y la manteca de cacao, y suavícelos calentándolos entre 1 y 2 minutos. Cuando la crema tenga una temperatura de 50 °C, cuélela y viértala sobre la mezcla de *gianduja* y chocolate; mezcle bien con una espátula y después, emulsione la ganache con la licuadora de inmersión hasta obtener una consistencia lisa y elástica.

3 Transfiera la ganache a un tazón, tápela con plástico autoadherente y déjela cristalizar, idealmente a una temperatura de 18 °C, durante 12 horas.

Armado

1 Introduzca la crema de *gianduja* en la manga pastelera. Coloque la mitad de las galletas de chocolate sobre la superficie de trabajo y distribúyales encima la crema de *gianduja,* formando una línea en la mitad de cada una; después, unte el dulce de leche en ambos lados de la línea de crema. Cúbralas con las galletas restantes y déjelas reposar a temperatura ambiente entre 6 y 8 horas.

2 Corte la hoja transfer en rectángulos de 1 x 3 centímetros.

3 Coloque los alfajores en una rejilla y póngale debajo una charola. Glasee los alfajores con suficiente chocolate precristalizado, permitiendo que se escurra por los lados. Aegúrese de que los alfajores queden bien cubiertos.

4 Coloque sobre cada alfajor un rectángulo de transfer, presiónelo suavemente y deje cristalizar, idealmente a una temperatura entre 16 y 18 °C, durante 1 hora. Retire de los alfajores la hoja transfer y déjelos cristalizar durante 12 horas más.

Bostock de almendras
y chocolate

RENDIMIENTO: *25 bostocks*
PREPARACIÓN: 2 h
COCCIÓN: 45 min
REPOSO: 17-20 h

EQUIPO Y UTENSILIOS: 15 moldes circulares de 12 cm de diámetro y 16 cm de alto engrasados y enharinados, batidor globo manual, espátula, rejilla, brocha, charolas para hornear con tapete de silicón

Bizcocho

~ 1 receta de Masa *brioche*, sin chispas de chocolate (ver pág. 218)

Crema de almendras con chocolate

~ 50 g chocolate obscuro 55% cacao, en botones o picado
~ 100 g de mantequilla a temperatura ambiente
~ 100 g de azúcar
~ 100 g de almendra en polvo
~ 100 g de huevo

Jarabe de ron añejo

~ 250 g de agua
~ 150 g de azúcar
~ ½ vaina de vainilla
~ 50 g de ron añejo

Armado

~ 250 g de almendras fileteadas

Bizcocho

1 Enharine ligeramente una superficie de trabajo, coloque encima la masa *brioche* y divídala en porciones de 300 gramos. Boléelas y colóquelas dentro de los moldes. Cúbralas con plástico autoadherente y déjelas reposar a temperatura ambiente durante 1 hora o hasta que dupliquen su volumen.

2 Precaliente el horno a 180 °C.

3 Hornee los *brioches* durante 15 minutos o hasta que estén ligeramente dorados. Sáquelos del horno y déjelos enfriar sobre una rejilla. Desmóldelos y córtelos con un cuchillo de sierra en discos de 3 centímetros de altura. Resérvelos cubiertos con plástico autoadherente o en una bolsa resellable para evitar que se resequen.

Crema de almendras con chocolate

1 Derrita el chocolate obscuro a una temperatura de 45 °C.

2 Bata en un tazón con el batidor globo manual la mantequilla con el azúcar y la almendra en polvo hasta obtener una mezcla homogénea y suave. Añada poco a poco el huevo batiendo enérgicamente hasta incorporarlo por completo. Finalmente, incorpore el chocolate obscuro derretido. Deberá obtener una crema homogénea y de consistencia untable. Resérvela.

Jarabe de ron añejo

1 Ponga sobre el fuego una cacerola con todos los ingredientes, excepto el ron añejo. Cuando hierva, retírela del fuego y agréguele el ron.

Armado

1 Precaliente el horno a 200 °C.

2 Humedezca los discos de *brioche* por uno de sus lados con el jarabe de ron añejo. Únteles encima la crema de almendras con chocolate y distribuya las almendras fileteadas. Coloque los *bostocks* en las charolas y hornéelos durante 8 minutos. Retírelos del horno y déjelos enfriar sobre la rejilla antes de servirlos.

Bostock de almendras y chocolate

Brioche con chispas de chocolate

Brioche con chispas
de chocolate

RENDIMIENTO: *2 brioches*
PREPARACIÓN: 1 h 15 min
COCCIÓN: 40 min
REPOSO: 17-20 h

EQUIPO Y UTENSILIOS: batidora eléctrica con gancho, 2 moldes para *gugelhopf* engrasados y enharinados, brocha, rejilla

Masa brioche

- ~ 600 g de huevo
- ~ 50 g de leche
- ~ 125 g de azúcar
- ~ 30 g de levadura en polvo
- ~ 1 kg de harina de fuerza + cantidad suficiente para enharinar
- ~ 20 g de sal
- ~ 600 g de mantequilla cortada en cubos, a temperatura ambiente
- ~ 120 g de chispas de chocolate obscuro 55% cacao

Terminado

- ~ 100 g de mantequilla derretida
- ~ 250 g de azúcar glass

Masa brioche

1 Bata en la batidora eléctrica el huevo, la leche, el azúcar y la levadura en polvo a velocidad baja durante 3 minutos. Agregue la harina de fuerza y amase durante 10 minutos. [Foto 1.]

2 Añada la sal y bata a velocidad media durante 10 minutos más. Finalmente, agregue poco a poco los cubos de mantequilla, batiendo hasta que se incorporen por completo. Continúe con el amasado durante 8 minutos más o hasta obtener una masa elástica, homogénea y muy resistente. Incorpore las chispas de chocolate y forme una esfera con la masa. [Fotos 2, 3, 4 y 5.]

3 Engrase ligeramente un tazón, coloque dentro la masa, cúbrala con plástico autoadherente y déjela reposar a temperatura ambiente, idealmente a 28 °C, durante 4 horas o hasta que duplique su volumen. Transcurrido este tiempo, ponche la masa y déjela reposar en refrigeración entre 12 y 15 horas.

Terminado

1 Divida la masa en dos porciones y boléelas. Enharine un poco sus manos y, con los dedos, haga un orificio en el centro de cada una de las masas. Introdúzcalas en los moldes, pasando el mástil del molde a través del orificio. [Fotos 6, 7 y 8.]

2 Cubra los moldes con plástico autoadherente y deje reposar las masas a temperatura ambiente, de preferencia a 28 °C, durante 6 horas o hasta que cubran tres cuartas partes del molde. Precaliente el horno a 180 °C. [Foto 9.]

3 Hornee los *brioches* durante 40 minutos o hasta que, al insertarles una brocheta larga, ésta salga limpia. Sáquelos del horno y déjelos reposar sobre la rejilla durante 10 minutos antes de desmoldarlos. [Foto 10.]

4 Barnícelos con la mantequilla derretida, déjelos enfriar y espolvoréelos con el azúcar glass. [Foto 11.]

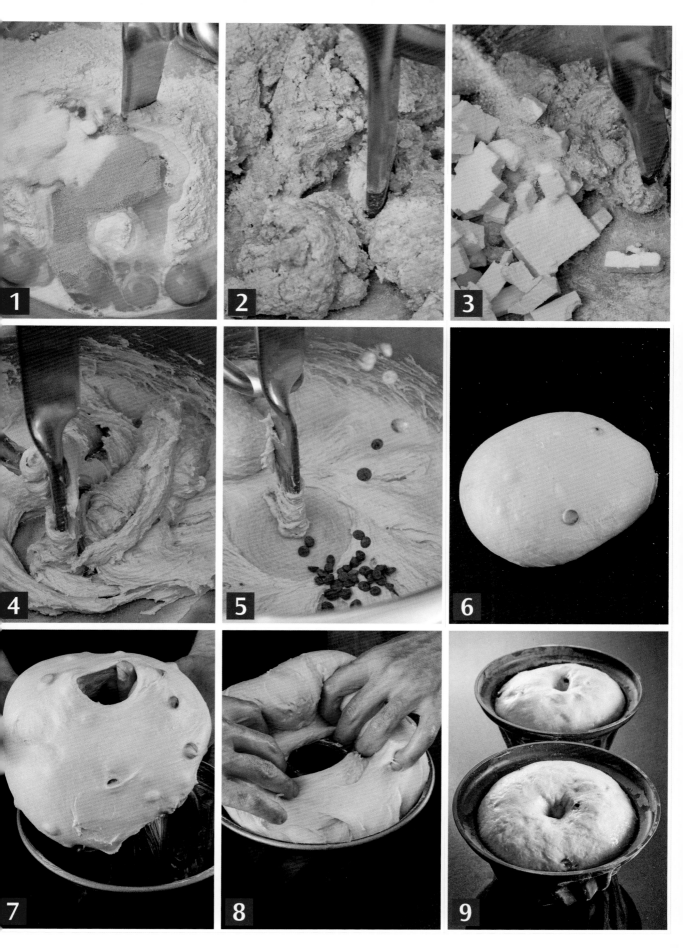

Choux con confitura
de cerezas y ganache montada de vainilla

RENDIMIENTO: *75 choux*
PREPARACIÓN: 2 h
COCCIÓN: 1 h 20 min
REPOSO: 12 h

EQUIPO Y UTENSILIOS: termómetro para caramelo o refractómetro, 3 mangas pasteleras, una con duya rizada de 5 mm de diámetro, licuadora de inmersión, procesador de alimentos, espátula de silicón, rodillo, aro de 2 centímetros de diámetro, batidora eléctrica con pala y batidor globo, moldes de silicón con forma de media esfera de 3 cm de base, charolas para hornear con tapetes de silicón perforado, rejilla

Confitura de cerezas negras con vino tinto

~ 500 g de cerezas negras sin semilla, partidas por la mitad
~ 265 g de azúcar
~ 30 g de vino tinto
~ 3 g de ralladura de limón
~ 6 g de pectina amarilla mezclada con 12 g de azúcar
~ 40 g de jarabe de glucosa

Ganache montada de vainilla

~ 100 g de crema para batir + 250 g

~ 25 g de glucosa 40 DE
~ 18 g de azúcar invertido
~ 1½ vainas de vainilla abiertas por la mitad a lo largo
~ 7 g de masa de gelatina (ver pág. 85)
~ 155 g de chocolate blanco 31% cacao, en botones o picado

Crujiente para pâte à choux

~ 150 g de mantequilla
~ 180 g de azúcar mascabado

~ 180 g de harina de trigo

Pâte à choux

~ 250 g de agua
~ 250 g de leche
~ 250 g de mantequilla
~ 10 g de azúcar
~ 8 g de sal
~ 250 g de harina de trigo cernida
~ 508 g de huevo

Armado

~ azúcar glass para espolvorear

Confitura de cerezas negras con vino tinto

1 Ponga sobre el fuego una cacerola con las cerezas, el azúcar, el vino tinto y la ralladura de limón. Cuando la preparación hierva, retírela del fuego y déjela reposar durante 1 hora.

2 Muela la preparación de cereza, incorpórele la pectina con azúcar y regrésela al fuego. Cuando hierva, incorpórele el jarabe de glucosa; baje el fuego a media intensidad y continúe la cocción hasta que la confitura tenga una temperatura de 103 °C o alcance los 64 °Bx.

3 Transfiera la confitura de cerezas a un tazón, cúbrala con plástico autoadherente y déjela enfriar. Introdúzcala en una de las mangas pasteleras y resérvela en refrigeración.

Ganache montada de vainilla

1 Ponga sobre el fuego una cacerola con los 100 gramos de crema para batir, la glucosa, el azúcar invertido y las vainas de vainilla; cuando la preparación tenga una temperatura de 50 °C, retírela del fuego, cúbrala con plástico auto-adherente y déjela reposar 10 minutos. Cuélela, añádale la masa de gelatina y mezcle hasta que esta última se derrita.

2 Derrita el chocolate blanco a una temperatura de 40 °C. Mézclelo con la prepa-ración de crema de vainilla y emulsione con la licuadora de inmersión. Agregue gradualmente los 250 gramos de crema para batir restantes. Cubra la ganache y refrigérela durante 6 horas como mínimo.

3 Monte la ganache de vainilla con el aditamento de globo de la batidora a velo-cidad baja hasta obtener una consistencia cremosa y ligera. Introdúzcala en la manga con duya y resérvela en refrigeración.

Crujiente para pâte à choux

1 Mezcle todos los ingredientes en el procesador de alimentos hasta obtener una masa suave.

2 Extienda la masa entre dos trozos de papel siliconado hasta que tenga un gro-sor de 1 milímetro. Congélela hasta que esté firme y córtela en discos con el aro. Resérvelos en congelación.

Pâte à choux

1 Ponga sobre el fuego una cacerola con el agua, la leche, la mantequilla, el azú-car y la sal; cuando la preparación hierva, agregue la harina de trigo y mézclela batiendo enérgicamente con la espátula. Baje la intensidad del fuego y mezcle hasta obtener una masa homogénea que no se pegue a la cacerola.

2 Transfiera la masa al tazón de la batidora con el aditamento de pala y encién-dala a velocidad media. Añada uno a uno los huevos, batiendo hasta que se incorporen por completo. Continúe con el amasado hasta obtener una pasta suave y lisa. Introdúzcala en la manga pastelera restante y distribúyala en los moldes de silicón. Cúbralos con plástico autoadherente y congélelos durante 4 horas.

3 Saque los moldes del congelador, desmolde las medias esferas y colóqueles en-cima un disco congelado de crujiente para *pâte à choux*. Distribuya las medias esferas en las charolas para hornear y deje que se descongelen a temperatura ambiente. Precaliente el horno a 180 °C.

4 Hornee los *choux* durante 25 minutos. Sáquelos del horno y déjelos enfriar sobre la rejilla.

Armado

1 Corte los *choux* por la mitad a lo ancho. Espolvoreé la parte superior de los *choux* con azúcar glass. Añada a las bases un poco de la confitura de cerezas negras, distribuya encima la ganache montada de vainilla y cubra con la parte superior.

Cupcake de plátano
con ganache montada de vainilla y café

RENDIMIENTO: *20 cupcakes*
PREPARACIÓN: 1 h 30 min
COCCIÓN: 30 min
REPOSO: 3 h 20 min

EQUIPO Y UTENSILIOS: procesador de alimentos, moldes para *cupcakes* con capacillos, rejilla, termómetro, licuadora de inmersión, batidora eléctrica con batidor globo, manga pastelera con duya lisa

Cupcakes de plátano

- ~ 350 g de harina de trigo
- ~ 2 g de polvo para hornear
- ~ 2 g de bicarbonato de sodio
- ~ 360 g de puré o pulpa de plátano maduro
- ~ 90 g de aceite de oliva
- ~ 10 g de jugo de limón
- ~ 120 g de polvo de caramelo
- ~ el interior de 5 vainas de vainilla
- ~ 75 g de huevo
- ~ 40 g de crema ácida o yogur griego
- ~ 150 g de chispas de chocolate con leche picadas

Ganache montada de vainilla y café

- ~ 100 g de crema para batir + 250 g
- ~ 20 g de glucosa 40 DE
- ~ 18 g de azúcar invertido
- ~ 5 g de café soluble
- ~ ½ vaina de vainilla abierta por la mitad a lo largo
- ~ 170 g de chocolate blanco 28% cacao, en botones o picado
- ~ 28 g de masa de gelatina

Terminado

- ~ azúcar glass para espolvorear

Cupcakes de plátano

1 Cierna la harina de trigo con el polvo para hornear y el bicarbonato de sodio. Reserve.

2 Muela en el procesador de alimentos el puré o la pulpa de plátano, el aceite de oliva, el jugo de limón, el polvo de caramelo y la vainilla hasta obtener una preparación tersa y sin grumos. Transfiérala a un tazón y añada mezclando con un batidor globo, los huevos y la crema ácida o el yogur griego. Incorpore con movimientos envolventes la mezcla de harina y, finalmente, las chispas de chocolate picadas.

3 Distribuya la preparación en los moldes hasta llenar dos terceras partes de su capacidad. Refrigere durante 1 hora como mínimo.

4 Precaliente el horno a 180 °C.

5 Hornee los *cupcakes* durante 12 minutos o hasta que se doren ligeramente y al insertarles un palillo en el centro, éste salga limpio. Retírelos del horno y déjelos enfriar sobre la rejilla.

Ganache montada de vainilla y café

1 Ponga sobre el fuego una cacerola con los 100 gramos de crema para batir, la glucosa, el azúcar invertido, el café soluble y la vaina de vainilla; cuando la preparación tenga una temperatura de 40 °C, retírela del fuego y cúbrala con plástico autoadherente. Déjela reposar durante 20 minutos y cuélela.

2 Derrita el chocolate blanco a una temperatura de 40 °C. Mézclelo con la preparación de crema, vainilla y café y emulsiónela con la licuadora de inmersión. Funda en el microondas la masa de gelatina e incorpórela a la crema con la licuadora.

3 Agregue gradualmente los 250 gramos de crema restantes. Cubra la ganache y refrigérela durante 2 horas como mínimo.

4 Monte la ganache de vainilla y café en la batidora eléctrica a velocidad baja hasta obtener una consistencia cremosa y ligera. Introdúzcala en la manga pastelera y distribúyala en recipientes de servicio individuales.

Terminado

1 Espolvoree los *cupcakes* de plátano con un poco de azúcar glass y sírvalos acompañados con la ganache montada de vainilla y café.

Financier de chocolate
y frambuesa

RENDIMIENTO: 25 *financiers*
PREPARACIÓN: 30 min
COCCIÓN: 25 min
REPOSO: 12 h

EQUIPO Y UTENSILIOS: moldes con forma de disco de 3 cm de diámetro, brocha, termómetro, batidora eléctrica con batidor globo, rejilla

~ 225 g de mantequilla + cantidad suficiente para engrasar
~ 238 g de chocolate obscuro 65% cacao, en botones o picado
~ 260 g de huevo a temperatura ambiente
~ 100 g de yemas a temperatura ambiente
~ 150 g de azúcar
~ 400 g de harina de trigo
~ 25 frambuesas

1 Prepare una mantequilla avellana; para ello, coloque sobre fuego bajo una cacerola con la mantequilla y déjela cocer hasta que adquiera un color café dorado y los sólidos se hayan depositado en el fondo de la cacerola. Cuélela y déjela enfriar.

2 Engrase los moldes con un poco de mantequilla con ayuda de la brocha. Precaliente el horno a 180 °C.

3 Derrita el chocolate obscuro a una temperatura de 50 °C.

4 Bata a velocidad media el huevo con las yemas y el azúcar hasta se blanqueen y se esponjen. Sin dejar de batir, vierta poco a poco el chocolate derretido y, una vez que se haya incorporado, añada la mantequilla avellana fría.

5 Incorpore a mano la harina de trigo con movimientos envolventes; deberá obtener una preparación homogénea, pero sin trabajarla demasiado. Cúbrala y refrigérela durante 12 horas.

6 Distribuya la preparación en los moldes hasta llenar dos terceras partes de su capacidad y coloque al centro de cada *financier* una frambuesa. Hornéelos durante 15 minutos o hasta que se doren ligeramente. Retírelos del horno y déjelos enfriar sobre la rejilla.

Galleta de triple chocolate

RENDIMIENTO: 30 galletas
PREPARACIÓN: 30 min
COCCIÓN: 12-15 min
REPOSO: 1 h

EQUIPO Y UTENSILIOS: batidora eléctrica con pala, charolas para hornear con tapetes de silicón

- ~ 335 g de harina de trigo
- ~ 5 g de bicarbonato de sodio
- ~ 18 g de cocoa
- ~ 265 g de mantequilla a temperatura ambiente
- ~ 190 g de azúcar mascabado
- ~ 2 g de sal
- ~ 90 g de huevo a temperatura ambiente
- ~ 45 g de chocolate obscuro 55% cacao, picado
- ~ 65 g de chocolate con leche 33% cacao, picado
- ~ 200 g de *nibs* de cacao

1 Cierna la harina de trigo con el bicarbonato de sodio y la cocoa.

2 Acreme en la batidora eléctrica la mantequilla con el azúcar y la sal. Añada poco a poco el huevo, batiendo hasta que se incorpore bien. Deberá obtener una preparación cremosa y homogénea. Incorpore la mezcla de harina y cocoa, y finalmente, añada y mezcle los chocolates picados y los *nibs* de cacao.

3 Cubra el tazón con plástico autoadherente y deje reposar la masa en refrigeración durante 1 hora como mínimo.

4 Precaliente el horno a 160 °C.

5 Tome porciones de la masa con una cuchara para helado o sopera y distribúyalas sobre las charolas, dejando un espacio de 5 centímetros entre cada una.

6 Hornee las galletas entre 12 y 15 minutos. Sáquelas del horno y déjelas enfriar antes de despegarlas del tapete de silicón.

Madeleine de chocolate
glaseada con nibs de cacao

RENDIMIENTO: 40 *madeleines*
PREPARACIÓN: 50 min
COCCIÓN: 20-25 min
REPOSO: 4 h

EQUIPO Y UTENSILIOS: charola para hornear, batidora eléctrica con batidor globo, espátula de silicón, moldes para madalenas engrasados y enharinados, rejilla

Glaseado

~ 200 g de azúcar glass
~ 15 g de agua
~ 10 g de ron blanco

Madeleine

~ 25 g de *nibs* de cacao
~ 230 g de harina de trigo
~ 15 g de cocoa
~ 20 g de polvo para hornear
~ 230 g de huevo
~ 220 g de azúcar
~ 50 g de crema para batir
~ 230 g de mantequilla derretida, a temperatura ambiente

Glaseado

1 Mezcle en un recipiente todos los ingredientes hasta que obtenga un glaseado sin grumos. Resérvelo a temperatura ambiente.

Madeleine

1 Distribuya los *nibs* de cacao en la charola para hornear y tuéstelos en el horno a 160 °C durante 8 minutos. Sáquelos y déjelos enfriar.

2 Cierna la harina de trigo con la cocoa y el polvo para hornear. Reserve.

3 Bata a velocidad media el huevo con el azúcar hasta que la mezcla se blanquee y se esponje. Sin dejar de batir, vierta poco a poco la crema para batir.

4 Incorpore al batido, con la espátula de silicón, la mezcla de harina y cocoa con movimientos envolventes. Finalmente, incorpore de la misma forma la mantequilla derretida y los *nibs* de cacao tostados. Deberá obtener una preparación homogénea y esponjosa. Cúbrala con plástico autoadherente y refrigérela durante 4 horas.

5 Precaliente el horno a 180 °C.

6 Distribuya la preparación en los moldes y hornee las *madeleines* entre 12 y 14 minutos. Retírelas del horno, desmóldelas sobre la rejilla, báñelas con el glaseado y déjelas enfriar.

Pan de chocolate

RENDIMIENTO: 24 panes de chocolate
PREPARACIÓN: 2 h
COCCIÓN: 15 min
REPOSO: 12-14 h

EQUIPO Y UTENSILIOS: batidora eléctrica con gancho, charola, rodillo, charolas para hornear con tapetes de silicón, brocha, rejilla

Masa

~ 30 g de levadura fresca
~ 225 g de leche
~ 225 g de agua
~ 1 kg de harina de fuerza
~ 135 g de azúcar
~ 20 g de sal
~ 110 g de mantequilla derretida

Empaste

~ 1 trozo de mantequilla de 650 g
~ harina de trigo para enharinar

Armado

~ 24 barras de chocolate obscuro
~ 100 g de huevo mezclado con 80 g de yemas y 50 g de crema para batir

Masa

1. Disuelva en el tazón de la batidora la levadura fresca en la leche y el agua. Agregue el resto de los ingredientes y amase a velocidad baja hasta obtener una masa. Suba la velocidad a media intensidad y continúe con el amasado entre 10 y 12 minutos o hasta obtener una masa homogénea, lisa y elástica.

2. Enharine ligeramente una charola y coloque encima la masa. Extiéndala con las manos hasta que tenga la forma de la charola. Cúbrala con plástico autoadherente y déjela reposar en refrigeración entre 6 y 8 horas.

Empaste

1. Suavice la mantequilla y forme con ella un rectángulo de entre 1 y 2 centímetros de grosor. Refrigérela hasta que se endurezca.

2. Enharine una superficie de trabajo y extienda encima la masa hasta obtener un rectángulo del doble de tamaño que el rectángulo de mantequilla. Coloque este último sobre la mitad de la masa y cúbralo con la otra mitad; presione las orillas para que la mantequilla no se salga al momento de extender la masa.

3. Espolvoree la masa por ambos lados con harina y extiéndala verticalmente hasta obtener un rectángulo alargado con un grosor uniforme de 1 centímetro.

4. Divida la masa imaginariamente en tres partes horizontales del mismo tamaño. Doble la parte superior hacia abajo cubriendo por completo la parte central; luego, doble la parte inferior hacia arriba encima del primer doblez. A este procedimiento se le conoce como doblez sencillo. Cubra la masa y déjela reposar en refrigeración durante 1 hora como mínimo.

5. Enharine la superficie de trabajo. Coloque encima la masa en la misma posición del paso anterior, es decir, con la orilla del cierre hacia arriba. Gire la masa 90° hacia el lado izquierdo y extiéndala hasta obtener un rectángulo alargado de 1 centímetro de grosor. Realice otro doblez sencillo para obtener una segunda vuelta. Refrigere nuevamente la masa durante 1 hora.

6. Saque la masa del refrigerador y repita el paso anterior para realizar un tercer doblez sencillo. Refrigere la masa durante 1 hora antes de utilizarla.

Armado

1. Extienda la masa en la superficie enharinada hasta obtener un rectángulo de 2.5 milímetros de grosor. Córtelo en rectángulos de 18 × 10 centímetros.

2. Ponga una barra de chocolate a lo largo de cada base de los rectángulos de masa; enróllelos sobre sí mismos para envolver la barra de chocolate y presione toda la orilla del doblez con los dedos.

3. Coloque los rollos en las charolas para hornear con el doblez hacia abajo. Cúbralos y déjelos reposar a temperatura ambiente, de preferencia a 28 °C, durante 2½ horas. Precaliente el horno a 200 °C.

4. Barnice los panes con la mezcla de huevo y crema. Hornéelos durante 15 minutos o hasta que se doren. Sáquelos y déjelos enfriar sobre la rejilla.

Pan francés con avellanas
caramelizadas y ganache

RENDIMIENTO: 15 panes
PREPARACIÓN: 1 h 45 min
COCCIÓN: 1 h 20 min
REPOSO: 12 h

EQUIPO Y UTENSILIOS: batidora eléctrica con gancho y batidor globo, 3 moldes cilíndricos de 10 cm de diámetro × 15 cm de alto engrasados y enharinados, rejilla, batidor globo manual, brocha, licuadora de inmersión, sartén antiadherente grande

Brioche

~ ½ receta de Masa *brioche*, sin chispas de chocolate (ver pág. 218)

Crema para embeber

~ 1.2 kg de crema para batir
~ 140 g de azúcar
~ 140 g de yemas
~ 1 g de sal
~ 2 g de ralladura de naranja
~ 2 g de ralladura de limón
~ ¼ de vaina de vainilla

Ganache montada de chocolate rubio

~ 180 g de chocolate rubio, en botones o picado
~ 180 g crema para batir + 385 g semimontada
~ 20 g de jarabe de glucosa
~ 25 g de azúcar invertido

Terminado

~ cantidad suficiente de azúcar
~ cantidad suficiente de mantequilla
~ 250 g de avellanas caramelizadas

Brioche

1 Divida la Masa *brioche* en porciones de 300 gramos y boléelas. Introdúzcalas en los moldes, cúbralos con plástico autoadherente y deje reposar las masas a temperatura ambiente, idealmente a 28 °C, durante 6 horas o hasta que cubran tres cuartas partes del molde. Precaliente el horno a 180 °C.

2 Hornee los *brioches* durante 40 minutos o hasta que, al insertarles una brocheta larga, ésta salga limpia. Sáquelos del horno y déjelos reposar sobre la rejilla durante 10 minutos antes de desmoldarlos.

3 Cúbralos con plástico autoadherente y congélelos durante 2 horas. Sáquelos y córtelos en rebanadas de 3 centímetros de ancho para obtener 15 discos. Resérvelos.

Crema para embeber

1 Mezcle con el batidor globo manual todos los ingredientes en un recipiente, tápelo y conserve la preparación en refrigeración.

Ganache montada de chocolate rubio

1 Coloque el chocolate rubio en un tazón.

2 Ponga sobre el fuego una cacerola con los 180 gramos de crema, el jarabe de glucosa y azúcar el invertido; cuando la preparación tenga una temperatura de 70 °C, retírela del fuego y viértala sobre el chocolate rubio. Mezcle bien y emulsione la ganache con la licuadora de inmersión. Agregue gradualmente, con la licuadora encendida, los 385 gramos de crema restantes. Cubra la ganache y refrigérela durante 12 horas.

3 Monte la ganache en la batidora con el batidor globo a velocidad baja hasta obtener una consistencia cremosa y untable. Consérvela en refrigeración.

Terminado

1 Sumerja, uno por uno, los discos de *brioche* en la crema para embeber durante 5 segundos. Déjelos reposar en una rejilla para que se escurra el exceso de crema.

2 Ponga sobre el fuego el sartén y espolvoréelo con 50 gramos de azúcar, hasta cubrir toda su superficie; déjela caramelizar hasta que tenga un color ámbar obscuro y empiece a humear. Añada 20 gramos de mantequilla y mezcle bien.

3 Agregue algunos de los discos de *brioche*, sin que se encimen entre ellos, y cuézalos en el caramelo durante 2 minutos por cada lado. Retírelos del sartén y resérvelos calientes. Caramelice el resto de los discos de *brioche*, preparando más caramelo las veces que sea necesario.

4 Sirva el pan francés tibio con las avellanas caramelizadas y una *quenelle* de ganache montada de chocolate rubio.

Sándwich de té verde,
mango y albahaca

RENDIMIENTO: 12 sándwiches
PREPARACIÓN: 2 h
COCCIÓN: 50 min
REPOSO: 27 h

EQUIPO Y UTENSILIOS: batidora eléctrica con pala y globo batidor, rodillo, 2 tapetes de silicón con textura, charola para hornear, 2 charolas para hornear de 36 × 48 cm con tapete de silicón, espátula escalonada, 4 marcos de acrílico de 24 × 36 cm a los lados y de 3 mm de alto, termómetro, licuadora de inmersión

Pasta sablée de cacao con especias

~ 1.1 kg de harina de trigo + cantidad suficiente para enharinar

~ 35 g de cocoa

~ 14 g de mezcla de especias (canela, jengibre, nuez moscada, anís estrella)

~ 500 g de mantequilla

~ 250 g de azúcar glass

~ 1 g de sal

~ 150 g de huevo a temperatura ambiente

Bizcocho de matcha

~ 40 g de harina de trigo

~ 40 g de fécula de maíz

~ 10 g de *matcha* o té verde en polvo

~ 120 g de claras

~ 90 g de azúcar

~ 1 g de cremor tártaro

~ 80 g de yemas

Gelificado de mango

~ 69 g de azúcar

~ 6.5 g de pectina Nh

~ 200 g de puré de mango

~ 50 g de puré de maracuyá

~ 50 g de azúcar invertido

Ganache de albahaca

~ 200 g de crema para batir + 530 g

~ 40 g de hojas de albahaca

~ 50 g de jarabe de glucosa 40 DE

~ 40 g de azúcar invertido

~ 320 g de chocolate blanco 29% cacao, en botones o picado

Pasta sablée de cacao con especias

1 Elabore la pasta *sablée* de cacao con especias siguiendo el procedimiento de la Pasta *sablée* de avellana de la página 85. Sustituya la avellana en polvo con la cocoa y la mezcla de especias. Precaliente el horno a 165 °C.

2 Enharine ligeramente la superficie de trabajo y extienda con el rodillo la masa hasta que tenga un grosor de 2.5 milímetros. Córtela en 12 cuadros de 12 centímetros y, después, corte cada cuadro diagonalmente por la mitad.

3 Coloque los triángulos obtenidos sobre la charola para hornear con tapete de silicón con textura y cúbralos con el otro tapete con textura. Hornéelos durante 16 minutos. Retírelos del horno y déjelos enfriar. [Fotos 1 y 2.]

Bizcocho de matcha

1 Precaliente el horno a 180 °C. Cierna la harina de trigo con la fécula de maíz y el *matcha* o té verde en polvo. Reserve.

2 Bata con el aditamento de globo a velocidad media las claras con el azúcar y el cremor tártaro hasta obtener un merengue brillante que forme picos firmes.

Agregue las yemas y continúe batiendo hasta incorporarlas. Finalmente, incorpore con movimientos envolventes la mezcla de harina y *matcha* o té verde.

3 Distribuya la preparación sobre las dos charolas de 36 × 48 centímetros y extiéndala con la espátula; deberá obtener un grosor de ½ centímetro. Hornee los bizcochos durante 8 minutos. Sáquelos del horno y déjelos enfriar.

4 Córtelos por la mitad para obtener dos rectángulos de 24 × 36 centímetros, envuélvalos en plástico autoadherente y congélelos.

Gelificado de mango

1 Mezcle en un recipiente el azúcar con la pectina, y en otro, los purés de fruta.

2 Agregue en forma de lluvia la mezcla de azúcar y pectina sobre los purés y mezcle bien. Transfiera la preparación a una cacerola, añádale el azúcar invertido y póngala sobre el fuego hasta que hierva. Retírela del fuego y déjela entibiar.

3 Coloque dos de los marcos sobre un tapete de silicón y distribuya dentro de ellos el gelificado de mango. Déjelos cristalizar en refrigeración durante 2 horas.

Ganache de albahaca

1 Ponga sobre el fuego una cacerola pequeña con los 200 gramos de crema para batir y las hojas de albahaca. Cuando la preparación tenga una temperatura de 40 °C, retírela del fuego y licuela. Déjela enfriar y cuélela.

2 Pese 100 gramos de la crema de albahaca y transfiérala nuevamente a la cacerola. Agréguele el jarabe de glucosa y el azúcar invertido; cuando tenga una temperatura de 40 °C, retírela del fuego.

3 Derrita el chocolate blanco a una temperatura de 40 °C e incorpórele la crema caliente. Emulsione la ganache con la licuadora de inmersión hasta que tenga una consistencia lisa y brillante y mézclela con los 530 gramos de crema restante. Reserve un poco de la ganache en un recipiente para el armado.

4 Coloque los marcos restantes sobre un tapete de silicón y distribuya en ellos la ganache de albahaca. Déjela cristalizar en refrigeración durante 2 horas.

Armado

1 Retire los marcos del gelificado de mango y de la ganache; para ello, pase un cuchillo por todo el borde, entre el marco y la preparación, para despegarla. [Foto 3.]

2 Coloque los bizcochos de *matcha* sobre la superficie de trabajo; ponga sobre dos de ellos los cuadros de gelificado de mango y sobre los dos restantes, los cuadros de ganache de albahaca. Junte un bizcocho con gelificado y uno con ganache, de manera que las caras de bizcocho queden por fuera. Repita con los dos bizcochos restantes. Corte las preparaciones en seis cuadros de 12 centímetros, y posteriormente, corte cada uno diagonalmente por la mitad. [Fotos 4, 5, 6 y 7.]

3 Unte la mitad de los *sablés* de cacao con un poco de la ganache que reservó y colóqueles encima un triángulo de bizcocho relleno. Únteles la superficie con un poco más de ganache y tápelos con los *sablés* restantes. [Fotos 8 y 9.]

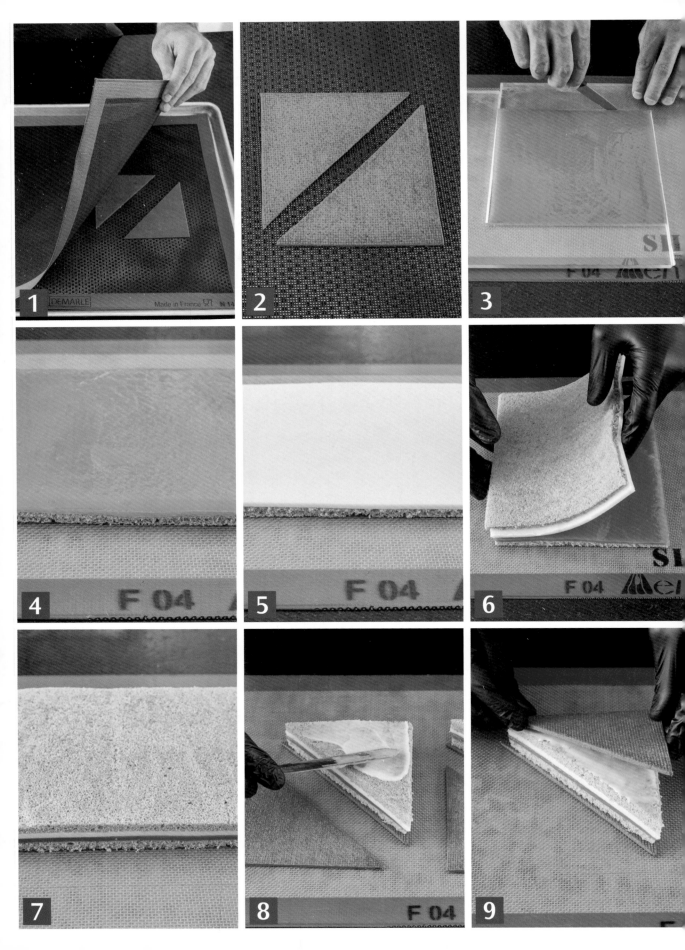

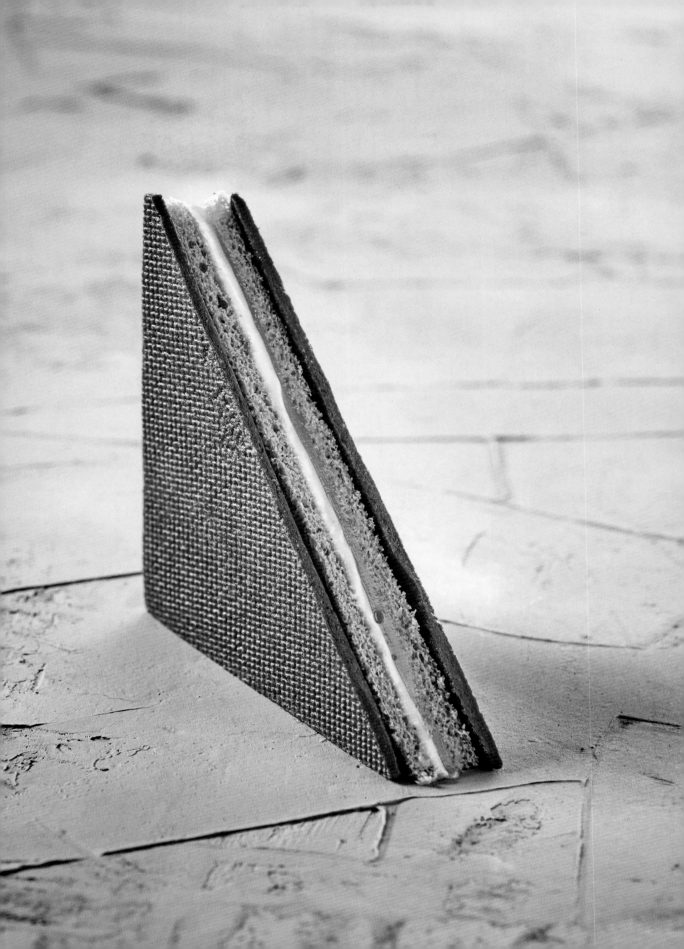

Sándwich helado
con nibs de cacao

RENDIMIENTO: 15 sándwiches
PREPARACIÓN: 1 h 45 min
COCCIÓN: 1 h
REPOSO: 26 h

EQUIPO Y UTENSILIOS: batidora eléctrica con pala y batidor globo, rodillo, aros de 5 cm de diámetro, charolas para hornear con tapetes de silicón con textura, brocha, termómetro para caramelo, batidor globo manual, espátula lisa

Pasta sablée de especias

- 480 g de harina de trigo
- 20 g de cocoa
- 10 g de mezcla de especias en polvo (canela, jengibre, nuez moscada, anís estrella)
- 300 g de mantequilla a temperatura ambiente
- 125 g de TPT de almendra
- 100 g de azúcar glass
- 4 g de sal

- 100 g de huevo a temperatura ambiente
- 50 g de manteca de cacao derretida

Infusión de cacao tostado

- 10 g de *nibs* de cacao
- 40 g de leche
- 38 g de crema para batir

Parfait de cacao y vainilla

- 40 g de yemas

- 50 g de huevo
- 50 g de agua
- 40 g de azúcar
- 65 g de chocolate obscuro 65% cacao, en botones o picado
- 25 g de praliné
- ½ vaina de vainilla abierta por la mitad a lo largo
- 20 g de licor de cacao 30% Alc. Vol.
- 460 g de crema para batir

Pasta sablée de especias

1. Elabore la pasta *sablée* de especias siguiendo el procedimiento de la Pasta *sablée* de avellana de la página 85. Sustituya la avellana en polvo con la cocoa y la mezcla de especias, y la pasta de avellanas con el TPT de almendra.

2. Extienda la masa en una superficie enharinada hasta que tenga un grosor de 3 milímetros. Córtela en 30 discos con un aro y colóquelos en las charolas.

3. Hornee los *sablés* a 160 °C durante 18 minutos. Déjelos enfriar y barnice uno de sus lados con un poco de manteca de cacao derretida.

Infusión de cacao tostado

1. Tueste los *nibs* de cacao en una charola para hornear durante 12 minutos. Mézclelos en un tazón con la leche y la crema para batir. Cubra la mezcla y déjela reposar 10 minutos. Lícuela y cuélela.

Parfait de cacao y vainilla

1. Prepare una *pâte à bombe* batiendo las yemas y el huevo con el batidor globo a velocidad media. Al mismo tiempo, prepare un jarabe calentando en una cacerola el agua y el azúcar. Cuando el jarabe tenga una temperatura de 118 °C, viértalo en forma de hilo dentro de la batidora, aún encendida. Bata hasta que la preparación se enfríe.

2 Derrita el chocolate a una temperatura de 45 °C y mézclelo con el praliné.

3 Pese 20 gramos de la infusión de cacao tostado y añádalos a una cacerola sobre el fuego junto con la vainilla y el licor de cacao; cuando la preparación tenga una temperatura de 50 °C, cuélela e incorpórela a la mezcla de chocolate y praliné, mezclando enérgicamente con el batidor globo manual. Agregue la *pâte à bombe* y mezcle bien.

4 Bata la crema en la batidora hasta que forme picos suaves e incorpórela con movimientos envolventes a la preparación anterior.

5 Coloque los aros sobre una charola con tapete de silicón y distribúyales dentro el *parfait*; alise la superficie con la espátula y congélelos hasta que estén firmes.

Armado

1 Saque los *parfaits* del congelador y desmóldelos; cúbralos por ambos lados con un disco de *sablé* de especias, de manera que el lado con manteca de cacao haga contacto con el *parfait*. Cubra los sándwiches con plástico autoadherente y congélelos hasta el momento de servirlos.

Pasteles y tartas

Blackout con crema de earl grey y chocolate obscuro 244

Brownie sin gluten 248

Cake de almendra y chocolate 250

Cake de chocolate con pasta de almendra 252

Cake de cocoa obscura y aceite de oliva 254

Cake de gianduja de avellana 256

Cheesecake de mascarpone y chocolate blanco 258

Pastel de trufa 261

Pastel fondant de chocolate intenso 264

Pastel suave de chocolate 266

Roulade de chocolate 268

Sacher 271

Tarta de chocolate con leche, avellanas y caramelo 275

Tarta de chocolate con leche, naranja confitada y cinco especias 280

Tarta de chocolate obscuro y avellana 284

Tarta de chocolate obscuro, yuzu y crujiente de ajonjolí 286

Tarta de cítricos y chocolate 289

Blackout con crema de earl grey
y chocolate obscuro

RENDIMIENTO: 24 pasteles

PREPARACIÓN: 1 h 30 min

COCCIÓN: 35-40 min

REPOSO: 26 h

EQUIPO Y UTENSILIOS: batidor globo manual, termómetro, licuadora de inmersión, batidora eléctrica con batidor globo, colador de malla fina, charola para hornear de 30 × 48 cm con tapete de silicón, espátula escalonada, manga pastelera con duya lisa de 5 mm, rejilla, charola

Glaseado de chocolate y cocoa

- ~ 195 g de chocolate obscuro 70% cacao, en botones o picado
- ~ 338 g de masa de gelatina 200 Bloom (ver pág. 85)
- ~ 380 g de brillo neutro
- ~ 185 g de agua
- ~ 450 g de azúcar
- ~ 450 de jarabe de glucosa 40 DE
- ~ 260 g de leche condensada
- ~ 200 g de cocoa

Bizcocho de chocolate con earl grey

- ~ 20 g de té *earl grey* en hoja
- ~ 110 g de agua hirviendo

- ~ 135 g de harina de trigo
- ~ 55 g de cocoa
- ~ 4 g de bicarbonato de sodio
- ~ 1 g de polvo para hornear
- ~ 80 g de huevo
- ~ 230 g de azúcar
- ~ 1 g de sal
- ~ 90 g de crema para batir
- ~ 60 g de mantequilla derretida

Crema ligera de earl grey

- ~ 275 g de leche
- ~ 8 g de té *earl grey* en hoja
- ~ 30 g de fécula de maíz

- ~ 50 g de azúcar
- ~ 14 g de masa de gelatina (ver pág. 85)
- ~ 200 g de crema para batir

Ganache de chocolate obscuro

- ~ 200 g de crema para batir
- ~ 20 g de azúcar invertido
- ~ 50 g de mantequilla
- ~ 180 g de chocolate obscuro 75% cacao, en botones o picado

Montaje

- ~ 48 Tiras delgadas de chocolate obscuro 75% cacao (ver pág. 89)

Glaseado de chocolate y cocoa

1 Elabore el glaseado siguiendo el procedimiento del Glaseado de chocolate con gelatina de la página 84, incorporando la cocoa a la preparación antes de verterla sobre el chocolate y mezclando con el batidor globo manual hasta eliminar todos los grumos. Reserve el glaseado a temperatura ambiente.

Bizcocho de chocolate con earl grey

1 Preparare una infusión de té *earl grey* mezclando las hojas de té con el agua hirviendo y dejándola reposar durante 5 minutos. Cuélela y déjela enfriar.

2 Cierna la harina de trigo con la cocoa, el bicarbonato de sodio y el polvo para hornear. Reserve.

3 Precaliente el horno a 180 °C.

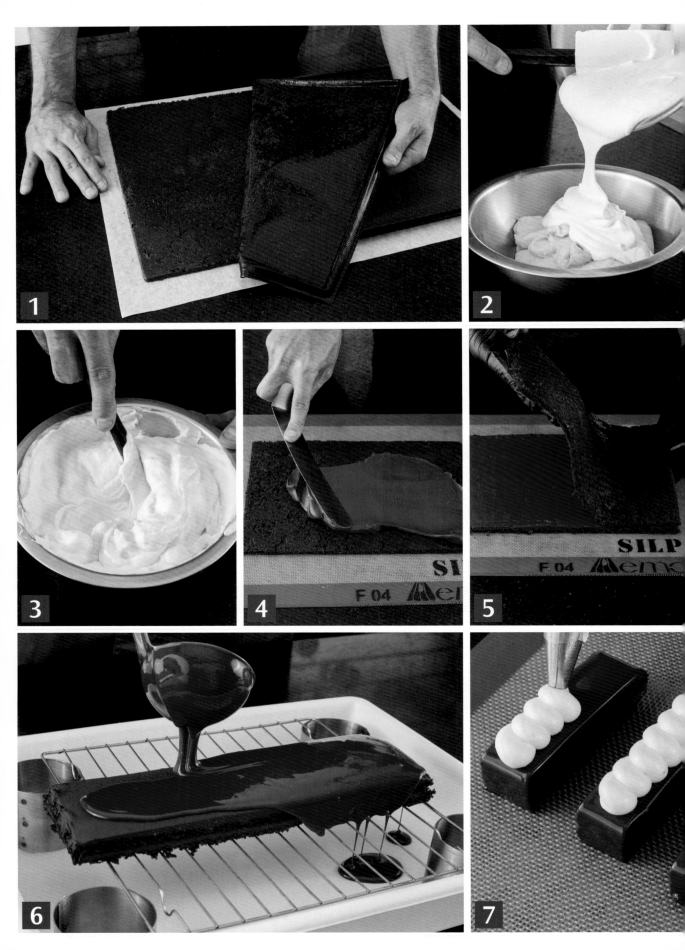

4 Bata en la batidora eléctrica el huevo con el azúcar hasta que éste se disuelva. Añada la sal y bata durante 1 minuto. Agregue la infusión de *earl grey* y la crema para batir, y continúe batiendo hasta obtener una mezcla tersa y homogénea. Añada después la mezcla de harina y cocoa, y una vez que se haya incorporado a la preparación, añada la mantequilla derretida y continúe batiendo hasta que la mezcla sea homogénea, pero sin trabajarla demasiado.

5 Distribuya la preparación en la charola y alise la superficie con la espátula. Hornee el bizcocho entre 12 y 14 minutos. Retírelo del horno, déjelo enfriar y desmóldelo. [Foto 1.]

Crema ligera de earl grey

1 Mezcle la leche con las hojas de té en un recipiente con tapa y déjela reposar en refrigeración durante 12 horas. Pase la leche infusionada a través de un colador de malla fina.

2 Coloque en una cacerola 250 gramos de la leche infusionada con el té y disuelva en ella la fécula de maíz. Agregue el azúcar y mezcle bien.

3 Ponga la cacerola sobre fuego bajo y, cuando la leche hierva, mézclela durante 1 minuto. Retírela del fuego, agréguele la masa de gelatina y mezcle hasta que se disuelva. Retírela del fuego y déjela enfriar.

4 Bata la crema para batir hasta que forme picos suaves. Cuando la crema de *earl grey* tenga una temperatura de 30 °C, incorpórele con movimientos envolventes la crema batida. [Fotos 2 y 3.]

5 Introduzca la preparación en la manga pastelera y resérvela en refrigeración.

Ganache de chocolate obscuro

1 Elabore la ganache de chocolate siguiendo el procedimiento de la Ganache con chocolate derretido de la página 79, calentando la crema para batir junto con el azúcar invertido y la mantequilla. Emulsione la ganache con la licuadora de inmersión y déjela enfriar a 33 °C.

Montaje

1 Corte el bizcocho por la mitad a lo ancho; después, ajuste la medida de cada mitad para obtener dos rectángulos de 20 × 24 centímetros. Distribuya sobre uno de los rectángulos de bizcocho la mitad de la ganache, extendiéndola bien con la espátula. Cubra con el otro rectángulo de bizcocho y extiéndale el resto de la ganache. Deje cristalizar la ganache y corte el pastel verticalmente a la mitad; deberá obtener dos rectángulos de 10 × 24 centímetros. Cubra los pasteles con plástico autoadherente y refrigérelos durante 2 horas o congélelos durante 30 minutos. [Fotos 4 y 5.]

2 Saque los pasteles del congelador y colóquelos sobre una rejilla con una charola debajo. Cubra los pasteles con suficiente glaseado de chocolate. Permita que el glaseado escurra por los costados y alise la superficie con la espátula. Deje cristalizar el glaseado a temperatura ambiente, idealmente entre 16 y 18 °C, durante 12 horas. [Foto 6.]

3 Corte cada pastel en 12 porciones de 2 × 8 centímetros. Distribuya con ayuda de la manga la crema ligera de *earl grey* sobre cada porción de pastel. Decore colocando una tira de chocolate sobre la crema. [Foto 7.]

Brownie sin gluten

RENDIMIENTO: 48 *brownies*
PREPARACIÓN: 40 min
COCCIÓN: 25 min

EQUIPO Y UTENSILIOS: termómetro, batidora eléctrica con pala, charola para hornear con tapete de silicón, 1 marco de acero inoxidable de 30 × 40 cm y 4 cm de alto, espátula, rejilla

- ~ 225 g de chocolate obscuro 70% cacao, en botones o picado
- ~ 240 g de huevo
- ~ 120 g de azúcar mascabado
- ~ 65 g de harina de arroz
- ~ 65 g de fécula o harina de tapioca
- ~ 20 g de cocoa
- ~ 300 g de mantequilla a temperatura ambiente
- ~ 120 g de azúcar

1 Derrita el chocolate obscuro a una temperatura de 38 °C.

2 Bata en un tazón el huevo con el azúcar mascabado. Cierna la harina de arroz con la fécula o harina de tapioca y la cocoa. Reserve.

3 Precaliente el horno a 170 °C.

4 Acreme en la batidora a velocidad media la mantequilla con el azúcar hasta que la preparación tenga una consistencia cremosa. Añada el chocolate derretido y bata nuevamente hasta obtener una mezcla homogénea. Aún batiendo, agregue poco a poco los huevos batidos con azúcar y, una vez incorporados, agregue la mezcla de harina y cocoa. Continúe batiendo hasta obtener una preparación homogénea.

5 Coloque el marco sobre la charola, distribuya dentro de él la preparación y alise la superficie con la espátula.

6 Hornee el *brownie* durante 25 minutos. Sáquelo del horno y déjelo enfriar sobre la rejilla antes de desmoldarlo. Córtelo en cuadros de 5 centímetros.

Cake de almendra
y chocolate

RENDIMIENTO: *2 cakes*
PREPARACIÓN: 1 h
COCCIÓN: 35-40 min
REPOSO: 26-28 h

EQUIPO Y UTENSILIOS: batidora eléctrica con batidor globo, espátula de silicón, 2 moldes para panqué engrasados y enharinados de 8 × 20 cm, rejilla, termómetro, licuadora de inmersión

Cake de almendra y chocolate

~ 120 g de harina de trigo

~ 30 g de cocoa

~ 8 g de polvo para hornear

~ 130 g de crema para batir

~ 50 g de leche

~ 80 g de aceite

~ 250 g de huevo a temperatura ambiente

~ 75 g de miel de abeja

~ 125 g de azúcar

~ 80 g de almendra en polvo

~ 60 g de chocolate obscuro 65% cacao, picado

Glaseado de chocolate 55% cacao

~ 250 g de chocolate obscuro 55% cacao, en botones o picado

~ 250 g de crema para batir

~ 70 g de leche

~ 80 g de jarabe de glucosa 40 DE

~ 50 g de leche condensada

Terminado

~ 100 g de almendras en astilla, tostadas

Cake de almendra y chocolate

1. Cierna la harina de trigo con la cocoa y el polvo para hornear. Mezcle en un recipiente la crema para batir, la leche y el aceite. Reserve.

2. Bata el huevo con la miel de abeja y el azúcar a velocidad media durante 3 minutos. Agregue la almendra en polvo y mezcle hasta que esté bien incorporada; después, añada la mezcla de harina y cocoa e incorpórela con movimientos envolventes, con ayuda de la espátula, alternando con la mezcla de crema. Finalmente añada el chocolate obscuro picado.

3. Precaliente el horno a 200 °C.

4. Distribuya la preparación en los moldes y hornee los *cakes* durante 5 minutos. Reduzca la temperatura a 180 °C y continúe la cocción 20 minutos más o hasta que al insertar un palillo en el centro de uno de los *cakes*, éste salga limpio. Déjelos enfriar, desmóldelos sobre la rejilla y refrigérelos durante 2 horas o congélelos durante 30 minutos.

Glaseado de chocolate 55% cacao

1. Elabore el glaseado siguiendo el procedimiento del Glaseado de chocolate con crema de la página 84.

Terminado

1. Coloque los *cakes* sobre la rejilla con una charola debajo y cúbralos con el glaseado de chocolate a 40 °C. Decórelos con las almendras tostadas y deje cristalizar el glaseado durante 2 horas antes de servir.

Cake de chocolate
con pasta de almendra

RENDIMIENTO: *2 cakes*

PREPARACIÓN: 1 h

COCCIÓN: 35 min

REPOSO: 25-27 h

EQUIPO Y UTENSILIOS: termómetro, licuadora de inmersión, batidora eléctrica con batidor globo, 2 moldes para panqué engrasados y enharinados de 5 × 15 cm, rejilla

Cake de chocolate con pasta de almendra

~ 35 g de harina de trigo

~ 25 g de cocoa alcalina

~ 2.5 g de polvo para hornear

~ 115 g de chocolate obscuro 70% cacao, en botones o picado

~ 230 g de huevo

~ 370 g de pasta de almendra

~ 50 g de azúcar mascabado

~ 140 g de mantequilla en cubos, a temperatura ambiente

~ 50 g de crema para batir

Terminado

~ 200 g de *nibs* de cacao tostados

~ 1 pizca de matizador dorado

~ 1 receta de Glaseado de chocolate con crema (ver pág. 84)

Cake de chocolate con pasta de almendra

1 Cierna la harina de trigo con la cocoa y el polvo para hornear. Derrita el chocolate obscuro a una temperatura de 40 °C. Reserve.

2 Bata en la batidora eléctrica el huevo con la pasta de almendra y el azúcar mascabado a velocidad media durante 3 minutos o hasta que obtenga una mezcla homogénea y sin grumos. Agregue la mantequilla y la crema para batir y bata nuevamente hasta que ambos ingredientes estén bien incorporados; después, añada el chocolate derretido. Finalmente, incorpore la mezcla de harina y cocoa con movimientos envolventes.

3 Precaliente el horno a 160 °C.

4 Distribuya la preparación en los moldes hasta llenar tres cuartas partes de su capacidad y hornee los *cakes* durante 35 minutos o hasta que al insertar un palillo en el centro de uno de ellos, éste salga limpio. Desmóldelos sobre la rejilla, déjelos enfriar y refrigérelos durante 2 horas o congélelos 30 minutos.

Terminado

1 Ponga en un recipiente con tapa o en una bolsa resellable los *nibs* de cacao y el matizador. Cierre el recipiente o la bolsa y agite vigorosamente hasta que los *nibs* estén bien cubiertos con el matizador. Resérvelos.

2 Coloque los *cakes* sobre la rejilla con una charola debajo y cúbralos con el glaseado de chocolate con crema a 40 °C. Cuando el glaseado termine de gotear, déjelo cristalizar en refrigeración durante 1 hora.

3 Decore los *cakes* con los *nibs* matizados antes de servirlos.

Cake de cocoa obscura

y aceite de oliva

RENDIMIENTO: *2 cakes*
PREPARACIÓN: 1 h
COCCIÓN: 25 min
REPOSO: 40 min-1 h

EQUIPO Y UTENSILIOS: termómetro, hoja de acetato, batidora eléctrica con batidor globo, espátula de silicón, 2 moldes para panqué engrasados y enharinados de 5 × 15 cm, rejilla

Láminas de gianduja

~ 300 g de *gianduja* de avellana obscura

~ 15 g de manteca de cacao

Cake de cocoa obscura y aceite de oliva

~ 140 g de aceite de oliva extra virgen

~ 125 g de crema para batir

~ 25 g de leche

~ 190 g de harina de trigo

~ 86 g de cocoa obscura

~ 6 g de polvo para hornear

~ 125 g de huevo

~ 340 g de azúcar

Terminado

~ 20 g de chocolate derretido

Láminas de gianduja

1 Derrita la *gianduja* a 35 °C, agréguele la manteca de cacao y mezcle bien.

2 Precristalice la mezcla de *gianduja* y manteca. Viértala sobre una hoja de acetato y extiéndala hasta que tenga un grosor de 2 milímetros. Deje cristalizar durante 1 minuto o hasta que la preparación se endurezca.

3 Corte el acetato con la preparación en dos rectángulos del mismo tamaño de la base del molde para panqué. Déjelos cristalizar a temperatura ambiente, o máximo durante 5 minutos en refrigeración, hasta que se endurezcan y se desprendan fácilmente de la hoja de acetato.

Cake de cocoa obscura y aceite de oliva

1 Mezcle en un recipiente el aceite de oliva con la crema para batir y la leche. Cierna la harina de trigo con la cocoa obscura y el polvo para hornear. Reserve.

2 Bata en la batidora eléctrica el huevo con el azúcar hasta que la mezcla se blanquee y esponje. Agregue, gradualmente y sin dejar de batir, la mezcla de aceite de oliva y crema. Después añada la mezcla de harina y cocoa e incorpórela con la espátula de silicón con movimientos envolventes. Cubra la preparación con plástico autoadherente y déjela reposar 10 minutos.

3 Precaliente el horno a 180 °C.

4 Distribuya la preparación en los moldes y hornee los *cakes* durante 25 minutos o hasta que al insertar un palillo en el centro de uno de ellos, éste salga limpio. Déjelos enfriar y desmóldelos sobre la rejilla.

Terminado

1 Unte la superficie de los *cakes* con un poco de chocolate derretido y cúbralos con una lámina de *gianduja*.

Cake de gianduja
de avellana

RENDIMIENTO: *2 cakes*
PREPARACIÓN: 1 h
COCCIÓN: 25-30 min
REPOSO: 1 h

EQUIPO Y UTENSILIOS: charola para hornear pequeña, batidora eléctrica con pala, termómetro, 2 moldes para panqué engrasados y enharinados de 8 × 20 cm, rejilla

Crumble de avellana

~ 100 g de avellana en polvo
~ 100 g de mantequilla en cubos, fría
~ 100 g de harina de trigo
~ 100 g de azúcar mascabado

Cake de avellana

~ 175 g de *gianduja* obscura de avellana + 225 g cortada en cubos pequeños
~ 230 g de harina de trigo + cantidad suficiente para enharinar
~ 6 g de polvo para hornear
~ 190 g de mantequilla en cubos, a temperatura ambiente
~ 95 g de aceite
~ 105 g de azúcar
~ 95 g de azúcar invertido
~ 275 g de huevo a temperatura ambiente
~ 110 g avellana en polvo
~ 45 g de ron añejo

Crumble de avellana

1 Distribuya la avellana en polvo en la charola para hornear y dórela en el horno a 180 °C entre 5 y 10 minutos.

2 Coloque en la batidora la avellana en polvo y el resto de los ingredientes, y mézclelos hasta obtener una consistencia arenosa. Transfiera el *crumble* a un recipiente con tapa y resérvelo en refrigeración.

Cake de avellana

1 Derrita los 175 gramos de *gianduja* obscura a una temperatura de 35 °C.

2 Cierna la harina de trigo con el polvo para hornear y reserve.

3 Bata en un tazón la mantequilla hasta que tenga una consistencia suave y cremosa, e incorpórele el aceite, el azúcar y el azúcar invertido. Agregue la *gianduja* derretida y mezcle nuevamente. Añada poco a poco el huevo, batiendo hasta que se integre bien. Después, agregue la avellana en polvo y el ron añejo y, finalmente, incorpore con movimientos envolventes la harina cernida. Deberá obtener una preparación homogénea y tersa.

4 Enharine los cubos de *gianduja* y sacúdales el exceso. Vierta un poco de la preparación en los moldes hasta cubrir una tercera parte de su capacidad, distribuya encima los cubos de *gianduja* enharinados y cúbralos con el resto de la mezcla. Cubra los moldes con plástico autoadherente y refrigérelos durante 1 hora.

5 Precaliente el horno a 170 °C.

6 Distribuya el *crumble* de avellana en la superficie de los *cakes* y hornéelos durante 20 minutos o hasta que al insertar un palillo en el centro de uno de ellos, éste salga limpio. Sáquelos del horno y déjelos enfriar sobre la rejilla.

Cheesecake de mascarpone
y chocolate blanco

RENDIMIENTO: *2 cheesecakes*
PREPARACIÓN: 1 h
COCCIÓN: 20 min
REPOSO: 6-8 h

EQUIPO Y UTENSILIOS: charola para hornear pequeña, batidora eléctrica con pala, 2 moldes de 16 cm de diámetro engrasados y enharinados, Thermomix®, cortador circular de acero inoxidable de 3 cm de diámetro

Streusel de avellana

- ~ 50 g de avellana en polvo
- ~ 50 g de harina de trigo
- ~ 50 g de mantequilla en cubos, fría
- ~ 50 g de azúcar mascabado
- ~ 18 g de *gianduja* cortada en cubos pequeños

Cheesecake de mascarpone

- ~ 5 g de láminas de grenetina o 35 g de masa de gelatina (ver pág, 85)

- ~ 30 g de agua (opcional)
- ~ 170 g de mascarpone
- ~ 170 g de queso crema a temperatura ambiente
- ~ 110 g de azúcar
- ~ 100 g de huevo
- ~ 135 g de crema ácida
- ~ el interior de ½ vaina de vainilla
- ~ 200 g de crema para batir

- ~ 10 g de jugo de limón amarillo
- ~ la ralladura de ½ limón
- ~ 70 g de chocolate blanco, en botones o troceado

Decoración

- ~ 1 trozo de *gianduja* o de chocolate con leche a temperatura ambiente

Streusel de avellana

1. Distribuya la avellana en polvo en la charola para hornear y dórelo en el horno a 180 °C entre 5 y 10 minutos.

2. Coloque en la batidora la avellana en polvo y el resto de los ingredientes, excepto los cubos de *gianduja*, y mézclelos hasta obtener una consistencia arenosa con grumos grandes. Transfiera el *Streusel* a un recipiente e incorpórele los cubos de *gianduja*.

3. Cubra la base de los moldes con el *Streusel*, presionándolo ligeramente para cubrir bien toda la superficie. Tape los moldes con plástico autoadherente y resérvelos en refrigeración.

Cheesecake de mascarpone

1. Si usa láminas de grenetina, sumérjalas en el agua y resérvelas.

2. Mezcle el resto de los ingredientes, excepto el chocolate blanco, en la Thermomix® y procese la preparación hasta que tenga una temperatura de 85 °C.

3. Escurra las láminas de grenetina, si es el caso, y agréguelas a la preparación, o bien, agregue la masa de gelatina, junto con el chocolate blanco. Procese a velocidad media hasta que la grenetina se haya disuelto y el chocolate esté bien emulsionado.

4 Vierta la preparación en los moldes sobre el *Streusel* de avellana y refrigérelos cubiertos con plástico autoadherente entre 6 y 8 horas.

Decoración

1 Coloque sobre una superficie de trabajo el trozo de *gianduja* o de chocolate con leche y ráspelo con la orilla del cortador, realizando un movimiento de arriba abajo y presionando el cortador contra la superficie. Deberá obtener un rollo con forma de flor. Repita este paso para obtener varios rollos y decore con ellos los *cheesecakes*. [Fotos 1 y 2.]

Si no cuenta con una Thermomix®, lícue los ingredientes de la mezcla del cheesecake, excepto las láminas de grenetina y el chocolate blanco, y cuézalos en una cacerola sobre fuego medio hasta que la preparación tenga una temperatura de 85 °C. Después, agregue a la preparación las láminas de grenetina previamente hidratadas y el chocolate blanco y continúe con la cocción mezclando ocasionalmente hasta que la grenetina se haya disuelto y el chocolate esté bien emulsionado.

Pastel de trufa

RENDIMIENTO: 2 pasteles
PREPARACIÓN: 40 min
COCCIÓN: 25-30 min
REPOSO: 2-3 h

EQUIPO Y UTENSILIOS: batidora eléctrica con batidor globo, termómetro, batidor globo manual, 2 aros de 18 cm de diámetro forrados con papel siliconado, charola para hornear con tapete de silicón, licuadora de inmersión, 2 tiras de acetato de 10 × 58 cm

Bizcocho de chocolate sin harina

- ~ 360 g de claras
- ~ 2 g de cremor tártaro
- ~ 200 g de azúcar
- ~ 200 g de crema para batir
- ~ 320 g de chocolate obscuro 70 % cacao, en botones o picado
- ~ 150 g de yemas

Ganache de chocolate obscuro

- ~ 200 g de crema para batir
- ~ 30 g de azúcar invertido
- ~ 60 g de mantequilla
- ~ 180 g de chocolate obscuro 72% cacao, en botones o picado

Armado

- ~ cantidad suficiente de cocoa

Bizcocho de chocolate sin harina

1   Precaliente el horno a 180 °C.

2   Bata en la batidora eléctrica las claras con el cremor tártaro y el azúcar hasta que formen picos suaves. Reserve.

3   Ponga sobre el fuego una cacerola con la crema para batir. Mientras la crema se calienta, derrita el chocolate obscuro a una temperatura de 45 °C. Cuando la crema tenga una temperatura de 40 °C, mézclala con el chocolate hasta obtener una ganache homogénea. Incorpore las yemas y mezcle nuevamente. [Foto 1.]

4   Añada una tercera parte de las claras batidas a la ganache de chocolate e incorpórelas con el batidor globo manual. Después, incorpore la ganache, con movimientos envolventes, al resto de las claras para obtener una mezcla homogénea, pero sin trabajarla demasiado. [Fotos 2, 3 y 4.]

5   Coloque los aros sobre la charola con el tapete de silicón y distribúyales dentro la preparación de chocolate. [Foto 5.]

6   Hornee los bizcochos entre 10 y 12 minutos. Retírelos del horno, déjelos enfriar, y desmóldelos. Cúbralos con plástico autoadherente y resérvelos en congelación. [Foto 6.]

Ganache de chocolate obscuro

1   Ponga sobre el fuego una cacerola con la crema para batir, el azúcar invertido y la mantequilla. Mientras la crema se calienta, derrita el chocolate obscuro a una temperatura de 35 °C.

2   Cuando la crema tenga una temperatura de 40 °C, mézclala con el chocolate derretido. Emulsione la ganache con la licuadora de inmersión. Cúbrala con plástico autoadherente y déjela cristalizar a temperatura ambiente hasta que tenga 33 °C.

Armado

1   Coloque los bizcochos sobre la charola con el tapete de silicón, rodéelos con las tiras de acetato y sujételas bien con cinta. Vierta la ganache de chocolate obscuro sobre los bizcochos y congélelos nuevamente hasta que la ganache esté firme. [Foto 7.]

2   Retíreles las tiras de acetato y espolvoréeles encima la cocoa con ayuda de un colador. [Foto 8.]

Pastel fondant
de chocolate intenso

RENDIMIENTO: 9 *fondants*
PREPARACIÓN: 30 min
COCCIÓN: 8 min
REPOSO: 2 h

EQUIPO Y UTENSILIOS: manga pastelera, 9 aros de 5 cm de diámetro y 6 cm de alto engrasados, charola para hornear con tapete de silicón

- ~ 170 g de chocolate obscuro 65% cacao, en botones o picado
- ~ 145 g de mantequilla
- ~ 240 g de huevo a temperatura ambiente
- ~ 145 g de azúcar
- ~ 60 g de harina de trigo
- ~ 5 g de cocoa

1. Derrita el chocolate obscuro con la mantequilla a una temperatura de 45 °C.

2. Bata con un batidor globo el huevo con el azúcar hasta que éste se disuelva. Añada la mezcla de chocolate con mantequilla y bata hasta obtener una mezcla homogénea.

3. Cierna la harina de trigo con la cocoa e incorpórela con movimientos envolventes a la mezcla de chocolate. Introduzca la preparación en la manga pastelera.

4. Coloque los aros sobre la charola para hornear y distribuya dentro de ellos la preparación hasta llenar tres cuartas partes de su capacidad. Refrigérelos durante 2 horas.

5. Precaliente el horno a 180 °C.

6. Hornee los *fondants* entre 7 y 8 minutos. Retírelos del horno, desmóldelos y sírvalos inmediatamente.

Pastel suave de chocolate

RENDIMIENTO: 1 pastel
PREPARACIÓN: 45 min
COCCIÓN: 15-18 min

EQUIPO Y UTENSILIOS: licuadora de inmersión, batidor globo manual, espátula de silicón molde desmontable de 16 cm de diámetro forrado con papel siliconado, rejilla

- ~ 480 g de crema para batir
- ~ 120 g de mantequilla
- ~ 360 g de chocolate obscuro 70% cacao, en botones o picado
- ~ 35 g de aceite de semilla de uva
- ~ 220 g de yemas
- ~ 160 g de azúcar + 180 g
- ~ 370 g de claras
- ~ 1 g de cremor tártaro
- ~ 120 g de harina de trigo
- ~ azúcar glass para decorar

1. Ponga sobre el fuego una cacerola con la crema para batir y la mantequilla. Coloque el chocolate en un tazón y, cuando la crema hierva, viértala sobre el chocolate. Mezcle bien y emulsione la preparación con la licuadora de inmersión. Agregue el aceite de semilla de uva y emulsione nuevamente hasta obtener una consistencia lisa y brillante.

2. Bata en un tazón con el batidor globo manual las yemas con los 160 gramos de azúcar hasta obtener una mezcla homogénea e incorpórela a la mezcla de chocolate.

3. Bata en otro tazón las claras con los 180 gramos de azúcar restante y el cremor tártaro hasta que la mezcla forme picos suaves. Incorpórela a la preparación anterior realizando movimientos envolventes con una espátula de silicón.

4. Vierta la preparación en el molde y hornee el pastel entre 15 y 18 minutos. Retírelo del horno y déjelo enfriar sobre la rejilla.

5. Decórelo con azúcar glass al gusto y sírvalo a temperatura ambiente.

Roulade de chocolate

RENDIMIENTO: 1 pastel
PREPARACIÓN: 1 h 20 min
COCCIÓN: 35 min
REPOSO: 12 h

EQUIPO Y UTENSILIOS: charola para hornear pequeña, batidora eléctrica con batidor globo, espátula de silicón, charola para hornear de 45 × 65 cm con tapete de silicón, espátula escalonada, termómetro, licuadora de inmersión, brocha

Punch de cacao tostado

~ 130 g de *nibs* de cacao tostados a 160 °C
~ 250 g de agua
~ 120 g de azúcar
~ 1 vaina de vainilla abierta por la mitad a lo largo

Biscuit viennois cacao

~ 80 g de harina de trigo
~ 80 g de cocoa
~ 120 g de yemas
~ 320 g de huevo

~ 240 g de azúcar + 160 g
~ 200 g de claras
~ 1 g de cremor tártaro

Ganache de chocolate Sao Thomé

~ 200 g de crema para batir
~ 25 g azúcar invertido
~ 50 g de mantequilla
~ 185 g de botones de chocolate obscuro Callebaut Sao Thomé® o de chocolate 70% cacao troceado

Ganache montada de chocolate con leche

~ 160 g de chocolate con leche 38% cacao, en botones
~ o picado
~ 180 g de crema para batir + 190 g
~ 20 g de jarabe de glucosa
~ 25 g de azúcar invertido

Armado

~ 20-30 Láminas de chocolate obscuro 70% cacao, troceadas (ver pág. 88)

Punch de cacao tostado

1 Precaliente el horno a 160 °C. Extienda los *nibs* de cacao en la charola para hornear y hornéelos durante 10 minutos.

2 Ponga sobre el fuego una cacerola pequeña con el agua y el azúcar. Cuando el jarabe hierva, añádale los *nibs* calientes y la vaina de vainilla. Retire del fuego, tape la cacerola y deje enfriar el *punch* de cacao a temperatura ambiente. Cuélelo y refrigérelo.

Biscuit viennois cacao

1 Suba la temperatura del horno a 220 °C. Cierna la harina de trigo con la cocoa.

2 Bata a velocidad alta las yemas con el huevo y los 240 gramos de azúcar hasta que la mezcla se blanquee y esponje.

3 Bata a punto de nieve las claras con los 160 gramos de azúcar restantes y el cremor tártaro. Incorpórelas con movimientos envolventes con ayuda de la espátula de silicón al batido de yemas y huevo; después, incorpore de la misma manera la mezcla de harina con cocoa.

4 Extienda la preparación en la charola con el tapete de silicón y alise la superficie con la espátula escalonada. Hornee el bizcocho durante 6 minutos y retírelo del horno.

5 Humedezca un trapo de cocina limpio, dele la vuelta al *biscuit viennois* y colóquelo sobre el trapo. Retire el tapete de silicón y enrolle sobre sí mismo, y con el trapo, el *biscuit viennois*. Déjelo enfriar.

Ganache de chocolate Sao Thomé

1 Elabore la ganache siguiendo el procedimiento de la Ganache de chocolate obscuro de la página 261. Déjela cristalizar durante 6 horas como mínimo.

Ganache montada de chocolate con leche

1 Coloque el chocolate con leche en un tazón.

2 Ponga sobre el fuego una cacerola con los 180 gramos de crema para batir, el jarabe de glucosa y el azúcar invertido; cuando tenga una temperatura de 70 °C, viértala sobre el chocolate. Emulsione la ganache con la licuadora de inmersión hasta que tenga una consistencia lisa y brillante.

3 Bata los 190 gramos de crema restantes hasta que forme picos suaves. Agréguela gradualmente a la ganache al mismo tiempo que emulsiona la preparación con la licuadora de inmersión. Cúbrala con plástico autoadherente y déjela cristalizar durante 12 horas como mínimo.

4 Bata la ganache a velocidad media hasta obtener una consistencia cremosa y untable.

Armado

1 Desenrolle el *biscuit viennois* y humedézcalo con la brocha por uno de sus lados con el *punch* de cacao. Distribuya encima la ganache montada de chocolate con leche y extiéndala con una espátula hasta formar una capa de 3 milímetros de grosor con una superficie lisa.

2 Enrolle el *biscuit* sobre sí mismo y unte toda su superficie con la ganache de chocolate Sao Thomé. Decórelo con los trozos de láminas de chocolate.

Sacher

RENDIMIENTO: 40 pasteles individuales
PREPARACIÓN: 2 h
COCCIÓN: 50 min
REPOSO: 4 h

EQUIPO Y UTENSILIOS: procesador de alimentos, termómetro, batidora eléctrica con globo, 2 charolas para hornear de 45 × 65 cm con tapete de silicón, espátula escalonada, licuadora de inmersión, batidor globo manual, marco de 30 × 40 cm y 5 mm de alto, tapete de silicón, brocha

Jarabe de vainilla y ron

~ 500 g de agua
~ 270 g de azúcar
~ 30 g de jarabe de glucosa
~ 3 vainas de vainilla abiertas por la mitad a lo largo
~ 20 g de ron añejo

Bizcocho de chocolate para sacher

~ 100 g de harina de trigo
~ 40 g de cocoa
~ 430 g de pasta de almendra 50% azúcar
~ 110 g de azúcar + 130 g

~ 200 g de yemas
~ 150 g de huevo
~ 120 g de chocolate obscuro 80% cacao, en botones o picado
~ 110 g de mantequilla en cubos
~ 250 g de claras
~ 2 g de cremor tártaro

Cremoso de chocolate

~ 90 g de crema para batir
~ 110 g de leche
~ 40 g de azúcar
~ 30 g de yemas
~ 100 g de chocolate obscuro 65% cacao, en botones o picado

~ 8 g de masa de gelatina 200 Bloom (ver pág. 85)

Gelificado de chabacano y vainilla

~ 200 g de azúcar
~ el interior de 1 vaina de vainilla
~ 25 g de pectina nh
~ 750 g de puré de chabacano
~ 50 g de jugo de limón
~ 80 g de jarabe de glucosa 40 DE

Terminado

~ 1 receta de Glaseado de chocolate y cocoa (ver pág. 244)

Jarabe de vainilla y ron

1 Ponga sobre el fuego una cacerola con todos los ingredientes, excepto el ron añejo. Deje hervir la preparación hasta que tenga una consistencia de jarabe, ligeramente espeso; retírela del fuego y déjela enfriar. Incorpore el ron añejo al jarabe y resérvelo en refrigeración.

Bizcocho de chocolate para sacher

1 Precaliente el horno a 200 °C. Cierna la harina de trigo con la cocoa y reserve.

2 Mezcle en el procesador de alimentos la pasta de almendra con los 110 gramos de azúcar, las yemas y el huevo hasta obtener una preparación sin grumos.

3 Derrita el chocolate obscuro con la mantequilla a una temperatura de 45 °C.

4 Bata las claras con los 130 gramos de azúcar restante y el cremor tártaro hasta que formen picos firmes. Incorpore a esta mezcla, con movimientos envolventes, la preparación de pasta de almendra con huevo; cuando obtenga una

mezcla homogénea, incorpore de la misma manera la mezcla de harina y cocoa, y finalmente el chocolate con mantequilla derretido.

5 Distribuya la preparación en las charolas con tapete de silicón. Extiéndalas y alise su superficie con la espátula. Hornee los bizcochos durante 8 minutos y retírelos del horno.

6 Dé la vuelta a los bizcochos sobre dos trozos de papel siliconado y despégueles los tapetes de silicón. Cúbralos con un trapo de cocina limpio y déjelos enfriar.

Cremoso de chocolate

1 Ponga sobre fuego bajo, una cacerola con la crema para batir, la leche, el azúcar y las yemas. Mezcle constantemente hasta que la preparación tenga una temperatura de 82 °C y retírela del fuego.

2 Coloque en un tazón el chocolate con la masa de gelatina, viértales la crema caliente y mezcle bien. Emulsione el cremoso con una licuadora de inmersión y déjelo enfriar.

Gelificado de chabacano y vainilla

1 Combine el azúcar con la pectina y reserve.

2 Mezcle en una cacerola sobre el fuego el puré de chabacano con la vainilla y el jugo de limón. Cuando la preparación tenga una temperatura de 40 °C, añada en forma de lluvia la mezcla de azúcar con pectina agitando vigorosamente con el batidor globo manual. Deje hervir la preparación e incorpórele el jarabe de glucosa. Retírela del fuego y déjela enfriar hasta que tenga una temperatura de 35 °C.

Montaje

1 Corte los bizcochos en cuadros de 30 × 40 centímetros por lado. Coloque el marco sobre el tapete de silicón y ponga dentro uno de los cuadros de bizcocho; éste será la base del *sacher*.

2 Humedezca el bizcocho con un poco del jarabe de vainilla con ron y distribuya encima el gelificado de chabacano y vainilla; alise la superficie con la espátula y cubra con el cuadro de bizcocho restante. (Es importante realizar este paso antes de que el gelificado se cristalice.)

3 Humedezca el segundo bizcocho con un poco del jarabe de vainilla y ron, y distribuya encima el cremoso de chocolate. Alise la superficie con la espátula y refrigere el pastel durante 2 horas o congélelo 30 minutos.

4 Pase un cuchillo por todo el borde entre el marco y el pastel para despegarlo del marco y retirarlo fácilmente.

5 Bañe el *sacher* con el glaseado de chocolate y cocoa, permitiendo que escurra por los costados del pastel. Alise la superficie con la espátula y deje cristalizar el glaseado en refrigeración durante 2 horas. Corte el *sacher* en porciones de 3 × 8 centímetros antes de servir.

Tarta de chocolate con leche,
avellanas y caramelo

RENDIMIENTO: 24 tartas
PREPARACIÓN: 3 h
COCCIÓN: 1 h
REPOSO: 24 h
CONGELACIÓN: 8 h

EQUIPO Y UTENSILIOS: batidora eléctrica con pala y con batidor globo, tapete de silicón, charola, rodillo, 24 aros de 6 cm de diámetro y 1 cm de altura, pincel, termómetro, espátula de silicón, batidor globo manual, licuadora de inmersión, moldes de silicón para medias esferas de 4 cm en la base, charola para hornear pequeña, charolas para hornear de 45 × 65 cm con tapetes de silicón, espátula escalonada, aro de 5 cm de diámetro, manga pastelera, rejilla, dosificador

Pasta sablée de avellana

~ 60 g de avellana en polvo tostada
~ 125 g de mantequilla a temperatura ambiente
~ 20 g de pasta de avellana
~ 85 g de azúcar
~ 1 g de sal
~ 50 g de huevo a temperatura ambiente
~ 250 g de harina de trigo + cantidad suficiente para enharinar
~ 50 g de manteca de cacao derretida

Glaseado de chocolate con leche y caramelo

~ 302 g de chocolate con leche 41% cacao, en botones o picado
~ 196 g de masa de gelatina 200 Bloom (ver pág. 85)
~ 110 g de brillo neutro
~ 150 g de agua

~ 270 g de polvo de caramelo (ver pág. 106)
~ 270 de jarabe de glucosa 40 DE
~ 192 g de leche condensada
~ 4 g de colorante liposoluble rojo

Mousse de chocolate con leche y caramelo

~ 225 g de crema para batir + 380 g
~ 1 vaina de vainilla abierta por la mitad a lo largo
~ 150 g de azúcar
~ 35 g de masa de gelatina (ver pág. 85)
~ 200 g de chocolate con leche 35% cacao, en botones o picado

Biscuit Joconde de avellana

~ 150 g de avellana en polvo tostada (ver pág. 256)
~ 50 g de harina de trigo
~ 2.5 g de polvo para hornear
~ 250 g de huevo

~ 75 g de pasta de avellanas
~ 150 g de azúcar glass
~ 165 g de claras
~ 45 g de azúcar
~ 1 g de cremor tártaro

Caramelo suave con un toque de sal

~ 80 g de jarabe de glucosa
~ 100 g de azúcar
~ 120 g de crema para batir
~ 60 g de leche condensada
~ 1 vaina de vainilla abierta por la mitad a lo largo
~ 160 g de mantequilla con sal en cubos, a temperatura ambiente

Montaje

~ 24 Discos de chocolate con leche 35% cacao, de 6 cm de diámetro (ver pág. 89)
~ 1 receta de Bizcocho de almendra en microondas (ver pág. 191)

Pasta sablée de avellana

1 Elabore la pasta *sablée* de avellana siguiendo el procedimiento de la página 85.

2 Corte la masa y forre los aros siguiendo el procedimiento de los Fondos para tarta con pasta *sablée* de la página 90. [Foto 1.]

3 Hornee los fondos de tarta a 160 °C.durante 18 minutos. Retírelos del horno y déjelos enfriar. Desmóldelos y barnícelos por dentro con un poco de manteca de cacao derretida. [Foto 2.]

Glaseado de chocolate con leche y caramelo

1 Elabore el glaseado siguiendo el procedimiento del Glaseado de chocolate con gelatina de la página 84.

Mousse de chocolate con leche y caramelo

1 Hierva en una cacerola sobre el fuego los 225 gramos de crema para batir con la vaina de vainilla. Retire la cacerola del fuego, tápela y reserve.

2 Ponga sobre el fuego una cacerola de doble fondo con el azúcar; cuando se caramelice, incorpore poco a poco la crema caliente, batiéndola enérgicamente con el batidor globo manual para evitar que se formen grumos. Añada la masa de gelatina y mezcle hasta que se disuelva.

3 Coloque el chocolate con leche en un tazón y cuele encima el caramelo. Emulsione la preparación con la licuadora de inmersión y déjela enfriar hasta que tenga una temperatura de 33 °C.

4 Bata la crema restante hasta que forme picos suaves. Incorpórela con movimientos envolventes a la mezcla de chocolate con caramelo. Distribuya la mousse en las cavidades del molde de silicón y congele la mousse durante 8 horas o hasta que esté firme.

Biscuit Joconde de avellana

1 Precaliente el horno a 180 °C.

2 Cierna la harina de trigo con el polvo para hornear. Reserve.

3 Bata, a velocidad media, el huevo con el praliné de avellanas, el azúcar glass y la avellana en polvo tostada hasta obtener una mezcla homogénea y tersa.

4 Aparte, bata las claras hasta que tengan una consistencia espumosa. Sin dejar de batir, añada poco a poco el azúcar y el cremor tártaro. Continúe batiendo hasta formar picos firmes. Incorpórelas con movimientos envolventes, con ayuda de la espátula de silicón, al batido de huevo y praliné, y después, incorpore de la misma manera la mezcla de harina.

5 Extienda la preparación en una charola con el tapete de silicón y alise la superficie con la espátula. Hornee el *biscuit Joconde* durante 6 minutos y retírelo del horno.

6 Dele la vuelta al *biscuit Joconde* sobre un trozo de papel siliconado y despéguele el tapete de silicón. Córtelo en discos de 5 centímetros de diámetro y coloque cada uno dentro de los fondos para tarta. Reserve. [Foto 3.]

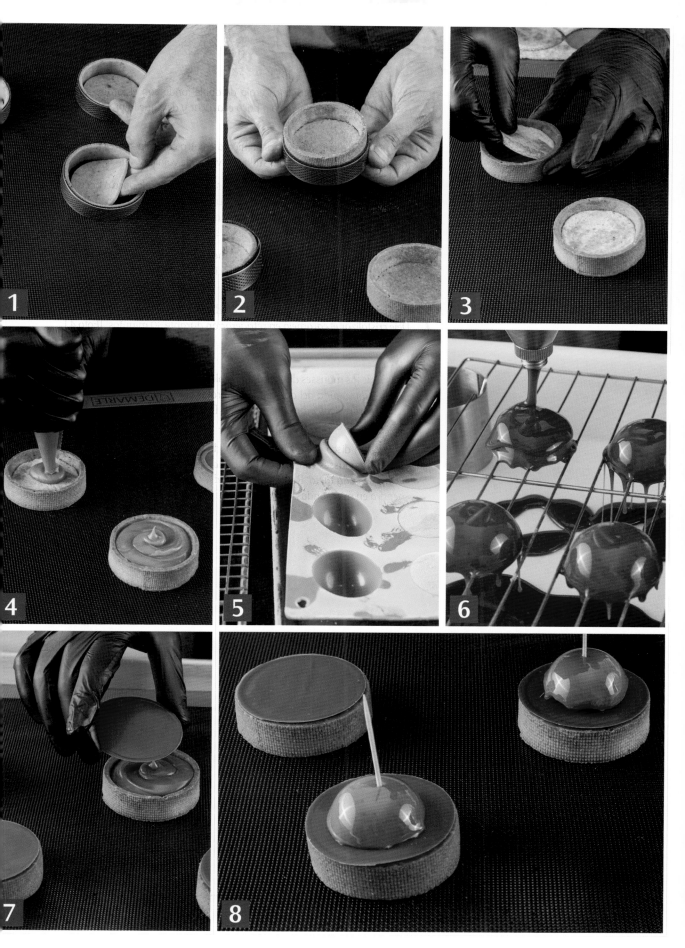

Caramelo suave con un toque de sal

1 Ponga sobre el fuego una cacerola de doble fondo con el jarabe de glucosa; cuando hierva, agregue poco a poco el azúcar y deje que la preparación se caramelice.

2 Mientras el azúcar se carameliza, hierva en otra cacerola sobre el fuego la crema para batir, la leche condensada y la vaina de vainilla.

3 Cuando el caramelo tenga un dorado obscuro, incorpórele poco a poco la crema caliente, mezclando enérgicamente con un batidor globo para evitar que se formen grumos. Retire el caramelo del fuego y péselo; deberá obtener 300 gramos, de no ser así, agréguele la cantidad necesaria de agua para obtener ese peso.

4 Coloque la mantequilla en un tazón y mézclela con el caramelo caliente. Emulsione la preparación con la licuadora de inmersión e introdúzcala en la manga pastelera.

5 Distribuya el caramelo suave en los fondos para tarta, sobre el *biscuit Jcoconde*. Deje cristalizar el caramelo en refrigeración durante 30 minutos. [Foto 4.]

Montaje

1 Desmolde las mousses de chocolate y colóquelas en una rejilla con una charola debajo. Con ayuda del dosificador, cúbralas con el glaseado de chocolate con leche y caramelo, formando dos capas. Deje cristalizar durante algunos minutos hasta que deje de gotear el glaseado. [Fotos 5 y 6.]

2 Coloque un disco de chocolate sobre cada tarta, cubriendo el caramelo suave. Pique las mousses con un palillo y colóquelas sobre los discos de chocolate al centro de cada tarta. Retire el palillo y decore con un trozo de bizcocho de almendra en microondas. [Fotos 7 y 8.]

Tarta de chocolate con leche,
naranja confitada y cinco especias

RENDIMIENTO: 24 tartas
PREPARACIÓN: 3 h
COCCIÓN: 1 h 15 min
REPOSO: 24 h

EQUIPO Y UTENSILIOS: refractómetro, batidora eléctrica con pala, tapete de silicón, charola, rodillo, 1 aro de 5 cm de diámetro, 24 aros de 6 cm de diámetro y 1 cm de altura, pincel, charolas para hornear con tapetes de silicón, pincel, termómetro, espátula de silicón, batidor globo manual, manga pastelera, rejilla, licuadora de inmersión, moldes de silicón para medias esferas de 4 cm en la base, dosificador

Glaseado de chocolate con leche

~ 330 g de chocolate con leche 38% cacao, en botones o picado
~ 215 g de masa de gelatina 200 Bloom (ver pág. 85)
~ 122 g de brillo neutro
~ 165 g de agua
~ 290 g de azúcar
~ 290 de jarabe de glucosa 40 DE
~ 210 g de leche condensada

Mermelada de naranja

~ 200 g de naranjas
~ 1 pizca de sal
~ cantidad suficiente de agua
~ 150 g de azúcar
~ 4 g de pectina amarilla
~ 1 vaina de vainilla abierta por la mitad a lo largo
~ 20 g de jugo de limón

Pasta sablée de especias

~ 240 g de harina de trigo + cantidad suficiente para enharinar

~ 10 g de cocoa
~ 150 g de mantequilla a temperatura ambiente
~ 62 g de TPT de almendra
~ 50 g de azúcar glass
~ 5 g de mezcla de especias en polvo (canela, jengibre, nuez moscada, anís estrella, cardamomo)
~ 1 g de sal
~ 50 g de huevo a temperatura ambiente
~ 50 g de manteca de cacao derretida

Crema de almendras con chocolate

~ 100 g de chocolate obscuro 65% cacao, en botones o picado
~ 100 g de mantequilla a temperatura ambiente
~ 150 g de azúcar
~ 200 g de almendra en polvo
~ 150 de huevo a temperatura ambiente
~ 30 g de ron añejo
~ 20 g de harina de trigo

~ 5 g de mezcla de especias en polvo (canela, jengibre, nuez moscada, anís estrella)

Mousse de chocolate con leche

~ 63 g de leche
~ 63 g de crema para batir + 300 g
~ 30 g de yemas
~ 10 g de azúcar
~ 35 g de masa de gelatina (ver pág. 85)
~ 240 g de chocolate con leche 40% cacao, en botones o troceado

Nougatine de naranja

~ 60 g de mantequilla
~ 55 g de jarabe de glucosa
~ 65 g de azúcar
~ 2 g pectina nh
~ 40 g de almendras en astilla

Montaje

~ 24 Discos de chocolate obscuro 65% cacao, de 6 cm de diámetro (ver pág. 89)
~ 24 supremas de naranja

Tarta de chocolate obscuro,
yuzu y crujiente de ajonjolí

RENDIMIENTO: 24 tartas
PREPARACIÓN: 2 h 20 min
COCCIÓN: 1 h
REPOSO: 12-14 h

EQUIPO Y UTENSILIOS: batidora eléctrica con pala, tapete de silicón, charola, rodillo, 24 aros de 6 cm de diámetro y 1 cm de altura, charolas para hornear con tapetes de silicón, pincel, termómetro, termómetro para caramelo o refractómetro, marco de acrílico de 24 × 34 cm a los lados y 5 mm de alto, licuadora de inmersión, cuchillo con buen filo o guitarra

Pasta sablée de avellana y chocolate

- ~ 455 g de harina de trigo + cantidad suficiente para enharinar
- ~ 45 g de cocoa
- ~ 300 g de mantequilla a temperatura ambiente
- ~ 125 g de TPT de avellana
- ~ 100 g de azúcar
- ~ 4 g de sal
- ~ 100 g de huevo a temperatura ambiente
- ~ 50 g de manteca de cacao

Gelificado de yuzu

- ~ 7 g de pectina amarilla
- ~ 22 g de azúcar + 200 g
- ~ 200 g de puré de pera
- ~ 50 g de puré de yuzu
- ~ 133 g de agua
- ~ 43 g de glucosa en polvo 21 DE
- ~ 4 g de solución de ácido tartárico al 50% (ver pág. 106)

Crujiente de ajonjolí

- ~ 125 g de azúcar
- ~ 40 g de jarabe de glucosa
- ~ 125 g de mantequilla
- ~ 40 g de leche
- ~ 220 g de ajonjolí blanco
- ~ 65 g de ajonjolí negro

Crema de chocolate intenso

- ~ 100 g de leche
- ~ 100 g de crema para batir
- ~ 20 g de azúcar
- ~ 40 g de yemas
- ~ 125 g de chocolate obscuro 65% cacao, en botones o picado

Pasta sablée de avellanas y chocolate

1. Elabore la pasta *sablée* de avellana y chocolate siguiendo el procedimiento de la Pasta *sablée* de avellanas de la página 85. Sustituya la avellana en polvo con la cocoa y la pasta de avellana con el TPT de avellana.

2. Corte la masa y forre los aros siguiendo el procedimiento de los Fondos para tarta con pasta *sablée* de la página 90.

3. Hornee los fondos de tarta a 165 °C entre 16 y 18 minutos. Retírelos del horno y déjelos enfriar. Desmóldelos y barnícelos por dentro con un poco de manteca de cacao derretida.

Gelificado de yuzu

1. Mezcle la pectina amarilla con los 22 gramos de azúcar.

2. Ponga sobre el fuego una cacerola de doble fondo con los purés y el agua. Cuando tenga una temperatura de 50 °C, agregue en forma de lluvia la mezcla de pectina con azúcar; mezcle bien y deje hervir.

3 Añada el azúcar restante y la glucosa en polvo gradualmente para evitar que baje la temperatura. (Es importante que la preparación se mantenga hirviendo durante todo este proceso.) Cuando la preparación alcance los 101 °C o 73 °Bx, agregue la solución de ácido tartárico y mezcle bien. Retire del fuego.

4 Coloque el marco en una de las charolas con el tapete de silicón y vierta dentro de él la preparación. Deje cristalizar el gelificado de yuzu a temperatura ambiente hasta que se enfrié y solidifique.

Crujiente de ajonjolí

1 Ponga sobre fuego bajo una cacerola con el azúcar, el jarabe de glucosa, la mantequilla y la leche. Mezcle ocasionalmente hasta que la mantequilla se derrita y se haya incorporado bien a la preparación. Agregue los ajonjolíes y mezcle nuevamente.

2 Distribuya la preparación en una de las charolas con tapete de silicón, cúbrala con plástico autoadherente y déjela enfriar.

3 Precaliente el horno a 160 °C.

4 Tome pequeñas porciones de la preparación con una cuchara y deles forma de esfera con las manos. Colóquelas sobre una charola con tapete de silicón separadas por algunos centímetros y hornéelas durante 15 minutos. Retire los crujientes del horno y déjelos enfriar.

Crema de chocolate intenso

1 Caliente en una cacerola sobre fuego medio la leche, la crema para batir, el azúcar y las yemas. Mezcle constantemente hasta que la preparación tenga una temperatura de 82 °C.

2 Coloque el chocolate en un tazón y viértale encima la crema caliente; mezcle bien y emulsione la crema con la licuadora de inmersión.

3 Cuele la crema, déjela enfriar y distribúyala dentro de los fondos de tarta. Déjela cristalizar. Cubra las tartas con plástico autoadherente y congélelas entre 6 y 8 horas.

Montaje

1 Refrigere el gelificado de yuzu entre 5 y 10 minutos; después, desmóldelo y córtelo con cuchillo o guitarra en cubos de 1 centímetro.

2 Saque las tartas del congelador y déjelas temperar algunos minutos. Decórelas con los crujientes de ajonjolí y los cubos de gelificado de yuzu.

Puede sustituir el puré de yuzu con una mezcla de 25 gramos de jugo de limón
y 25 gramos de pulpa de mandarina.

Tarta de cítricos y chocolate

RENDIMIENTO: 24 tartas
PREPARACIÓN: 1 h 30 min
COCCIÓN: 1 h
REPOSO: 28 h

EQUIPO Y UTENSILIOS: batidora eléctrica con pala y batidor globo, tapete de silicón, charola, rodillo, 24 moldes para tarta de 6 cm de diámetro, brocha, termómetro, licuadora de inmersión, manga pastelera, moldes de silicón para medias esferas de 4 cm en la base

Pasta sablée de vainilla

~ 500 g de harina de trigo
~ 250 g de mantequilla a temperatura ambiente
~ 125 g de azúcar glass
~ 1 g de sal
~ el interior de 1 vaina de vainilla
~ 60 g de huevo a temperatura ambiente

Bizcocho suave a la crema

~ 250 g de harina de trigo
~ 8 g de polvo para hornear
~ 180 g de huevo
~ 210 g de azúcar
~ 30 g de azúcar invertido
~ 230 g de crema para batir
~ 1 g de sal
~ 5 g de ralladura de limón
~ 3 g de ralladura de naranja

Crema de limón y chocolate blanco

~ 150 g de jugo de limón amarillo
~ 50 g de jugo de yuzu
~ 2 g de ralladura limón
~ 150 g de azúcar
~ 100 g de huevo
~ 150 g de yemas
~ 200 g de mantequilla en cubos, a temperatura ambiente
~ 14 g de masa de gelatina (ver pág. 85)
~ 100 g de chocolate blanco en botones o picado

Cremoso de chocolate con aromas de naranja

~ 100 g de leche
~ 100 g de crema para batir
~ 5 g de ralladura de naranja
~ 50 g de yemas
~ 20 g de azúcar
~ 14 g de masa de gelatina (ver pág. 85)
~ 90 g de chocolate obscuro 65% cacao, en botones o picado
~ 40 g de chocolate con leche 40% cacao, en botones o picado

Decoración

~ cantidad suficiente de vodka o de ginebra
~ 250 g de chocolate obscuro 65% cacao, precristalizado

Montaje

~ 1 receta de Glaseado de chocolate con leche (ver pág. 280)
~ 24 Discos de chocolate obscuro (ver pág. 89)

Pasta sablée de vainilla

1 Elabore la pasta *sablée* de vainilla siguiendo el procedimiento de la Pasta *sablée* de avellana de la página 85, omitiendo la avellana en polvo y añadiendo la vainilla junto con la sal.

2 Corte la masa y forre los aros siguiendo el procedimiento de los Fondos para tarta con pasta *sablée* de la página 90.

3 Hornee los fondos de tarta a 160 °C durante 12 minutos. Retírelos del horno, déjelos enfriar y desmóldelos.

Bizcocho suave a la crema

1 Cierna la harina de trigo con el polvo para hornear y reserve.

2 Bata a velocidad media con el batidor globo el huevo con el azúcar y el azúcar invertido durante 3 minutos. Aún batiendo, agregue la crema batida, la sal y las ralladuras de cítricos. Finalmente, incorpore la mezcla de harina y bata hasta obtener una preparación homogénea

3 Distribuya la preparación dentro de los fondos de tarta hasta cubrir ½ centímetro de altura. Hornéelo a 160 °C entre 6 y 8 minutos o hasta que al insertar un palillo, éste salga limpio. Retírelo del horno y déjelo enfriar.

Crema de limón y chocolate blanco

1 Ponga sobre el fuego una cacerola con los jugos de limón amarillo y de yuzu, la ralladura de limón, el azúcar, el huevo y las yemas. Mezcle constantemente hasta que la preparación tenga una temperatura de 84 °C. Retírela del fuego, cuélela y agregue la mantequilla y la masa de gelatina. Mezcle con la licuadora de inmersión hasta que obtenga una mezcla homogénea, tersa y brillante.

2 Coloque en un tazón apto para microondas el chocolate blanco y suavícelo calentándolo entre 1 y 2 minutos. Vierta en él la preparación de limón caliente, mezcle bien con una espátula y emulsione con la licuadora de inmersión hasta obtener una consistencia lisa y brillante. Déjela enfriar. Cuando tenga una temperatura de 30 °C, introdúzcala en la manga pastelera y distribúyala dentro de los fondos de tarta, sobre el bizcocho suave a la crema. Deje enfriar a temperatura ambiente durante 5 minutos y, después, refrigere las tartas durante 1 hora.

Cremoso de chocolate con aromas de naranja

1 Ponga sobre el fuego una cacerola con la leche y la crema para batir. Cuando la preparación tenga una temperatura de 50 °C, retírela del fuego e incorpórele la ralladura de naranja. Tape la cacerola y deje reposar durante 10 minutos.

2 Agregue a la crema las yemas y el azúcar, y bata la preparación con la licuadora de inmersión hasta obtener una mezcla homogénea. Cuélela y regrésela a la cacerola.

3 Coloque la cacerola sobre el fuego y, cuando la preparación tenga una temperatura de 84 °C, incorpórele la masa de gelatina. Retírela del fuego, mezcle hasta que esta última se disuelva y añada los chocolates. Emulsione con la licuadora hasta obtener una consistencia lisa y brillante.

4 Distribuya el cremoso en el molde de silicón y congélelo durante 8 horas.

Decoración

1 Vierta el alcohol en un recipiente de forma que cubra 2 centímetros de altura del mismo. Coloque el chocolate precristalizado en un cucurucho de papel y distribúyalo sobre el alcohol haciendo formas irregulares de 2 o 3 centímetros. Déjelas reposar 2 minutos dentro del alcohol, escúrralas y colóquelas sobre papel absorbente. Déjelas cristaliza r a temperatura ambiente durante 6 horas.

Montaje

1 Desmolde los cremosos de chocolate y glaséelos siguiendo las instrucciones de la página 87.

2 Coloque un disco de chocolate obscuro sobre cada tarta. Coloque los cremosos sobre los discos de chocolate al centro de cada tarta. Retire el palillo y coloque encima la decoración de chocolate.

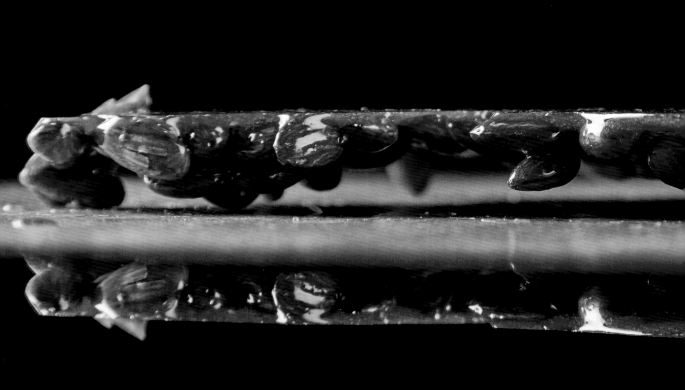